소리치지 않고
때리지 않고

아이를 변화시키는 훈육법

DISCIPLINE WITH LOVE AND LIMITS by Jerry Wyckoff & Barbara C. Unell

Copyright ⓒ 2015, 2002, 1984 by Jerry Wyckoff & Barbara C. Unell
All rights reserved.

Korean Translation Copyright ⓒ 2016 by Sigongsa Co., Ltd.
This Korean translation edition is published by arrangement with Meadowbrook Press through EYA.

이 책의 한국어판 저작권은 EYA를 통해 Meadowbrook Press사와 독점 계약한 ㈜시공사에 있습니다.
저작권법에 의해 한국 내에서 보호를 받는 저작물이므로 무단 전재와 무단 복제를 금합니다.

《 자녀 교육 분야 30년 연속 베스트셀러! 》

소리치지 않고 때리지 않고
아이를 변화시키는 훈육법

| 제리 와이코프 · 바버라 유넬 지음 정미나 옮김 |

시공사

현재 과학계에서 생물학적 혁명이 일어나면서 우리는 극적인 변화의 시점에 들어섰다. 우리는 아동기의 경험이 말 그대로 우리 몸속으로 스며들어 뇌의 발달에 영향을 미치는 것은 물론, 심장혈관 체계, 면역 체계, 신진대사 체계의 발달에까지 영향을 미치고 있다는 사실에 비로소 눈을 뜨게 되었다.

— 잭 숀코프Jack Shonkoff 박사, 하버드대학교 아동발달센터 소장

| 시작하며 |

아이를 품에 처음 안는 순간, 이 아이를 잘 키우기 위해 앞으로 어떻게 말하고 행동할지 온갖 걱정이 앞서기 시작한다. 아이를 키우는 것은 그야말로 막중한 책무다. 부모가 아이에게 하는 말과 행동은 아이만이 아니라 아이가 만나는 모든 사람에게 평생토록 영향을 미칠 수도 있다.

_로즈 케네디Rose Kennedy, J. F. 케네디 전 대통령의 어머니

《소리치지 않고 때리지 않고 아이를 변화시키는 훈육법》을 펼쳐 든 당신을 두 팔 벌려 환영한다. 이 책은 베스트셀러 《소리치지 않고 때리지 않고 아이를 변화시키는 비결Discipline Without Shouting or Spanking》의 내용을 보강한 개정판이다. 우리는 지난 30년간 소리치고 아이를

때리는 훈육법은 아이의 몸과 마음은 물론 정신에까지 상처를 주어 결국은 역효과를 일으킨다는 사실을 수많은 부모가 이해하게 되었다는 점에 깊은 감회를 느낀다.

이제 우리는 부모들은 물론 어린아이들을 돌보는 다양한 분야의 사람들이 함께 아이들의 문제적 행동을 침착하게 바로잡아주도록 돕기 위해 이 개정판을 썼다. 수십 년간 진행된 행동학, 생물학적 연구에서도 증명되고 있다시피 아이에게 소리치거나 화내는 대신 아이들 행동에 한계를 정해주면서 애정 어린 관계를 쌓아나가면 아이들이나 어른들은 모두 더 행복하고 건강해질 수 있다.

아이가 건강하고 올바르게 행동하며 원만한 학교 생활을 하기 위해서는 엄마(혹은 성인 보육자)와 긍정적이고 배려 있는 관계를 맺어야 한다. 이를 위해 아이에게 소리치고 화내는 대신 사랑을 주고 아이 행동에 한계를 정해주며 훈육하면 아이와 긍정적 관계를 쌓을 수 있고, 또 이런 긍정적 관계는 아이를 잘 키우고픈 엄마의 꿈이 실현되도록 힘을 실어줄 것이다.

우리가 이 책에서 강조하는 것은 다음과 같다.

아이를 훈육할 때의 핵심은
1. 아이가 자신의 행동을 책임지고
2. 아이가 스스로 결정을 내린 뒤 문제를 해결하고
3. 실수를 실패가 아닌 도전으로 여기고
4. 적절한 행동과 그렇지 못한 행동을 구별하도록 가르치는 것이다.

아이를 사랑할 때는 긍정적 유대를 통해 뜨거운 사랑의 감정을 나누면서

1. 상호 신뢰를 바탕으로 아이에게 안전하고 건강한 환경을 가꾸어 주고
2. 아이의 타고난 기질과 개성을 인정하고 알아주며
3. 아이가 적절하지 못한 행동을 하면 벌을 줄 것이 아니라 차분하게 반응해줘야 한다.

아이 행동에 한계를 정해줄 때는 당신이 해야 할 행동과 아이의 행동을 구분해서

1. 아이에게 으름장을 놓고 폭력을 쓰는 식의 훈육은 좋은 선택이 아님을 의식하고
2. 아이에게 가르치려는 적절한 행동의 롤 모델이 되어주고
3. 아이의 문제 행동을 예상해서 그 행동이 일어나기 전에 예방하도록 힘써야 한다.

이외에도 이번 개정판에는 시대의 변화에 따라 새롭게 대두된 양육 문제들에 대해 답해주기 위해 다음과 같은 상황에 대한 해결 전략도 새롭게 추가했다.

- 아이가 공격적 성향을 보여 걱정이에요
- 아이에게 예의범절을 가르치고 싶어요

- 아이가 차에만 타면 법석을 떨어요
- 아이가 아무 데나 기어올라 걱정이에요
- 아이가 욕을 하기 시작했어요
- 아이가 먹으면 안 되는 음식이 있는데 어떻게 설득하죠?
- 어른의 지시를 못 들은 척하는데 어떻게 하죠?
- 아이가 소란스러워서 함께 외출하기가 꺼려져요
- 아이와 비행기에 탈 일이 걱정이에요
- 자꾸만 텔레비전을 보여달라고 졸라요
- 아이가 다른 사람의 물건을 막 가져와요

또, 우리는 이 책을 쓰면서 폭력이 영아, 유아, 취학 전 아동의 두뇌 발달에 미치는 영향과 관련된 획기적 연구 결과에 주목했고 이런 자료의 내용을 이 책의 훈육 전략 속에 풀어 옮겼다. 이 연구 결과들을 살펴보면 소리치고 때리는 식의 해묵은 훈육 전략은 하루빨리 그만두어야 한다는 것을 깨닫게 될 것이다.

이 책에서 소개하는 훈육 전략은 단순히 새롭기만 한 것이 아니라 활용하기 쉬운 데다 어른과 아이가 모두 상처받지 않고 문제 상황을 기분 좋게 해결할 수 있다. 엄마 아빠는 물론 할머니 할아버지, 어린이집 지도 교사, 육아 도우미, 유치원 교사 등 한 아이를 기르는 데 도움을 주는 모든 사람(이른바 '양육팀')이 아이를 즐겁게 돌보도록 도움을 줄 만한 전략들이다. 이 전략들을 팀원들과 함께 실행한다면 아이와 평생 애정이 깃든 관계를 잘 만들어갈 수 있을 것이다.

다 자란 성인 자식들을 둔 부모이자 어린 손주들을 둔 조부모이기도 한 우리가 여러 가족에게 수십 년에 걸쳐 내세웠던 원칙은 바로 아이에게 화내거나 소리치는 대신 사랑을 주고 아이의 행동에 한계를 정해줌으로써 아이를 책임감 있고 자립적인 어른으로 이끄는 것이었다. 이 책을 펼쳐 든 당신에게도 이 원칙을 중심으로 도움을 주고자 하며, 따라 하기 쉽도록 내용을 몇 개의 장으로 나누어 구성했다. 육아 시기별로 다음 설명을 참조해 당신에게 필요한 부분을 골라서 읽어보기를 권한다.

- 아이를 사랑하고 격려해주는 양육팀을 꾸리고 싶다면 1부의 1장 '훈육의 주체는 다름 아닌 "부모"'부터 시작한다.
- 아이를 돌봐주는 어른 모두가 아이와 긍정적이고 애정 깃든 관계를 다지는 요령을 터득하고 싶다면 1부의 2장 '육아의 기본은 아이와 긍정적인 관계를 쌓는 것'부터 읽어본다.
- 소리치고 화내는 육아에 관련된 뇌 연구나 그러한 훈육법이 아이에게 미치는 영향이 궁금하다면 1부의 3장 '소리치고 때리는 훈육법의 위험성'부터 읽어보기를 권한다.
- 이 책에서 소개하는 훈육법의 기본 기술을 공부하고 싶다면 1부의 4장 '소리치지 않는 육아를 위한 기본 기술'부터 펼쳐보기를 추천한다.
- 육아 과정에서 아이가 문제 행동을 반복적으로 보이고 있다면 2부의 5장 '소리치지 않고 때리지 않고 아이를 변화시키는 훈육

법'에 실린 각각의 상황 중 해당하는 내용을 참고하면 된다.

이 책이 아이를 갓 키우기 시작한 가정은 물론 이미 아이를 키우고 있는 독자에게 든든한 양육 지침이 되기를, 아이들을 키워나가는 당신의 여정에 든든한 동반자가 될 수 있기를 바란다.

| contents |

시작하며 7

1부   당신이 알아야 할 훈육의 기본 원칙

1장   훈육의 주체는 다름 아닌 '부모' 19
아이를 돌보는 사람들 간의 문제 해결법

2장   육아의 기본은 아이와 긍정적인 관계를 쌓는 것 29
아이를 돌보는 사람들이 가슴에 새겨야 할 양육의 기본 원칙

3장   소리치고 때리는 훈육법의 위험성 49
체벌이 아이의 두뇌·정서·건강에 미치는 영향

4장   소리치지 않는 육아를 위한 기본 기술 63
우리가 권하는 훈육의 기초

2부 어른도 아이도 상처받지 않는 육아

5장 소리치지 않고 때리지 않고
아이를 변화시키는 훈육법 77
아이의 문제 행동 43가지에 대한 해결법

- 아이가 공격적 성향을 보여 걱정이에요 82
- 아이에게 예의범절을 가르치고 싶어요 92
- 씻기거나 기저귀를 갈아줄 때마다 아이가 악을 써요 99
- 아이가 좀처럼 잘 생각을 안 해요 107
- 유아용 카시트에 앉히기만 하면 아이가 자지러져요 115
- 아이가 차에만 타면 법석을 떨어요 122
- 변화를 지나치게 두려워해요 130
- 아이가 아무 데나 기어올라 걱정이에요 138
- 아이가 엄마에게서 떨어지려 하지 않아요 145
- 아이가 욕을 하기 시작했어요 154
- 급한 상황에서도 아이가 늑장을 부려요 160
- 물건을 손에 쥐여주기만 하면 전부 망가뜨려요 167
- 아이가 온 집 안을 헤집고 다녀요 175

- 아이가 먹으면 안 되는 음식이 있는데 어떻게 설득하죠? 182
- 잠투정이 심한 아이, 어떻게 하죠? 190
- 사람들을 공격하는 놀이를 좋아해요 197
- 우리 아이가 과잉행동장애인 것 같아요 208
- 어른의 지시를 못 들은 척하는데 어떻게 하죠? 218
- 뭐든 '지금 당장' 해달라며 졸라요 225
- 어른이 하는 일에 자꾸 훼방을 놓아요 232
- 형제를 지나치게 질투해요 238
- 아이가 거짓말을 배웠어요 246
- 아이 입이 너무 짧아 걱정이에요 257
- 음식을 가지고 장난을 쳐요 266
- 방을 어지르기만 하고 치우지 않아요 273
- 아이가 소란스러워서 함께 외출하기가 꺼려져요 280
- 아이가 당최 말을 듣지 않아요 287
- 식탐이 많아 걱정이에요 294
- 무슨 말을 해도 싫다고만 대답해요 303
- 아이와 비행기에 탈 일이 걱정이에요 309
- 무조건 자기가 하겠다고 고집을 부려요 317
- 무슨 물건이든 다 자기 거라고 우겨요 324
- 수줍음 많은 아이, 이대로 괜찮을까요? 331

- 형제끼리 사이좋게 지내지 않아 걱정이에요 339
- 아이가 다른 사람의 물건을 막 가져와요 346
- 아이가 낯선 사람을 따라가요 352
- 아이가 무례한 말대꾸를 해요 359
- 툭하면 떼를 써서 걱정이에요 365
- 호기심이 많은 아이를 안전하게 키우고 싶어요 374
- 아이가 배변 훈련을 어려워해요 382
- 자꾸만 텔레비전을 보여달라고 졸라요 390
- 아이가 공공장소에서 제멋대로 돌아다녀요 399
- 똑바로 말하지 않고 계속 칭얼거려요 407

부록 I. 아동의 발달 지표 414
부록 II. 아이의 안전을 위해 점검해야 할 것들 423
부록 III. 내 아이가 과잉행동장애일까? 426
부록 IV. 유년기의 학대 경험이 아이에게 미치는 영향 429

| 1부 |

당신이 알아야 할 훈육의 기본 원칙

1장

훈육의 주체는 다름 아닌 '부모'

아이를 돌보는
사람들 간의 문제 해결법

한 사회의 미래는 다음 세대를 얼마나 건강하게
성장시키느냐에 달려 있다.
−하버드대 아동발달센터 *The Center for the Developing Child, Harvard University*

요즘 어린아이를 키우는 부모들은 자신의 아이를 돌봐주는 다양한 분야의 성인 보육자들, 즉 이 책에서 말하는 '양육팀'에 의지하지 않을 수 없다. 육아와 일을 병행하느라, 나이 드신 부모를 부양하느라, 아이에게 운동 같은 조기 교육 프로그램이나 특기·적성 개발 교육을 시키느라 이리 뛰고 저리 뛰다 보면 어쩔 수가 없다. 아무튼 다른 사람들에게 아이를 맡기게 된 동기가 무엇이든 간에 이런 식으로 양육팀에 의존해 아이를 키우는 것은 오늘날 아이를 키우는 부모들에게는 피할 수 없는 현실이다. 실제로 미국의 여섯 살 이하 아동 중 부모가 아닌 누군가에게 일주일에 하루 이상 보살핌을 받는 아이는 수십만 명에 달한다. 2011년 봄, 미국인구조사국United States Census에서 실시한 조사에 따르면 여섯 살 이하 아동 2,040만 명 가운데 1,250만 명(61퍼센트)이 일주일에 적어도 한 번은 부모 외 다른 사람에게 보살핌을 받았다고 한다. 아동의 보육자 유형을 보면 비친척(33퍼센트)보다 친척(42퍼센트)이 많았는데 정기적으로 친척과 비친척 모두가 번갈아가며 아동을 보살펴주는 경우도 12퍼센트나 되었다.

앞에서도 이야기했다시피 아이들에게는 성인 보육자들과 긍정적이고 애정이 깃든 관계를 형성하는 것이 가장 중요하다. 성인 보육자는 아이가 옳고 그른 것을 구분하면서 똑똑하고 건강하게 성장하도록 도와주는 역할을 하기 때문이다. 그렇다면 아이를 둘러싼 모든 팀원이 아이에게 애정을 가지고 일관된 기준으로 아이를 훈육하게 하려면 어떻게 해야 할까? 또, 아이를 배려 깊은 사람으로 키우기 위해 팀원들을 한마음으로 모으려면 어떻게 해야 할까?

누가 팀을 이끌어야 할까?

아이를 기르는 데 도움을 주는 사람들을 한 팀으로 봤을 때 사실상 이 팀의 대장은 부모이므로 당연히 부모가 팀원(육아 도우미, 할머니 할아버지, 어린이집 교사 등) 모두에게 자신들 나름의 양육 규칙을 예의 바르게 설명해야 한다. 우리는 부모들이 이 책을 읽고 우리가 제시하는 전략들에 대해 팀원 모두와 자주 대화하기를 권한다. 그렇게 하면 팀원 모두가 아이에게 일관된 메시지를 전달할 수 있기 때문이다.

하지만 팀원들이 아이에게 애정을 가지고 일관된 훈육을 기꺼이 실천한다 해도 아이가 집이 아닌 다른 곳에서 시간을 보낸다면 다른 규칙을 경험할 수도 있다. 예를 들어 아이가 집에 있을 때와 어린이집에 있을 때의 식사 규칙은 서로 다르기 십상이다. 할머니 할아버지 집이나 다른 어른들의 집에 가는 경우도 마찬가지다. 그렇다면 할머니 댁을 방문했을 경우, 평소 아이를 재우는 시간보다 할머니가 아이를 더 늦게 재우고 싶어 한다면 부모는 어떻게 반응하는 편이 좋을까? 이때에는 무엇보다도 침착함을 잃지 않는 것이 중요하다. 그리고 자기 자신을 이렇게 타일러보는 것도 좋다.

'우리 집과 할머니 집에서의 식사 규칙이 서로 다르다는 것을 아이가 이해했겠지. 그러면 됐어.'

아이들은 환경에 따라 규칙이 다르다는 사실을 이해할 수 있고 그것에 따를 줄도 안다. 실제로 집에서의 규칙과 학교에서의 규칙은 대체로 다른 편인데 아이들은 두 규칙 모두를 이해하고 따르지 않는가?

어쨌든 부모는 육아에서만큼은 자신이 최종 결정권자라는 점을 명심해야 한다. 따라서 당신이 엄마나 아빠라면 집에서의 규칙과 할머니 집, 어린이집 등에서의 규칙에 어떤 차이가 있는지 잘 따져본 후 팀원들과 논의해 어떤 규칙을 따를지 결정하자.

한 가지 절대적 예외 사항

아이를 돌봐주는 사람이 많은 만큼 팀원들 사이에서 여러 문제가 발생하겠지만 소리치고, 때리고, 손찌검하고, 악을 쓰고, 욕을 하는 등 신체적으로나 정서적으로 아이에게 상처를 줄 만한 행위에 관해서만큼은 절대 타협해서는 안 된다. 예를 들어 육아 도우미가 아이의 말버릇을 고치기 위해 매를 좀 들어야겠다고 말한다면 당신은 "어떤 식으로든 폭력을 쓰는 것은 위험해요"라고 주의를 주어야 한다. 어떤 일이 있어도 절대 소리치거나 때리지 않는 것이 당신의 훈육 규칙임을 팀원들에게 알려라. 참고로 이 책에서 소개하는 '독성 스트레스toxic stress'에 대해 이야기를 나누면 팀원들이 비폭력 양육의 중요성을 이해하는 데 유용할 것이다('3장 소리치고 때리는 훈육법의 위험성' 참조).

할머니 할아버지와 엄마 아빠 사이에 긴장감이 높아질 때

할머니 할아버지, 엄마 아빠, 손주 사이는 끈끈한 감정으로 연결된 관계인 만큼 육아 과정에서 발생한 문제를 결정할 때 주도권을 둘러싼 갈등이 생기기 쉽다. 할머니 할아버지로서는 줄곧 자식들과의 관계에서 대장 역할을 해왔으니 당신들이 계속 대장 노릇을 하는 것이 당연하다고 생각할 수 있다. 또, 당신들이 더 오래 살기도 했고 더 현명하다는 이유로 성인 자식들이 자신들의 말을 들어야 한다고 믿는다.

그뿐 아니다. 바뀐 문화 탓에 세대 갈등이 불거지기도 한다. 식생활 관련 갈등이 그런 예이다. 요즘 부모 중에는 아이에게 채식주의 식단을 제공하기를 바라는 경우가 있는데 할머니 할아버지가 이에 충분히 응하지 못할 수도 있다. 이런 경우에는 아이의 부모가 추구하는 육아법을 무시하지 않는 동시에 아이에게 건강에 좋은 식습관을 길러주기 위해 타협하고, 공감하고, 대화를 나누려는 태도가 필요하다. 그래야만 식사 시간이 서로 감정 상하는 시간이 되는 것을 막을 수 있다(257쪽 '아이 입이 너무 짧아 걱정이에요' 참조).

질투와 경쟁심은 할머니 할아버지와 엄마 아빠 사이에 불화를 유발할 소지가 있다. 할머니 할아버지는 자신들이 자기중심적인 기대를 가지고 있다는 사실을 깨닫지 못한 채 지인들이 손주와 얼마나 시간을 많이 보내고 손주에게 어떤 선물을 받는지 등을 놓고 비교하는 경우가 많다. 또, 속으로 이런 생각도 한다.

'아들 녀석은 우리한테 놀러 오라는 이야기를 너무 안 해. 며느리는 사돈에게는 손주를 봐달라고 부탁하면서 나한테는 그런 부탁도 안 하고. 내가 손주 좀 보려고 놀러 가면 볼일이 있어서 나간다고 하고 말이야. 딸아이도 마찬가지야. 아기를 낳고부터는 전화도 안 하네. 정말 너무해.'

당신이 조부모의 입장이고 자식·손주들과의 관계 때문에 속이 상해 있다면 이런 질투와 비교가 당신 자신에게 그리고 자식과 손주와의 관계에 무슨 도움이 될지를 생각해봐야 한다. 자신에게 다음과 같이 물어보자.

'이런 생각이 내게 이득이 될까?'

'이런 생각이 자식들에게 도움이 될까?'

'이런 생각을 해봤자 괜히 스트레스만 높아지지 않을까?'

'이런 생각이 가족 관계에 도움이 될까?'

'이런 생각을 해봤자 내 기분만 비참해지지 않을까?'

'이런 자기 연민에 빠져서 뭘 하자는 건가?'

'내가 이러는 게 과연 좋은 할머니 할아버지가 되어주는 최선의 길일까?'

조부모의 마음을 심란하게 하는 것은 바로 조부모들이 하는 생각이다. 자신이 아이의 부모와 서로 경쟁적인 관계가 아니라는 것을 깨닫는다면 사고방식은 긍정적으로 변한다. '나를 가장 좋아해주면 좋을 텐데!'가 아닌 '우리 손주들이 여러 어른에게 보살핌을 받으면 좋은 일이지, 뭐'라는 식으로 생각하게 되는 것이다.

아이를 보살피는 모든 어른이 유연한 태도를 잃지 않고 무엇이 아이에게 가장 필요한지에 대해 마음을 열기만 한다면 이런 문제들은 원만하게 해결점을 찾을 수 있다. 어쨌든 할머니 할아버지에게 가장 중요한 것은 자식, 손주와 긍정적인 관계를 쌓는 일이다. 식습관, 격식, 기대에 얽매여 씨름해봤자 손주에게 필요한 좋은 할머니 할아버지가 되는 일에는 걸림돌만 될 뿐이다.

한 부모 가정에서의 양육법

아이를 혼자 키운다는 것은 아주 숙달된 부모라 해도 만만치 않은 일이다. 육아는 하루 24시간, 일주일에 7일을 몽땅 쏟아부어야 하는 일이기에 원래 여럿이 힘을 모아야 한다. 따라서 부부가 별거 중이거나 이혼 등의 이유로 따로 사는 경우라면 '육아 파트너'로서 서로 힘을 모아 육아 전략을 짜고, 의무를 분담하고, 또 독립적이고 자립적이며 상대를 사랑할 줄 아는 아이로 키울 수 있는 규칙을 함께 정하는 것이 바람직하다. 그리고 이렇게 해야 한다거나 그렇게 하면 안 된다거나 하는 식으로 서로 양육의 주도권을 쥐려 기를 쓸 것이 아니라, 이 책에서 설명하는 전략들을 활용하도록 권하는 편이 낫다. 그래야 아이가 엄마와 아빠 모두에게 일관된 훈육을 받게 된다.

또한 앞에서 이야기했다시피 아이들은 상황에 따라 규칙이 다르다는 것을 이해하고 그에 따를 줄 안다. 규칙은 환경과 결부되어 있기 때문이다. 하지만 양육 규칙을 두고 상대방과 다툼을 벌일 경우 결국은 아이에게 간접적인 상처를 입히게 될 것이므로 주의해야 한다. 만약 양육 규칙에 대해 서로가 도저히 의견 일치를 볼 수 없다면 그때는 아이에게 어떤 부모의 집에서 지내느냐에 따라 규칙이 다를 수 있고, 또 그래도 괜찮다고 알려줘야 한다. 그러나 한쪽이 "아이를 훈육하다 보면 폭력을 써야 할 때도 있는 법"이라 우기고, 당신이 상대를 납득시키기에도 지친 상태라면 법적 개입을 구해보는 방법도 고려해보라. 다만, 안타깝게도 아동 체벌에 대한 법적 규제는 여전히 미비하기 때문에 당신이 아이의 방패 역할을 해주는 것이 현실적인 방법일 것이다.

2장

육아의 기본은 아이와 긍정적인 관계를 쌓는 것

아이를 돌보는 사람들이
가슴에 새겨야 할
양육의 기본 원칙

당신에게 아이가 있다면 부모의 역할이야말로 당신에게 주어진 가장 중요한 소임이자 가장 보람 있는 도전임을 잊지 마라. 당신이 날마다 하는 일, 날마다 하는 말, 날마다 하는 행동 하나하나는 이 나라 미래의 틀을 잡는 데 다른 무엇보다도 중요하다.

-매리언 라이트 에덜먼 *Marion Wright Edelman*, 미국아동보호기금 회장

꼼지락대던 갓난아이가 어느새 커서 걷고 말하면서 제법 사람답게 행동하는 기적 같은 모습을 보노라면 끊임없이 변하는 것이 바로 인간의 본성이라는 사실을 새삼 깨닫는다. 아이를 올바르게 키우기 위해 과학적으로 입증된 방법들을 참고하기에 앞서 아이의 본성에 대해 짚어보자.

컨디션이 최상일 때 어린아이들은 호기심과 창의력이 풍부하고, 열의가 넘치고, 자립적이지만 최악의 상태일 때는 고집불통에 반항적이며 집착적이다. 아이들은 카멜레온처럼 변화무쌍한 데다 어른의 논리가 통하지 않아서 중요한 행동 규칙을 납득시키기가 여간 까다롭지 않다. 아이러니하게도 아이와 긍정적이고 애정 깊은 관계를 다지며 적절한 행동을 가르치는 데 가장 힘든 시기는 아이와 애정 깊은 관계를 다지고 올바른 행동을 가르치는 데 가장 중요한 시기이기도 하다. 아이의 삶에서 유년기 초반 몇 년은 신체적·정서적·지적 학습에 가장 중요한 시기이며 더불어 사는 방법을 배워야 하는 시기이기도 하다. 즉, 어떤 것은 해도 되고 어떤 것은 하면 안 되는지, 화가 나거나 짜증 나거나 겁이 날 때 어떻게 자신의 감정을 조절하는지 등을 배워야 할 때다. 이 책에서 소개하는 사랑과 한계 설정을 통한 훈육법을 활용하면 아이는 자신을 보살펴주는 어른과 긍정적 관계를 다지게 될 것이다. 그러면 지금부터 이런 가르침을 펼치기 위한 기본 원칙들을 하나씩 살펴보겠다. 팀원들은 다음의 원칙들을 늘 마음에 새겨두고 지키도록 하자.

당신이 공감하고 있음을 아이에게 보여준다

공감은 다른 사람의 상황, 감정, 동기를 그 사람의 입장에 서서 이해하는 행위이자 타인과 관계를 다지기 위해 필요한 기본 요소이다. 우리는 누구나 공감 능력을 타고난다. 이 능력은 아이들이 성장하는 과정에서 각각 다르게 나타나며 여자아이들이 남자아이들보다 감정을 읽는 능력이 뛰어나다고 하지만 세 살 무렵에는 남자아이와 여자아이 모두 다른 사람의 감정을 이해할 줄 알게 되고 다섯 살쯤에는 다른 사람의 감정의 맥락을 이해할 수 있다. 하지만 아이의 공감 능력이 무럭무럭 자라려면 어른들의 역할이 중요하다.

아이의 공감 능력을 키워주는 데 가장 중요한 것은 어른이 공감과 이해와 배려의 모범을 보여주면서 아이의 인격을 존중해주는 일이다. 아이가 아무리 까다롭게 굴더라도 그렇게 해주어야 한다. 예를 들어 아이가 적절하지 못한 행동을 보이면 이런 식으로 말문을 떼면 된다.

"그래, 그랬구나."

아이의 감정을 배려하는 모습을 보여주면서 아이의 난처한 처지에 공감하라. 또, 아이의 행동이 다른 사람들에게 어떤 영향을 미칠지를 짚어주면 아이의 잠재된 공감 능력을 일깨울 수도 있다. 이런 식으로 물어보는 것이다.

"네가 친구를 밀쳐내면서 놀이에 끼워주지 않으면 친구는 기분이 어떨까?"

반대로 아이의 행동에 화를 내는 식으로 반응하면 아이의 공감 능력은 감소한다. 화를 내는 반응은 아이에게 다른 사람의 감정을 배려하지 않도록 가르치는 셈이기도 하기 때문이다. 실제로 여러 조사에서 밝혀진 바에 따르면 세 살 때 어머니가 깊은 온정으로 돌봐준 아이들은 공감 능력이 향상하고 야단을 맞거나 학대받은 아이들은 공감 능력이 감소한다고 한다. 공감 능력이 없으면 다른 아이들과 장난감을 같이 가지고 놀고, 안 좋은 상황에서 화를 내거나 폭력을 쓰고 싶은 충동을 참고, 자신의 행동에 책임을 지는 법을 배우기란 불가능에 가깝다. 하지만 이 책에서 소개하는 방법들을 활용하면 당신의 공감 능력을 높게 유지하는 데 도움이 될 뿐 아니라 아이가 사랑과 이해와 배려심 있는 어른으로 자랄 잠재성을 높이는 데도 도움이 될 것이다.

또, 공감 능력은 상대를 이해하는 데 아주 중요한 요소이며 아이가 여러 사람과 어울리는 데에도 도움을 준다. 공감 능력은 '기브 앤 드 테이크' 식의 보답적 상호 작용을 일으키기 때문에 아이가 어느 그룹 내에서 다른 사람에게 공감해주면 아이도 다른 사람들에게 공감을 받으며 안도감과 평온함을 얻게 될 가능성이 높아진다. 공감 능력을 가진 아이는 공명심公明心이 있고 그 공명심을 주위에 퍼뜨리는 능력도 기르게 되는데, 이런 아이는 피부색, 언어, 체격, 옷차림 때문에 다른 아이가 따돌림당하는 것을 부당한 일로 여겨 친구들을 설득하기도 한다.

아이에게 온전한 관심을 쏟으며 함께 있어준다

아이에게 관심을 쏟는다는 것은 눈을 맞추고, 말을 걸어주고, 귀 기울여 말을 들어주고, 아이가 한 말을 되짚어 말해주고, 아이가 잘 놀게 옆에서 거들어주는 등 듬직한 친구가 되어준다는 의미다. 이때 텔레비전, 스마트폰, 노트북 등의 전자 기기는 끈다(단, 아이와 같이 어떤 프로그램을 보거나 들으면서 도란도란 이야기를 나누는 경우라면 예외다). 책 읽기, 노래 부르기, 그날 있었던 일 이야기하기, 아이가 한 행동에 대해 아이에게 설명해주기, 소풍 가기, 밖에 나가서 놀기 등 무엇을 할지 계획을 짜두고 아이가 당신의 얼굴을 바라볼 수 있게 함께 바닥에 앉아 눈높이를 맞춰주면서 당신이 아이에게만 마음을 써준다는 것을 느끼게 해준다. 이것들은 모두 단순해 보여도 아이와 긍정적이고 애정이 깃든 관계를 쌓는 데 아주 중요한 방법들이다.

당신이 집에서 일을 하고 있다면 아이가 깨어 있는 시간 내내 아이에게 온전히 관심을 쏟아주기가 힘들 거라고 생각할 것이다. 이해한다. 하지만 당신이 일하는 동안 작업실 문을 닫아걸고 아이를 들어오지 못하게 하면 아이가 큰 혼란을 겪는다는 점을 인지해야만 한다. 작업실 문에 무언가 장치를 해서 당신은 아이가 잘 노는지 지켜볼 수 있지만 아이는 당신 옆으로 못 오게 막는 것 역시 아이에게 좌절감을 유발할 수 있다는 것을 알아야 한다. 따라서 집에서 일을 할 때에는 다음의 사항을 고려해보는 편이 좋다.

- 믿음직한 친구나 친척에게 아이를 봐달라고 부탁한다.
- 당신과 아이의 욕구를 두루 채워줄 만한 적당한 어린이집이나 유치원 아니면 조기 교육 프로그램을 찾아본다.
- 남편(아내)이 아이를 돌봐줄 수 있을 때 일한다.
- 당신이 일하는 동안 집에서 아이를 보살펴줄 육아 도우미를 구한다.

집에서 일과 육아를 병행하기란 경우에 따라 할 만한 수준일 수도 있지만 앞에서 지적했다시피 당신과 아이 모두의 화를 돋우기에 딱 좋은 조건인 것이 대부분이다. 그러니 어른에게 관심을 받고 싶어 하는 아이의 욕구뿐 아니라 일에 신경을 쏟고 싶어 하는 당신의 욕구도 두루 충족시켜줄 만한 전략을 생각해보는 것이 좋다. 그러면 이런 상황에서 일어날 수 있는 곤란한 상황을 예방할 수 있을 것이다(41쪽 '당신과 아이의 욕구를 두루 충족시킬 방법을 생각해본다' 참조).

관심받고 싶은 아이의 욕구를 무시하는 것에 대해

오늘날 세계는 유, 무선으로 연결되어 있다. 전자 소음들은 우리의 관심을 끌기 위해 끊임없이 우리를 유혹하고, 한 번에 다양한 정보를 얻으며 동시에 일하는 것이 일상으로 자리 잡았다. 누구나 전자 소음에 익숙해졌고, 그 결과 우리는 가장 시급한 소음에만 주의를 집중하는 경향이 있다. 이런 여러 가지 소음들 속에 갓난아이나 어린아이까지 끼어든다고 생각해보자. 우리는 정신이 너무 산만해져서 아이들이 내는 소리마저 방해거리로 치부하기 쉽다. 하지만 아기들은 원래 시끄러운 소리를 내는 데 따를 상대가 없도록 프로그래밍되어 있다. 보육자의 관심을 _끄느냐_ 못 _끄느냐_ 에 따라 자신의 생존 여부가 걸려 있기 때문이다. 그래서 아기들은 더러 드릴 소리에 맞먹는 데시벨로 울어젖히기도 하는데 어른이 다른 데에 집중해야 하는 상황에서는 그 울음소리가 말할 수 없이 성가시게 느껴질 것이다!

게다가 어린아이들은 본래 아주 자기중심적이다. 아이들은 자신이 우주의 중심이며 모든 일이 자신을 위해 돌아가야 한다고 생각한다. 그래서 엄마 아빠의 관심을 얻으려 기를 쓰는 아이는 부모가 관심을 주지 않으면 떼를 쓰거나, 징징거리거나, 욕을 하는 식으로 발악을 한다. 다른 곳으로 가버리겠다고 겁을 주는 아이도 있고 막상 엄마 아빠가 드디어 관심을 보여주면 부모를 외면해버리기도 한다. 이렇게 되면 생리학적 스트레스 반응 시스템이 과도하게 활성화되어 엄마 아빠와 아이는 서로 분노를 일으키는 사이가 되고 만다.

아이에게 말을 걸고 책을 읽어준다

아이에게 말을 걸고 책을 읽어주는 일은 아이의 사교술을 길러줄 뿐 아니라 어른과 긍정적인 관계를 쌓기 위해서도 상당히 중요하다. 또, 어휘가 늘수록 사고의 폭도 넓어지는데 생각은 말로 하는 것이기 때문이다.

언어는 텔레비전을 보거나 다른 사람의 통화 내용을 듣는 것보다 다른 사람과 직접 대화를 나눌 때 가장 잘 습득된다. 따라서 이때 가장 집중할 것은 '단어' 자체가 아니라 '일대일 상호 작용'이다. 아이와 눈을 맞추면서 긍정적이고, 애정 어리고, 배려감 넘치는 단어를 이용해 대화를 나누면 아이에게 단순히 새로운 말을 가르치는 것에 그치지 않고 아이와 애정 어린 관계를 쌓게 된다.

언어가 아이의 미래에 얼마나 중요한 영향을 끼치는지에 대해서는 지난 30년 동안의 획기적인 연구들을 통해서 증명되어왔다. 다양한 연구에서 밝혀낸 바에 따르면 아이들은 태어나면서부터 들은 단어 수에 따라 성취도에 차이를 보였는데 이런 연구들을 통해 아이와 대화를 나누고 아이에게 책을 읽어주는 일은 부모와 친밀감을 높이는 동시에 아이의 지적 능력을 자극해주는 활동이라는 것을 알 수 있다.

아이에게 말을 걸고 책을 읽어주는 행위는 아이가 말을 떼기 전인 유아기 때부터 시작해도 괜찮다. 처음에는 아이의 소리를 흉내 내는 식으로 하면 된다. 아이가 "바, 바, 바" 같은 소리를 내면 그 소리를 따라 해보라. 아이는 소리를 내는 것이 자신과 소중한 관계에 놓인 어른과 유대감을 형성해준다는 점을 차츰 깨닫는다. 또, 당신이 자신의 곁에 있다는 것과 당신이 옹알이로 이야기를 나누어주고 있다는 것도 느끼게 된다.

아이가 좀 자라면 아이와 함께하고 있는 활동에 대해 설명하는 식으로 대화를 이어가는 것도 좋다. 차를 타고 가는 중이라면 눈에 띄는 시설, 사람, 밖에서 벌어지는 움직임 등 지금 눈앞에 보이는 모습들에 대해 이야기해본다. 마트에 갔다면 장보기 목록을 소리 내어 확인하면서 사려는 물건의 크기, 색깔, 무게 등을 아이에게 설명해준다.

말을 어떤 식으로 하느냐도 중요하다. 아이에게 말을 할 때는 "옳지, 잘 알아들었네", "이렇게 해보자" 같은 긍정적인 말을 쓴다. "그렇게 하는 게 아니야", "틀렸잖아"처럼 아이의 기를 죽이는 말은 삼가야 한다. 야단을 쳐야 할 때는 "꽃이 잘 자라려면 화분에 있는 흙을 파내면 안 돼"라는 식으로 아이가 취해야 할 바람직한 행동을 일러줘라. 무작정 "안 돼!", "하지 마!" 같은 식으로는 말하지 않는 게 좋다.

아이와 이야기할 때는 서로를 마주 볼 수 있도록 눈높이를 맞추어준다. 당신이 사랑하고 아끼는 성인을 대하듯이 아이를 대등한 입장으로 대우하고 성인에게 이야기할 때와 똑같은 말을 쓴다. 또한 아이가 입에 담지 않았으면 하는 말들을 당신이 내뱉지 않도록 조심한다. 아이와 이야기를 나누지 않을 때도 아이가 말소리를 다 들을 만큼 가까이 있을 때는 그런 말들을 삼가는 편이 좋다. 아이들은 좋은 말이든 나쁜 말이든 강렬한 말들은 잘 들어두었다가 그 말이 어떤 맥락에서 어떤 의미로 쓰이는지 금방 터득한다.

욕구 불만 내성과 만족 지연 능력을 키워준다

하루 24시간, 일주일 내내 온 세상이 연결되어 있는 세계에서 살아가다 보면 문자, 트윗, SNS 게시글, 전화에서 바로바로 피드백을 얻지 못할 때 짜증이 나고 우울해지기 십상이다. 하지만 우리 자신에게 욕구 불만 내성(욕구 불만의 상태를 견뎌내는 힘-옮긴이)과 만족 지연 능력(미래의 더 큰 보상을 위해 만족을 자발적으로 유보하는 능력-옮긴이)이 부족하면 아이에게 인내의 미덕을 가르쳐주기 힘들다.

따라서 당신부터 인내를 실천해야 한다. 예를 들어보자. 지금 당신은 차 안에 있고 아이를 유아용 카시트에 앉혀놓은 상황이다. 길이 막혀 당신은 안달이 난 상태이지만 그래도 정지 신호에 화를 터뜨리거나 다른 운전자에게 빨리 좀 가라고 고함을 질러서는 안 된다. 아이가 뭔가를 빨리 가지고 싶을 때 당신의 행동을 그대로 따라 할 것이기 때문이다. 당신이 악을 쓰고 화를 내면 아이는 짜증이 날 때는 화를 내도 되며, 소리를 지르는 게 곤란한 상황에서의 대처법이라 생각할 것이다. 그러니 당신은 원하는 것이 있어도 그것을 당장 얻으려고 조바심을 내지 않는 모범을 보이면서 이런 말로 짜증을 억눌러라.

"오늘은 차가 정말 막히네. 우리 같이 노래 부르면서 길이 뚫리기를 기다리자."

이외에도 아이의 욕구 불만 내성과 만족 지연 능력을 길러주는 간단한 방법으로는 아이가 원하는 것을 바로 주지 말고 몇 초쯤 미루었다가 주되 그 미루는 시간을 최고조까지 점점 연장해나가는 것이다. 또, 기다리는 동안 아이에게 말을 걸어주면 아이는 욕구 불만 내성과 함께 나중에 자기 자신을 억제하는 데 유용한 말도 배우게 된다.

"블록들을 정리하면 과자 줄게."

가령 이런 식으로 말하면(68쪽 '할머니식 육아법' 참조) 아이는 자신이 좋아하는 것을 하기 위해서 먼저 해야 할 일부터 처리해야 한다는 교훈도 배우게 된다. 장기적으로 진행된 연구 결과들을 통해서도 밝혀진 바이지만 어릴 때 인내하는 법을 배운 아이들은 끈기 있고 책임감 있는 어른으로 성장할 가능성이 더 높다.

또, 아이에게 참으면 그만큼의 보답이 생길 거라고 약속하는 것은 아이에게 당신이 한 말을 믿어도 된다고 말해주는 셈이다. 이것은 당신이 아이에게 애정을 가진 어른임을 증명해주는 하나의 방법이며, 아이로 하여금 기꺼이 만족을 지연시키게 한다.

당신과 아이의 욕구를 두루 충족시킬 방법을 생각해본다

아이들은 누구나 떼쓰고 징징거리게 마련이며 5장에서 살펴볼 마흔세 가지 문제 행동들을 전부(혹은 대부분) 보인다. 이는 부모가 얼마나 완벽한가와는 관계없다. 사회적·경제적 배경을 막론하고 정서적으로 안정된 아이들이나 별로 그렇지 못한 아이들 모두 나름의 욕구와 바람을 가지고 있기 때문이다.

문제는 부모와 아이의 바람이 퍼즐 조각처럼 서로 맞지 않을 때 일어난다. 부모는 자신의 욕구가 충족되도록 아이를 통제하기를 원한다. 그런데 아이 역시 자신의 욕구를 충족할 만한 힘과 통제력을 원하면 갈등이 빚어진다. 예를 들어 당신은 아이가 옷을 갈아입었으면 좋겠는데 아이의 욕구가 노는 쪽에 맞추어져 있다면 갈등이 생기게 마련이다. 이때 당신은 부모로서 권력을 행사하고 싶어질 테지만 아이는 아이대로 자신의 욕구를 지키고 싶어 한다. 이런 상황에서는 부모로서의 권력을 행사하고 싶은 당신의 욕구가 어느 정도인지에 따라 갈등이 커질지 해소될지가 결정된다. 따라서 당신이 통제권을 가져야 한다고 생각할 것이 아니라 당신 자신의 욕구를 충족시키기 위해 아이를 제압해야 할 필요는 없다고 자기 자신을 타이르는 편이 갈등 해소에 도움이 된다. 아이에게 이렇게 말해보자.

"그래, 우리 보람이가 옷을 갈아입는 대신 계속 놀고 싶어 하는 거 알아. 하지만 지금은 학교에 갈 준비를 해야 하니까 우리 보람이가 좀 도와주었으면 좋겠어."

이러면 침착하게 아이의 욕구를 인정해주는 동시에 아이에게 당신의 욕구를 이해시킬 수 있다.

"옷 다 입으면 나가기 전까지 놀게 해줄게. 우리 보람이는 혼자서도 옷 잘 입지?"

이렇게 말하면서 '할머니식 육아법'을 활용해볼 수도 있다. 당신의 욕구와 아이의 욕구를 모두 이해하면 아이와 힘겨루기 갈등을 해소하고 아이의 협력을 끌어낼 수 있다.

각각 욕구가 다른 것에서 오는 갈등은 부모에게나 아이에게나 심각한 스트레스를 일으킨다. 이러한 갈등을 해소하지 못하고 이런 갈등이 일상사처럼 굳어져버린다면 자칫 아이에게 독성 스트레스 반응을 지속적으로 유발할 위험이 있다. 이런 스트레스 반응은 아이의 정서적, 신체적 건강에 독이 되어 현재는 물론 미래에까지 타격을 줄 수 있다.

아이의 행동과 당신 자신의 자존감을 서로 연결 짓지 않는다

"보람이는 어쩜 그렇게 똑똑해? 나는 보람이를 보면 깜짝깜짝 놀란다니까. 애가 정말 천재 같아."

친구나 지인들에게 이런 말을 자주 듣지 않는가? 어쩌면 당신도 당신의 아이에 대해 이와 비슷한 말들을 해보았을지도 모른다. 아이의 재능과 재주를 대견해하며 그런 재주를 키워주려 응원하는 것은 중요한 일이다. 하지만 친구나 이웃에게 아이를 자랑하는 일은 조심해야 한다. 아이가 있는 곳에서 그런 자랑을 하는 것은 위험한 상황을 자초하는 격이 될지 모르기 때문이다. 부모가 '나는 아이를 잘 둔 부모'라는 점을 지나치게 강조하면 아이는 자신이 부모의 행복을 좌우한다는 믿음을 가지게 된다. 자신이 올바르게 행동해서 부모의 기대를 채워주면 당신이 자신과 있는 것을 행복해할 것이고 자신이 잘못하면 엄마 아빠는 자신과 있는 것을 행복해하지 않을 것이라고 믿는다. 이런 대화는 아이를 아슬아슬한 지경으로 내몰 수 있기 때문에 당신은 당신 자신과 아이를 동일시해서는 안 된다. 당신은 아이의 재능이나 재주를 통제할 수 없다. 또, 그 재주를 쓰고 싶어 하는 아이의 의지에 대해서조차도 통제권이 없다. 하지만 아이의 행동에 대해 당신이 어떻게 반응할 것인지는 통제할 수 있다. 그러니 당신과 양육팀 전원은 그런 방향으로 통제력을 쏟아야 한다.

 '아이의 행동'과 '아이 자체'를 동일시해서도 안 된다. 아이는 아이의 행동과는 별개의 존재다. 아이는 아이, 즉 '한 사람의 인간'이며 아이의 행동은 '아이가 아이로서 행하는 일'이다. 아이의 행동이 곧 아이라는 존재 자체를 뜻하지는 않는다는 이야기다.

 당신과 팀원들은 아이는 포용해줘야 하지만 아이의 행동에 대해서까지 꼭 그럴 필요는 없다. 아이가 마트에서 제멋대로 굴 경우 당신을 성가시게 하는 것, 앞으로 변화시킬 수 있는 것은 아이 자체가 아니라 아이의 행동이다. 또, 그런 행동에 따라 아이가 '착한 아이'가 되거나

'나쁜 아이'가 되는 것이 아니다. 아이의 행동이 곧 당신 자신인 것도 아니다. '우리 애는 나쁜 아이이고 그렇게 키운 나도 나쁜 부모야'라는 자책이 들더라도 아이의 행동과 당신 자신은 별개다. 당신이 변화시켜야 할 것은 아이의 행동이지 아이 자체가 아니다.

폭력으로부터 아이를 지킨다

부모는 아이가 육아 도우미, 어린이집 교사, 가족 등 팀원의 보살핌을 받는 동안에도 아이를 안전하게 지켜주어야 한다. 그러기 위해서는 해야 할 일이 두 가지 있다. 첫째는 어린이집이나 유치원에 아이를 등록시키거나 육아 도우미를 고용하기 전에 그 사람들이 아이가 상처받지 않도록 충실히 보호해줄 것인지를 확인해야 한다. 두 번째는 아이가 자기 자신을 지킬 수 있도록 다음과 같은 말을 가르쳐야 한다.
"그러는 거 싫어요. 하지 마세요."
"잘 모르는 사람은 따라가면 안 돼요."
"나한테 모래 던지지 마."
아이에게 자기 보호용 말을 가르칠지를 결정하고 나면 가상 놀이를 통해 아이와 연습을 해보자.
"모래를 가지고 놀고 있는데 다른 사람이 너한테 모래를 던진다고 상상해보자. 그럴 땐 뭐라고 말할 거야?"
아이가 당신이 가르쳐준 대로 말할 때까지 슬쩍슬쩍 귀띔해주고 격려해주자. 당신이 가르쳐준 대로 아이가 잘 말하면 잘했다고 칭찬해주고 또 다른 시나리오를 연습해본다.

혹시 당신이 보지 못하는 곳에서 아이가 괴롭힘을 당하지는 않는지 가늠해보려면 왕따 방지 사이트[1]에 게재된 다음 목록을 체크해보는 것이 도움이 된다. 모두 괴롭힘을 당하고 있다는 신호로 볼 만한 징후들이다.

- 원인 불명의 상처가 보인다.
- 옷, 책, 전자 기기, 장신구를 망가뜨리거나 잃어버린 채 집에 온다.
- 자주 머리나 배가 아프다고 한다. 혹은 자꾸만 구토를 하거나 꾀병을 부린다.
- 갑자기 밥을 안 먹거나 폭식을 하는 등 식습관의 변화를 보인다.
- 잠을 잘 못 자거나 자주 악몽을 꾼다.
- 성적이 떨어지거나, 학업에 흥미를 잃거나, 학교에 가기 싫어한다.
- 갑자기 친구들과 멀어지거나 아이들과 어울리는 것을 피한다.
- 무기력감을 느끼거나 자존감이 떨어져 있다.
- 무언가를 피해 다니거나, 자해를 하거나, 자살 이야기를 하는 등 자기 파괴적 행동을 한다.
- 동물이나 사람을 때리거나 깨무는 등 공격적 징후를 보인다.

---

1 http://www.stopbullying.gov/

이런 조짐이 보이면 대화를 통해 아이가 왜 그런지 확인해본다. 이때는 그냥 "예", "아니요"로 대답할 수 없게 물어야 한다. "배가 아프니?"가 아닌 "배가 아픈 것 같네. 엄마도 가끔 걱정이 있으면 배가 아프던데. 무슨 걱정이 있으면 말해봐"라는 식으로 묻는다.

상황에 따라 이런 조짐의 원인을 헤아려보기 위해 의료 전문가, 학교 담당자 혹은 아이와 가까운 사람들에게 도움을 구해보는 방법도 괜찮다. 그리고 누군가가 아이를 괴롭히고 있다는 것이 확인되면 가까운 곳에 있는 아동 보호 관련 단체에 도움을 얻어본다.

남자아이와 여자아이의 차이점을 이해한다

|주의| 지금부터 볼 내용은 남자아이들과 여자아이들의 발달과 관련한 방대한 연구를 바탕으로 삼은 보편적 통칙으로서 아이에 따라 차이를 보일 수도 있지만 정상 행동과 문제 행동을 구별하는 데 도움이 될 것이다. 또, 남자아이와 여자아이의 천성적인 차이를 이해하면 성별이 다른 아이들을 서로 비교하는 실수를 피할 수 있다. 아동의 발달 단계에 관해 궁금하다면 '부록 Ⅰ. 아동의 발달 지표'를 참조하기를 권한다.

아이와 긍정적인 관계를 쌓으려면 남자아이와 여자아이는 신체 구조뿐 아니라 뇌 구조, 신체의 화학 반응, 호르몬에도 차이가 있다는

사실을 이해해두는 편이 좋다. 이런 차이들이 아이들의 행동에 큰 영향을 미치기 때문이다. 예를 들어 남자아이는 사고를 주관하는 좌뇌가 공간 지각을 주관하는 우뇌보다 늦게 발달하고 양쪽 뇌를 연결하는 신경 다발도 여자아이에 비해 더디게 발달한다. 그 결과 남자아이는 대체로 여자아이보다 수학과 논리 능력은 뛰어나지만 언어와 읽기 능력이 떨어지는 편이다.

여자아이의 뇌는 비교적 고른 발달을 보이면서 양쪽 반구가 안정적으로 연결된다. 덕분에 읽기와 감정 자각에 양쪽 뇌를 모두 활용할 수 있다. 또, 여성의 뇌는 거의 언제든 작동이 되는 특성이 있어서 여자아이는 멀티태스킹 능력이 더 뛰어난 편이며 신체적으로도 공격성을 억제하는 세로토닌serotonin 분비 수치가 남자아이에 비해 높다.

반면 남자아이의 신체는 공격성을 자극하는 호르몬인 테스토스테론testosterone을 많이 분비한다. 그런 영향으로 남자아이는 순간적 만족(빨리 먹거나, 한 가지 활동을 했다가 금방 또 다른 활동에 빠지는 식으로)을 찾고, 감정이 흥분된 상태에서조차 문제 해결에 곧장 돌입하며, 긴장을 촉발하는 활동(스포츠, 경쟁, 게임)에 적극성을 보이는 편이다. 이외에도 남자아이와 여자아이 사이에는 다음과 같은 차이가 일반적으로 나타난다.

- 남자아이는 한 가지 일에 집중하기를 좋아해서 방해를 받으면 보다 공격적인 반응을 보인다.
- 여자아이의 운동 능력은 그 최고점에 이르는 속도가 비교적 더

디지만 남자아이에 비해 더 열심히 하고 지속 시간도 더 길다.
- 남자아이는 넓은 공간을 차지하는 놀이를 선호한다. 그래서 여자아이에 비해 자신의 공간을 더 많이 차지하려 들고 밖에 나가 놀기를 좋아한다.
- 여자아이는 사물에 대한 관심이 남자아이보다 지속적이고 그 관심 양상 또한 정적이다.
- 여자아이는 남자아이에 비해 오감(후각, 청각, 미각, 시각, 촉각)에 대한 의존도가 높다.
- 남자아이는 왼쪽 눈을 통해 전달되는 시각 정보를 더 능숙하게 다루는데 이 시각 정보가 여자아이보다 우세한 영역인 우뇌에서 처리되기 때문이다.
- 여섯 살 무렵에는 전반적으로 여자아이가 남자아이보다 6개월 정도 발달이 앞선다.
- <u>스스로</u> 힘이 세다고 생각하는 남자아이는 몸싸움을 동반한 거친 신체 놀이를 즐긴다.
- 남자아이는 안정감과 자신감을 느끼면 여자아이에 비해 더 빨리 주체성을 찾는다.

3장

소리치고 때리는 훈육법의 위험성

체벌이 아이의 두뇌·정서·건강에 미치는 영향

유아기 초기의 경험은 평생 그 사람이 이루어낼 성과에 큰 영향을 끼치며, 유아기 초기의 환경은 말 그대로 뇌에 깊이 새겨져 뇌의 구조를 변화시킨다.

―앤드루 가너*Andrew Garner*, 의학박사

미국 가정 중 아빠의 78퍼센트와 엄마의 66퍼센트가 '아이는 가끔 따끔하게 매로 다스려야 한다'라는 생각을 가지고 있다. 놀랍게도 미국에서 태어난 갓난아이 중 15퍼센트는 첫돌을 맞이하기도 전에 매를 맞고 있다.[2] 우리는 이런 통계 자료에 경각심을 느꼈다. 따라서 이번 장에서는 엉덩이 때리기, 따귀 때리기, 주먹질하기, 윽박지르기 등 온갖 종류의 폭력이 아이에게 미치는 영향에 대해 아주 상세히 살펴보고자 한다.

사람들은 아이를 때리는 이유를 흔히 다음과 같이 정당화한다.

"아이가 좀처럼 말을 듣지 않아서 어쩔 수 없이 때린 거예요!"

---

2 '체벌의 심리학(The Psychology of Spanking)' 온라인 강좌.
http://www.online-psychology-degrees.org/psychology-of-spanking/

"아이를 사랑하지만 아이를 위해서는 매를 들어야만 해요."

"저희 아이는 가끔 맞아야 말을 들어요."

"저희 부모님도 제가 어렸을 때 잘못을 하면 매를 드셨으니 저도 배운 대로 제 아이를 키워야죠."

"동생을 때린 벌로 어쩔 수 없이 매를 들었어요!"

"애가 영 집중을 못 하기에 때릴 수밖에 없었어요."

"애를 말리려면 달리 어떻게 해야 할지 몰라서 때렸어요."

이런 식으로 폭력을 정당화하는 것도 아이의 정서에 해를 끼치지만 어른이 아이를 때리면서 "미안해. 하지만 너를 사랑해서 때리는 거야", "맞는 너보다 때리는 내가 더 아파", "네가 잘못을 해서 이렇게 맴매하는 거야" 등의 사과 역시 해롭기는 마찬가지다. 폭력에 대한 이런 식의 정당화는 아이에게 아이 자신이 사랑받고 보호받을 자격이 없으며 어떤 행동을 바로잡기 위해서는 사랑하는 사람을 때려도 괜찮은 것이라는 메시지를 전달한다. 이는 결코 아이에게 전할 만한 바람직한 메시지가 아니다. 때리면서 사과하는 것은 때리는 행위 못지않게 아이의 정서에 상처를 줄 소지가 있다.

때리는 것은 훈육이 아닌 '괴롭힘'

때리는 것은 일종의 괴롭힘이나 다름없다. '괴롭힘'에는 다음과 같은 뜻이 있다.

위압적이거나 위협적 태도로 대하는 것. 공격적으로 강요하는 것. 공격을 가하거나 겁을 주어 무언가를 억지로 시키는 것. 기를 죽이거나, 고함을 쳐서 겁을 주거나, 위압감을 주는 것.

누군가 아이를 때리거나 아이에게 소리를 지르면 아이는 그 사람이 너무 무서워서 단지 그 순간의 고통과 불안에서 벗어나기 위해 그가 원하는 대로 순순히 따르게 된다. 이런 즉각적 결과 때문에 때리고, 폭언을 퍼붓고, 때리겠다고 으름장을 놓는 것이 효과를 보이는 것처럼 느낄 수도 있다. 하지만 아이가 얻게 되는 상처는 어쩌란 말인가?

폭력이 아이의 뇌에 미치는 영향

이번에는 아이가 폭력을 경험할 때 신체에서 어떤 일이 일어나는지 알아보자. 아이가 괴롭힘을 경험하면 '공포 반응'이 자극되고 그에 따라 자동으로 고유의 신체 반응이 유발되면서 아이는 단순히 뇌와 신체의 스트레스 반응을 진화鎭火하기 위해 어른이 원하는 대로 순순히 따른다. 스트레스 반응은 다음과 같은 순서로 일어난다.

1. 어른이 아이에게 으름장을 놓거나 손찌검을 한다.
2. 아이가 이런 행동을 위협으로 받아들인다.
3. 공포를 담당하는 뇌 영역에서 아이에게 '위험 감지' 경고를 보

낸다.
4. 아이의 신체와 뇌가 이 위험 신호에 따라 '투쟁 혹은 도피 반응 fight-or-flight response'을 발동시키면서 아이에게 맞서거나 도망치라고 알린다.
5. 투쟁 혹은 도피 반응이 일어나면 혈압과 심장 박동 수가 높아지고 코르티솔cortisol 같은 스트레스 호르몬이 증가한다. 이와 같은 스트레스 반응은 뇌의 변화 같은 신체 반응을 일으킨다.

스트레스 전문 심리학자들은 이런 반응의 원리를 생물학적 측면에서 찾아냈다. 뇌에서 스트레스에 가장 취약한 영역은 전전두피질prefrontal cortex인데, 이 전전두피질은 뇌에서 의사 결정을 담당한다. 따라서 매를 맞는 환경같이 스트레스가 심한 환경에서 자라는 아이들은 대체로 집중을 하거나, 가만히 앉아 있거나, 좌절에서 회복되거나, 지시를 따르는 데에 비교적 어려움을 느낀다. 무엇보다도 자제력을 제대로 발휘하지 못하는 편이다.

저널리스트인 폴 터프Paul Tough가《아이는 어떻게 성공하는가》에서 보고한 내용을 그대로 옮기자면, 유치원 교사들이 꼽은 가장 다루기 어려운 아이들은 글자와 숫자를 잘 모르는 아이들이 아니라 화가 났다 하면 성질을 주체하거나 마음을 가라앉힐 줄 모르는 아이들이다. 전국적 규모로 실시된 한 조사에서는 유치원 교사의 46퍼센트가 담당 원생 가운데 지시를 따르는 데 문제가 있는 원생이 적어도 절반은 된다고 답했다. 또, 헤드스타트Head Start(미국의 저소득층 자녀들을 위한 유아 교육 프로그램-옮긴이) 교사들의 답변에 따르면 원생의 25퍼센트 이상이 일주일에 적어도 한 번은 다른 원생에게 발길질을 하거나 겁을 주는 등 심각한 수준의 문제 행동을 보이는 것으로 나타났다.[3]

체벌이 아이의 행동과 건강에 미치는 영향에 대한 통계 자료는 그 외에도 수두룩하다. 62년에 걸쳐 진행된 88건의 과학적 연구를 종합한 메타 분석(한 가지 주제를 목적으로 여러 가지 논문의 결과를 종합하여 연구하는 것-옮긴이)에 따르면 다음과 같은 아동의 문제 행동에 체벌이 깊게 연관되어 있다는 점에 대해 무려 94퍼센트의 일치율을 보인다.[4]

- 도덕성 저하.
- 아동의 공격성 증가(말대꾸, 반항, 포악한 행동, 물건 부수기, 사람들에게 덤벼들어 때리기, 악쓰기 등).
- 아동의 비행 행동과 반사회적 행동 증가.
- 부모와 아동 사이의 관계의 질 저하.
- 아동의 정신 건강 쇠퇴.
- 성인이 되었을 시 공격성을 보일 확률 증가.
- 성인이 되었을 시 범법 행동과 반사회적 행동을 보일 확률 증가.
- 성인이 되었을 시 정신 건강 쇠퇴 확률 증가.
- 성인이 되었을 시 아이나 배우자를 학대할 위험성 증가.

---

3 《아이는 어떻게 성공하는가》, 폴 터프, 2013년 11월, 베가북스.
4 '체벌의 심리학(The Psychology of Spanking)' 온라인 강좌.
  http://www.online-psychology-degrees.org/psychology-of-spanking/

- 성인이 되었을 시 약물 및 알코올 남용 확률 증가.

이러한 행동은 모두 전전두피질의 기능과 연관되어 있으며 아동의 도덕성 발달 문제를 비롯해 충동 억제와 관련해서도 중요한 연관성을 갖는다. 심리학자 로런스 콜버그Lawrence Kohlberg는 '도덕성 발달에서 가장 낮은 발달 수준은 단지 벌을 피하기 위해 규칙을 따르는 것이며 가장 높은 발달 수준은 그것이 옳고 바른 일이기 때문에 규칙을 따르는 것이다'라고 주장했다.[5] 부모가 잘못한 행동을 바로잡겠다고 아이를 때리면 아이의 도덕성 발달은 가장 낮은 수준에서 멈추고 만다. 아이의 관심이 옳거나 바른 일을 하는 방향이 아니라 벌을 피하는 방향에 맞추어지기 때문이다.

체벌이 효과가 없는 이유

아이가 나쁜 행동을 했을 때 아이를 체벌하면 아이는 부모가 보는 앞에서만 그 행동을 멈출 뿐이다. 그래서 매 맞는 아이들은 들키지 않는 데에는 도사가 된다.

"한 번만 더 걸리면 가만 안 둔다."

엄마 아빠가 이렇게 말하면 아이는 걸리지 않으려고 조심조심한다.

---

[5] 《도덕발달의 심리학》, 로런스 콜버그, 2001년 2월, 교육과학사.

때때로 당신 자신도 벌을 모면하기 위해 이런 행동을 할 수 있다! 제한 속도를 넘겨서 운전하다가 경찰차가 눈에 들어온 상황을 가정해보자. 당신이라면 어떻게 하겠는가? 아이가 당신에게 보였던 것처럼 경찰에게 걸리지 않으려고 안 그런 척할지 모른다. 속도를 줄이면서 경찰차가 보이는 동안에는 적법하게 행동하다가 경찰차가 더는 안 보이면 다시 속도를 올리는 것이다. 도덕성 발달의 가장 낮은 수준에 따라 행동하는 셈인데 실은 제한 속도를 쭉 지키며 운전해야 도덕성 발달의 가장 높은 수준에 따라 운전을 하는 것이라 할 수 있다.

반면, 앞에서 인용한 메타 분석에서 밝혀졌다시피 체벌이 가져오는 바람직한 행동은 달랑 하나뿐이다. 이번 장의 초반부에서 지적했던 바로 그것, 즉 바로바로 순종하며 말을 더 잘 듣는 것. 하지만 이 메타 분석에서 지적한 바에 따르면 맞으며 자란 아이는 성인이 되었을 때 스트레스성 건강 문제에 시달리는 경향이 높아 다음과 같은 신체 질환을 일으킬 가능성이 높다.[6]

- 고혈압.
- 간 기능 상실.
- 당뇨병.
- 심혈관 질환.
- 위장 질환.

---

6 '체벌의 심리학(The Psychology of Spanking)' 온라인 강좌.
http://www.online-psychology-degrees.org/psychology-of-spanking/

- 관절염.
- 비만.

양육팀과 체벌에 대한 의견이 일치되지 않을 때

당신이나 양육팀 중 누군가가 훈육하면서 자꾸 아이를 때린다면 소아과 의사나 상담사에게 전문적인 도움을 받아보기를 권한다. 그래야 그런 해로운 행동이 아이의 건강과 뇌에 '독성 스트레스' 반응을 일으키지 못하도록 막을 수 있다. 독성 스트레스는 의학계와 과학계에서 사용하는 정식 용어로, 안정적이고 애정 어린 관계를 형성하지 못한 상태에서 생리학적 스트레스 반응 시스템이 과도하거나 장기적으로 활성화되는 것을 가리킨다.[7] 앞에서도 지적했듯, 이런 식의 스트레스 반응 시스템이 장기적으로 활성화되면 뇌 구조 외 여러 기관의 발달을 저해할 위험이 있다. 또, 성인기에 이를 때까지 스트레스성 질환에 걸리거나 인지 능력이 손상될 위험도 있다[8]('부록 Ⅳ. 유년기의 학대 경험이 아이에게 미치는 영향' 참조).

---

[7] '체벌의 심리학(The Psychology of Spanking)' 온라인 강좌.
http://www.online-psychology-degrees.org/psychology-of-spanking/

[8] '불우한 아동기 경험 연구(ACE, Adverse Childhood Experiences Study)', 질병통제예방센터(Centers for Disease Control and Prevention).
http://www.cdc.gov/violenceprevention/acestudy/

폭력의 학습성

폭력 범죄 전과자들을 대상으로 시행한 여러 조사에 따르면 그들의 폭력 행위는 학습된 것이었다. 폭력 범죄 전과자들은 다른 사람들이 폭력을 당하는 것을 목격했거나 스스로 폭력을 당한 적이 있었다. 그들은 그런 경험을 통해 '폭력은 곧 권력'이라는 것을 학습했다. 아이는 손찌검을 당하거나 때리겠다는 협박을 들으면 몸이 크고 힘이 센 어른은 폭력을 통해 자기 뜻을 관철한다고 배운다. 그렇게 보고 배운 아이들은 다른 사람들에게 폭력을 쓰면서 권력을 행사하려 한다.

부모가 소리를 지르거나 때릴 때 아이에게 전달되는 주된 메시지는 뭘까? 바로 '어른들은 아이들보다 덩치가 크고 힘이 세서 자기 마음에 들지 않으면 약한 사람에게 공포와 고통을 줘도 된다'라는 것이다. 즉, 아이들은 자기보다 덩치가 크고 힘이 센 존재 앞에서 피해 의식과 함께 무력감을 느끼면서 공포와 불안에 떨게 될 뿐 아니라 화가 나면 자신도 폭력을 사용하고픈 욕망을 가지게 된다. 아이들은 세상을 구체적 조건에 따라 바라보기 때문에 어른이 아이를 때려도 괜찮은 것이라면 자신도 어른이나 다른 아이를 때려도 괜찮다는 식으로 생각한다. 분노, 복수, 어른과 아이의 의사소통 단절이 그렇듯 폭력도 또 다른 폭력을 낳는다. 폭력은 애정 어린 마음으로 아이를 격려하고 보호해주는 바람직한 어른상에 대치된다.

UN 아동권리위원회는 아주 경미한 수준이라 할지라도 체벌을 불쾌감과 학대의 고통을 유발하는 행위라고 규정하면서 "아동 체벌 근

절이야말로 온갖 종류의 사회 폭력을 줄이고 예방하는 핵심 방책"이라고 주장하고 있다.[9]

우리는 이 주장에 전적으로 공감한다. 아이들은 어른을 보면서 폭력적 행동을 배운다. 이 점을 생각하면 손찌검, 폭언, 위협 등 신체나 감정에 고통을 가하는 행위는 무엇이든 피해야 한다. 특히 아이들이 미디어를 통해 폭력에 노출되는 강도가 점점 늘어나는 현실을 감안하면 더욱 그렇다. 연구 결과를 통해서도 드러나고 있다시피 온라인, 텔레비전, 영화 등을 통해 폭력을 접하는 아이들은 또래 놀이 친구들에게 더 공격적인 성향을 보인다. 아이들은 미디어를 통해 폭력이 권력을 가지게 해주며 원하는 바를 얻기 위해 폭력을 행사해도 괜찮은 것이라고 거듭 학습한다. 아이나 다른 사람에게 위협을 가하든, 실제로 폭력을 가하든, 아니면 미디어를 통해 폭력 행위를 접하든, 어떠한 형태로든 폭력은 위험한 결과를 불러오므로 양육팀 모두가 주의를 기울여야 한다.

재차 강조했다시피 아이에게(또는 그 누구에게든) 소리를 지르거나 때리는 것은 결과적으로 좋을 것이 하나도 없다. 아이가 고통을 받을 뿐 아니라 그로 인한 분노 누적으로 결국에는 분노 조절에 문제가 생기는 지경에 이르기도 한다는 점을 생각하면 가정은 물론 어린이집,

---

[9] '아동 체벌의 예방 및 근절-여성·여아 폭행을 뿌리뽑기 위한 국가적 핵심 사안(Prohibiting and Eliminating Corporal Punishment of Children—A Key Element of State Responsibility for Eliminating Violence against Women and Girls)', 아동폭력근절국제행동단체(Global Initiative to End All Corporal Punishment of Children).
http://www.endcorporalpunishment.org/assets/pdfs/briefings-thematic/SRVAC-state-responsibility-2012.pdf

유치원 등의 시설에서 행해지는 체벌과 으름장에 대해서는 무관용 원칙(사소한 규칙 위반에도 관용을 베풀지 않는 원칙-옮긴이)을 시행해야 한다는 주장에 설득력이 더해진다. 훈육이란 사랑을 주고 아이 행동에 한계를 설정해주어 아이에게 적절한 행동을 유도해주는 지도 체계가 되어야 한다. 또한 이런 훈육은 부모와 아이 사이에 건강한 유대와 애정 어린 관계를 돈독히 다져줄 뿐 아니라 아이와 어른의 신체적, 정서적, 심리적 건강도 증진시킨다. 따라서 체벌에 관해서는 무관용 원칙이 절대적으로 지켜져야 한다.[10]

---

10 '찰나의 애정(Micro Moments of Love)', 바버라 프레드릭슨(Barbara Fredrickson), 2013년 6월 17일 기사.
http://www.awakin.org/read/view.php?tid=949#sthash.zx1XP2tP.dpuf

소리치지 않는 육아를 위한 기본 기술

4장

우리가 권하는 훈육의 기초

가진 연장이 망치 하나뿐이라면
모든 문제를 못처럼 다루기 십상이다.
-에이브러햄 매슬로*Abraham Maslow*, 심리학자

이번 장에서는 아이들이 흔히 보이는 문제 행동들을 고쳐줄 때 누구나가 유용하게 활용할 만한 기본 기술들을 정리해보자.

시계와 시합하기
경쟁심이 강한 아이의 본성을 이용해 할 일을 제시간에 마치도록
아이를 자극하는 동기 부여형 기법

아이에게 어떤 일을 마치기까지 허용해줄 수 있는 시간을 정해 알람을 설정한다(휴대전화 알람 기능을 이용하면 편하다).

"자, 이제 휴대전화가 울리기 전까지 우리 보람이가 이 일을 마칠 수 있는지 볼까?"

아이들은 이기는 걸 좋아하는데 이렇게 해주면 시계와의 시합에서 이길 기회를 주는 셈이다. 게다가 힘겨루기 없이도 아이가 제시간에 일을 마칠 뿐 아니라 시계가 당신 대신 통제자 역할을 해준다. 아이를 잠자리에 들게 하고 싶을 때 이 '시계와 시합하기' 방법을 활용하면 잠을 재우는 권한을 중립적 중재자, 즉 '시계'에게 넘겨주는 셈이기 때문에 아이와 어른의 갈등을 줄이는 데 유용하다.

진정의 시간
자제력을 되찾기 위해 문제 상황에서 잠시 벗어나는 것

'진정의 시간'이 지닌 장점은 짜증이 솟구치는 상황에서 당신과 아이가 따로 떨어져 마음을 가라앉힐 시간을 얻을 수 있다는 점이다. 하지만 아이로 하여금 적절하지 못한 행동을 그만두게 하기 위해 진정의 시간에만 전적으로 매달리고 '중립적 시간'(70쪽, '중립적 시간' 참조)에 당신이 바라는 행동을 가르치지 않는다면 아이는 적절하지 못한 행동을 계속할 테고, 그러다 보면 아이는 하루 내내 진정의 시간을 보내게 될 수도 있다!

진정의 시간에는 아이를 의자에 앉히거나 방으로 데려가 휴대전화 알람을 일정 시각에 맞춰놓고(한 살당 1분가량씩 잡아서 최대 5분까지 설정) 아이에게 휴대전화가 울릴 때까지 그 자리에 꼼짝 말고 있으라고 일러주면 된다. 알람이 울리기 전에 아이가 자리에서 일어난다면 알람을 재설정하고 휴대전화가 울릴 때까지 그 자리에서 움직이면 안 된다고 다시 일러준다. 아이가 시간을 지킬 때까지 이 과정을 반복한다. 진정의 시간에 들어갈 때는 이렇게 말해라.

"아무래도 이제는 그만 놀고 마음을 좀 진정시켜야겠구나."

그런 다음 애정 어린 태도로 진정의 시간을 가질 장소로 아이를 데려가서 이런 식으로 말한다.

"진정의 시간 동안 이 자리에서 움직이지 말고 화가 났을 때 동생을 때리는 대신 다른 식으로 화를 풀 방법을 생각해보았으면 좋겠어."

진정의 시간이 끝나면 아이에게 이렇게 물어본다.

"우리 보람이가 화가 났을 때 다시 즐겁게 놀려면 어떻게 하는 게 좋을 것 같아?"

아이가 대답을 하면 그 대답에 대한 이야기를 나눈다. 아이가 "잘 모르겠어요"라고 대답하거나 자기 생각을 말로 잘 표현하지 못하는 눈치라면 당신의 생각을 알려주면 된다.

"주먹을 쓰지 않고 말로 해도 되잖아."

"화가 나면 어른한테 가서 도와달라고 하면 돼."

아이와 문제 해결 방법에 대한 이야기를 마치고 나면 그 일을 자꾸 묻고 들추어내지 않는다. 지나간 일은 지나간 일이다. 과거에 연연하는 것보다 더 나은 미래를 위해 노력하는 편이 슬기롭다. 아이의 잘못이나 과거를 자꾸만 들추는 것은 아이에게 해서는 안 되는 행동만 상기시킬 뿐 정작 당신이 가르치고자 하는 행동은 일러주지 못하는 셈이다.

할머니식 육아법
"이것(당신이 아이에게 바라는 것)을 다 하면
저것(아이가 하고 싶어 하는 것)을 하게 해줄게"라는 식의 계약형 타협

할머니식 육아법을 이용할 때는 부정형보다 긍정형 표현이 바람직하다. 즉, "네가 이것을 하지 않으면 저것은 할 수 없을 줄 알아"라는 식보다는 "네가 이것을 다 하면 저것을 하게 해줄게" 식이 낫다.

중립적 시간
화가 가신 후에 아이가 차분하게 놀고 있는 등 갈등에서 벗어난 시간

아이가 진정되어 학습에 수용적인 상태이기 때문에 무언가를 가르치기에 최적의 시간이다.

칭찬
아이가 적절한 행동을 했을 때 이를 말로 인정해줌으로써
올바른 행동을 자주 하도록 동기를 자극해주는 행위

어떠한 경우든 '아이 자체'가 아닌 '아이의 행동'을 직접적으로 칭찬한다. 예를 들어 "블록을 잘 쌓는구나"라는 식으로 말해야지 "우리 아들은 블록도 잘 쌓고, 정말 착하네"라는 식으로 말해서는 안 된다. 후자의 표현은 아이의 행동과 아이의 가치를 연결 짓기 때문이다. 아이가 적절하게 행동할 때만 착한 사람이 된다고 가르치고 싶은가?

우리는 모든 아이가 천성적으로 착하다고 믿는다. 아이의 행동 중

고쳐야 할 점이 있다고 해도 아이들은 여전히 착한 존재다. 아이가 적절한 행동을 했을 때 칭찬해주면 아이에게 당신이 기대하는 바가 무엇인지를 일깨워주는 한편 바람직한 행동의 양상을 더욱 각인시킬 수 있다. 칭찬은 아이가 적절한 행동을 계속 이어가도록 동기를 자극해준다.

합죽이놀이
아이가 잠을 자지 않기 위해 당신을 옆에 붙잡아놓고 종알종알 말할 때 이것저것 묻지 못하도록 유도하는 잠자리 놀이

합죽이놀이를 시작하려면 그냥 이렇게 말하면 된다.

"우리 합죽이놀이 할까? 말하지 않고 얼마나 오래 있을 수 있는지 해보는 거야. 자, 시작."

그런 다음 문밖에서 60초 정도 기다렸다가 속닥속닥 작게 말한다.

"정말 아무 소리도 안 내고 조용히 있네. 우리 보람이가 합죽이놀이에서 이기겠는데."

이것을 두 번 더 반복한 다음에는 또 이렇게 속삭인다.

"우리 보람이가 아무 말 없이 정말 잘 있네."

그때쯤 되면 아이는 잠이 들거나 너무 졸려서 자고 싶어지게 마련이다.

도서관, 예배당, 병원 등에서 아이를 조용히 시키고 싶을 때도 이 합죽이놀이를 활용할 수 있다. 그냥 이렇게 말하면 된다.

"우리 지금부터 합죽이놀이 하자. 말 안 하고 얼마나 오래 있을 수 있는지 해보자."

아이를 북돋워주기 위해 잘하고 있다고 작은 소리로 칭찬해주는 것도 잊지 말자.

주의 주기
다음의 지침을 담아 짧은 말로 끝내기
 1. 그 행동을 그만하라는 명령
 2. 그 행동을 그만해야 하는 이유
 3. 그 행동을 대신할 만한 또 다른 행동

예를 들어 이런 식으로 말하자.

"그만 때려. 그렇게 때리면 맞는 사람이 아프잖아. 때리는 대신 친구한테 공을 달라고 좋게 말하자."

규칙
다음과 같이 여러 의미로 정의할 수 있음
 1. 미리 정해놓은 기대 행동
 2. 적절하지 못한 행동과 적절한 행동을 가르는 경계
 3. 아이에게 적절한 행동을 끌어내줄 정신적 나침반

아이들은 자신의 세상에 확실한 경계가 그어지고 자신의 행동 결과를 예상할 수 있으면 보다 적절하게 행동하고 자신감을 느낀다. 일단 규칙을 몸에 익히면 당신이 없을 때도 규칙이 아이에게 지침이 되어줄 것이다. 또, 아이에게 "……가 규칙이야"라고 말해주면 규칙 준수가 중요하다는 것을 이해시키는 데 유용하다.

규칙 설정 시에는 일정한 성과와 결과를 함께 제시하면 좋다. 가령 다음과 같은 식으로 규칙을 세우면 된다.

"더러운 옷은 벗어서 바구니에 넣는 거야. 그래야 집이 더러워지지 않아서 좋아."

아이가 규칙을 잘 기억하게 도와주려면 칭찬을 활용한다.

"'벗은 옷은 바구니에 넣기' 규칙을 잊지 않고 지켜줘서 고마워."

아이가 규칙을 까먹으면 그 규칙을 아이가 잘 실천할 수 있도록 더 자주 말해달라는 메시지로 받아들인다.

혼잣말

긍정적 혼잣말은 상황을 해결하는 데 도움이 되는 말
부정적 혼잣말은 오히려 상황을 악화시키는 말

스트레스를 받을 때 긍정적 혼잣말로 마음을 가라앉히면 분별 있고 책임감 있는 행동을 유도해 스트레스 상황을 잘 헤쳐 나갈 가능성이 그만큼 높아진다. 긍정적 혼잣말을 유용하게 이용하려면 기본적으로 당신 자신과 당신의 행동을 구별해야 한다. 이를테면 이렇게 말하면 된다.

"부모 노릇을 잘 못하고 실수해도 나는 좋은 사람이야."

이런 식의 긍정적 혼잣말은 자기 자신을 다잡아준다. 긍정적 혼잣말을 할 때 과장은 금물이며 '항상'이나 '절대' 같은 뉘앙스의 단어는 쓰지 않는다. 절대로 다음의 예처럼 말하지 않는다.

"큰아이가 툭하면 동생을 때리네."

"아이가 내 말은 죽어라 듣질 않으니 원."

'항상'과 '절대'는 '영원히 그러하다'라는 의미이므로 그런 혼잣말은 상황에 맞지도 않다. 만약 딸아이가 동생을 반복적으로 때리는 상황이라면 긍정적 혼잣말은 이런 식으로 하는 것이 효과적이다.

"큰아이가 자꾸 동생을 때리지 않게 내가 어떻게든 해봐야겠어."

또, 긍정적 혼잣말을 하면 무슨 큰일이라도 난 것처럼 안절부절못하면서 자신이 그 문제를 감당할 수 없다고 말하는 등 상황을 과도하게 부풀리지 않게 된다.

"아이가 칭얼거리면 정말 못 참겠어!"

이런 혼잣말은 과장된 표현이다. 당신은 지금껏 아이의 칭얼거림을 잘 참아냈을 뿐 아니라 앞으로도 잘 참을 수 있기 때문이다. 못 참겠다는 식의 혼잣말을 하면 칭얼거림을 참아내는 인내력의 정도가 크게 떨어져서 아이에게 해로운 반응을 내보일 위험이 있다.

"애가 좀 칭얼거린다고 해서 내가 죽는 것도 아니잖아. 짜증이 나긴 하지만 난 해낼 수 있어."

이렇게 말하면 당신은 칭얼거림을 더 오래 참아낼 수 있을 뿐 아니라 아이의 행동에 효과적으로 반응하는 방법도 더 잘 구상할 수 있다.

긍정적 혼잣말은 당신을 차분한 상태로 유도해주는 반면 부정적 혼잣말은 분노, 답답함, 걱정, 두려움 같은 강한 부정적 감정을 유도한다. 이런 부정적 감정은 뇌에 스트레스 반응을 일으키고 문제 해결을 방해한다. 또, 긍정적 혼잣말에는 '꼭'이나 '반드시' 같은 과장된 말을 쓰지 않으니 '반드시 훌륭한 부모가 되어야 해'라는 식으로 자신을 압박하지 않게 된다.

"더 훌륭한 부모가 되고 싶어."

이렇게 말하면 이 말은 '압박'보다는 '바람'이 되어서 훨씬 실현 가능성이 높은 목표가 된다.

때때로 부모들은 남들이 하는 대로 자신도 따라야 한다는 혼잣말로 자신을 압박한다. 아이가 친구 집에 놀러 갔을 때, 그 집 부모가 당신의 아이에게 침대에서 방방 뛰도록 허락하는 경우를 예로 들어보자. 당신은 아이를 침대에서 뛰지 못하게 말리면 나쁜 부모가 될 거라고 자신에게 말하면서 아이를 침대에서 뛰게 해주어야 한다는 압박감을 느낄지 모른다. 이런 '또래 압력peer pressure'은 다른 부모가 구입한 것과 똑같은 땅콩버터를 따라 사는 정도라면 무해하겠지만 다른 부모들이 그런다는 이유로 당신 역시 아이에게 폭력을 휘두른다면 무척 위험할 것이다.

아이에게도 긍정적 혼잣말을 하도록 자극하려면 당신이 긍정적 혼잣말의 모범을 보여주면 된다. 이를테면 아이가 우유를 엎질렀을 때 "내가 못살아! 이게 뭐야"라는 말 대신 큰 소리로 이렇게 말해본다.

"괜찮아. 행주 가져와서 닦으면 되지, 뭐."

어른이 침착하고 건설적인 혼잣말을 하는 모범을 보여주면 아이는 문제 상황을 수습 가능한 일로 여기게 된다. 또, 문제 상황을 큰일이 일어난 것처럼 과장하는 안 좋은 버릇이 들지 않게 유도할 수 있다.

| 2부 |

어른도 아이도
상처받지 않는 육아

5장

소리치지 않고 때리지 않고 아이를 변화시키는 훈육법

아이의 문제 행동
43가지에 대한 해결법

우리가 아이들에게 물려주기를 바라는 유산은 오직 두 가지뿐이다. 하나는 뿌리이고 다른 하나는 날개다.

-요한 볼프강 폰 괴테 *Johann Wolfgang von Goethe*

　이번 장에서는 아이들이 보이는 가장 보편적인 문제 행동들을 어떻게 바로잡아줄 것인지에 대해 이야기하려 한다. 우리는 각 주제들을 네 항목으로 나누어 구체적인 해결책을 제시하는 동시에 어른이 보여야 할 바람직한 행동와 그렇지 않은 행동을 보여줄 것이다. 다음은 이 네 항목에 대한 간략한 설명이다.

　문제의 특징: 문제 해결의 첫 단계로서 아이들이 해당 문제 행동을 보이는 이유를 간략하게 짚고 넘어간다.

　문제 예방법: 문제 해결의 두 번째 단계로서 문제 상황을 예방하기 위한 권고 사항을 구체적으로 제안하는 동시에 그 문제 행동의 빈

도와 지속 시간을 줄이기 위해 당신과 아이의 삶을 어떻게 꾸려가야 할지에 대한 전체적인 요령을 일러준다.

문제 해결법: 문제 해결의 세 번째 단계로서 아이의 해당 문제 행동을 해결하는 데 유용한 실질적 지침을 알려준다. '바람직한 행동'과 '바람직하지 못한 행동'으로 구분 지어 최대한 명확하게 문제 해결법을 짚어주려 한다.

바람직한 행동: 반복되는 문제 상황을 가장 효과적으로 해결하기 위해서는 각각의 문제 상황에서 제안된 '바람직한 행동' 항목을 떠올려보자. 아이의 행동을 변화시키기 위한 기본 원칙은 '가장 단순한 전략부터 시도해보는 것'이다. 여기에서 말하는 가장 단순한 전략이란 대체로 아이에게 무엇을 해야 할지 알려주고 그렇게 하도록 격려하는 것이다. 이 전략이 통하지 않으면 그다음으로 단순한 전략을 이용하고, 효과가 있을 때까지 시도를 이어가면 된다.

바람직하지 못한 행동: 이 책에서 제안하는 '바람직하지 못한 행동' 역시 '바람직한 행동' 못지않게 중요하다. 그러니 '바람직하지 못한 행동'에 대한 조언에도 주의를 기울이기 바란다. 조언을 새겨들어두면 특정 문제 행동이 재발·악화되거나 또 다른 문제를 낳지 않도록 예방하는 데에도 유용하다.

단, 각 상황에 따라 더 자연스럽다고 느껴지는 말과 행동이 다르게 마련이므로 우리가 제안하는 말을 그대로 따라 하기가 거북하다면 임의로 그 표현을 바꾸어도 된다. 아이들은 부모와 양육팀 일원들의 감정을 예리하게 눈치채고 민감하게 느끼니 어른들은 아이에게 신뢰감을 줄 만한 말과 행동을 하도록 주의해야 한다. 그렇게 하면 아이들은 어른들이 제안하는 것들을 더 잘 받아들인다.

이 책에서 제안하는 해결책들은 성인을 상대로 할 때와 같은 정도의 존중을 아이에게도 보여주는 것을 기본으로 하고 있다. 아이들은 존중을 받으면서 비로소 존중하는 법을 배우므로 아이를 손님 대하듯 대해주자. 그렇다고 해서 아이가 규칙을 따르지 않아도 된다는 이야기는 아니다. 아이가 규칙을 따르도록 친절하고 배려 있게 행동하며 아이의 행동을 격려해주어야 한다는 이야기다.

사례로 들여다보기: 각 문제 해결의 마지막 단계로 아동의 문제 행동을 바로잡아주기 위해 우리가 제안한 전략을 활용한 가족의 사례를 들여다보는 코너이다.

아이가 공격적 성향을 보여 걱정이에요

문제의 특징

아이가 짜증이나 화가 나서, 아니면 다른 아이나 어른을 자기 멋대로 휘어잡으려고 장난감을 내던지거나, 떼를 쓰거나, 몸으로 덤벼드는 행동을 두고 '괴롭힘'이라는 말을 쓰지는 않는다. 하지만 이런 행동은 사실 '괴롭힘'이 맞다. '괴롭힘'이란 위압적이거나 협박적인 태도로 사람을 대하는 행위, 혹은 겁을 주거나 자기 뜻대로 사람을 휘어잡으려고 사납게 구는 행위를 가리킨다. 때리기, 물기, 할퀴기, 꼬집기, 물건 집어 던지기, 욕하기, 놀리기는 모두 '괴롭힘'에 해당한다.

매를 맞은 아이가 순간 겁을 먹어서 어른이 바라는 대로 행동하는 경우와 마찬가지로 아이의 공격적인 행동도 단기적으로는 아이가 제

뜻대로 구는 데 유용한 수단이 되기도 한다. 하지만 짜증이나 화가 날 때, 원하는 바를 얻으려 할 때마다 누군가를 괴롭히는 것은 좋지 못한 행동이다. 애정을 가지고 아이를 보호해주는 어른으로서 당신은 그런 행동들이 다른 사람에게 상처를 주므로 용납될 수 없음을 일찌감치 아이에게 가르쳐야 한다. 아이가 공격적 행동이나 괴롭힘에 맛을 들이지 못하게 가르치는 것을 최우선 순위에 두자. 아이가 짜증이 나거나 자기가 원하는 바를 얻기 위해 무력을 사용하려 하면 어른이 나서서 감정을 조절하도록 가르쳐준다.

> |주의| 아이가 걸핏하면 남을 괴롭히는 등 공격적 성향을 보여 친구, 가족을 곤란하게 하는 지경이라면 전문의에게 도움을 구해서 이런 행동의 원인을 찾아보기 바란다. 네 살 때 한 달에 두 번 이상 맞은 아이들은 여섯 살쯤에 공격적 성향을 띠게 될 가능성이 두 배나 높다는 점도 명심하기 바란다.

문제 예방법

하나. 이해와 공감을 활용한다

다른 사람에게 공감할 줄 아는 사람은 상대를 괴롭힐 수가 없다. 아이가 공격성을 띨 때는 일단 아이의 입장에 서서 아이의 동기를 이해해본다. 그런 다음 아이가 공격적인 행동을 보일 때 다른 사람들의 기분이 어떨지를 아이가 이해하도록 이끌어준다.

"그래, 정말 짜증이 났겠구나. 그래도 준수한테 트럭 장난감을 던지면 준수는 기분이 어땠겠어?"

또, 말로 상대에게 큰 상처를 줄 수 있다는 점을 아이에게 이야기해주면 자신의 말이 다른 사람에게 어떤 영향을 끼치는지에 대해 관심을 갖도록 아이를 이끌 수 있다. 누군가가 당신에게 심술궂은 말을 하면 그 말이 당신에게 얼마나 상처가 되었는지도 이야기해주자.

둘. 아이의 놀이를 꼼꼼히 감독한다

아이가 또래 친구들에게 공격적 행동을 배우지 못하도록 아이와 아이의 친구들이 서로 어떤 식으로 놀고 대화하며 또 장난감을 얼마나 소중히 다루는지 지켜본다. 아이가 난폭하게 행동해 다른 사람에게 상처를 입히거나 피해를 주도록 방치하지 말고 아이의 친구들이 이런 행동을 할 때도 마찬가지로 주의를 준다.

셋. 당신 자신을 다스린다

화가 난다고 어른이 누군가를 때리거나 소리를 지르면 아이는 다른 누군가를 공격해도 괜찮다는 것을 배울 뿐이다. 아이가 공격적으로 군다고 해서 당신도 똑같이 공격적인 반응을 보여서는 안 된다. 아이가 그런 반응에 겁을 먹으면 자칫 독성 스트레스가 유발될 수도 있기 때문이다. 아이가 자제력을 잃더라도 그 순간에 당신이 자제력을 보인다면 아이에게 긍정적 행동의 모범이 되어줄 뿐 아니라 화가 날 때 다른 사람에게 상처를 주지 않고도 잘 처신할 수 있는 방법을 아이에게 가르쳐줄 수 있다.

넷. 공격적이거나 폭력적인 전자 미디어를 피하게 한다

아이에게 폭력적인 영화를 자주 보여주면 아이는 자신이 그런 식으로 행동했을 때 사람들에게 상처를 준다는 사실을 깨닫지 못한 채 화면에서 본 대로만 흉내 낼 위험이 있다. 그뿐 아니라 폭력적 미디어를 시청하는 것 또한 아이들에게 독성 스트레스 반응을 유발하며 이는 뇌에 위험한 변화를 일으킨다.

문제 해결법: 바람직한 행동

하나. 써도 되는 말과 쓰면 안 되는 말을 가르친다

아이가 남에게 상처를 주는 말을 가려 쓰기를 기대하기 전에 그런 상처가 되는 말과 호칭에 대해 아이에게 확실히 가르쳐주어야 한다. 예를 들어 아이가 친구들 혹은 텔레비전을 통해서 "멍청이"라는 단어를 배웠을 때는 사람들에게 "멍청이"같이 남에게 상처를 주는 호칭을 쓰거나 "입 닥쳐"라는 못된 말은 쓰면 안 된다는 규칙을 가르친다.

둘. 사과를 시킨다

아이가 욕을 했을 경우에는 상대에게 사과시키되 그 전에 상대의 심정이 어땠을지 공감하도록 유도해준다. 그리고 할머니식 육아법을 활용해 이렇게 말해보자.

"친구한테 욕을 해서 미안하다고 사과하면 다시 가서 놀게 해줄게."

셋. 아이를 그 상황에서 벗어나게 한다

아이가 공격적으로 굴 때는 당장 그 행동을 그만두도록 말리고 해당 상황에서 벗어나게 한다. 그리고 잠깐 진정의 시간을 가지면 아이의 분노를 가라앉혀주는 동시에 아이와 함께 그 문제를 짚어볼 여유가 생긴다. 짜증이 날 때 상대를 때리는 것 말고 어떤 행동을 할 수 있을지 아이에게 물어보자. 아이가 대답을 잘 못하고 웅얼거린다면 "어른에게 도움을 청하거나 다른 아이들에게 '이제 그만 놀래'라고 말하고 그 자리를 떠나면 돼"라고 일러줘라. 그리고 이런 말과 행동을 다섯 번 정도 연습시켜 아이가 그런 말과 행동에 익숙해지게 해준다. 그러면 아이는 생각을 실제 행동으로 옮길 줄 알게 된다.

넷. 짜증 날 때 어떻게 해야 할지에 대해 아이와 이야기한다.

아이의 공격적 행동을 길들이려면 먼저 꼬집거나, 때리거나, 물거나, 물건을 던지거나, 밀치거나, 떼쓰는 등의 행동은 잘못된 것이라고 충분히 설명해준 뒤 짜증이 날 때 취해야 할 바른 행동을 일러준다(돌도 안 된 갓난쟁이가 실수로 당신을 때렸을 때도 마찬가지다). 또, 2장에서 살펴본 바와 같이 여자아이에 비해 남자아이가 공격적 행동을 보일 가능성이 더 높다는 사실도 명심하자. 만약 아이가 대화로 문제를 해결하기에 너무 이른 나이라면 아이를 주의 깊게 지켜보다가 분노가 공격성으로 표출되기 전에 다른 놀이를 하게 해준다.

다섯. 다른 사람들과 사이좋게 지내면 칭찬해준다

다른 사람들과 사이좋게 지내는 것의 의미를 이해시키려면 아이가 무언가를 사람들과 나누고, 순서를 기다리고, 도움을 요청할 때 잘했다고 칭찬해주면 된다. 이런 식으로 말해준다.

"친구들이랑 같이 나눌 줄도 알고, 아이고 예뻐라."

칭찬을 할 때는 어떤 경우든 칭찬하는 이유를 구체적으로 짚어준다. 아이의 행동을 칭찬하면 할수록 아이는 그 행동을 더 자주 되풀이한다.

여섯. 주의를 준다

주의를 준다는 것은 아이의 이해 능력을 존중하고 있음을 보여주는 일이기도 하다. 아이에게 주의를 주면 당신이 용납하지 못하는 행동이 어떤 것인지, 그리고 그 이유는 무엇인지를 아이에게 이해시킬 수 있다. 예를 들어 아이가 누군가를 때릴 때 효과적으로 주의를 주려면 다음의 단계를 따른다.

1. 아이에게 그만하라고 말한다.
  ("그만. 때리면 못써!")
2. 아이의 행동을 용납하지 못하는 이유를 설명한다.

("네가 그렇게 때리면 맞는 사람이 아프잖아!")

3. 때리는 것 말고 용납 가능한 다른 대안을 일러준다.

("화가 나면 그냥 다른 데로 가면 돼.")

일곱. 끝난 일은 묻어둔다

아이가 이전에 했던 공격적 행동을 다시 들추어내봤자 당신이 가르치고자 하는 행동을 알려주는 데는 별 효과가 없다. 오히려 아이가 얼마나 공격적으로 변할 수 있는지만 또다시 확인할 뿐이다.

문제 해결법: 바람직하지 못한 행동

하나. 당신이 욕을 하거나 아이를 낙인찍으면 안 된다

욕을 들으면 사람은 으레 화가 나기 때문에 아이가 욕을 했을 경우 어른도 덩달아 소리를 지르기 쉽다.

"멍청한 녀석! 욕이나 하고, 잘하는 짓이다."

하지만 당신이 이런 식으로 말하면 아이에게 그런 욕을 해도 괜찮다고 허용해주는 격이다. 그러니 분노를 터뜨리지 말고 당신이 얼마나 화가 났고 왜 화가 났는지를 아이에게 설명하며 그런 말을 쓰면 안 된다는 것을 알려주자. 욕을 하고 싶을 때는 어떻게 행동하는 것이 좋은지를 아이에게 차근차근 짚어주면 아이는 당신의 말을 알아들을 것이다.

둘. 욕을 했다고 아이를 벌주면 안 된다

욕을 했다는 이유로 아이에게 벌을 주면 아이는 당신이 가까이에 있을 때 욕을 참는 요령만 터득할 것이다. 욕하는 게 나쁘다는 사실을 배우기는커녕 들키면 안 된다는 것만 학습하는 것이다. 벌을 받는다고 반드시 그 행동이 고쳐지는 것은 아니다. 그저 들키지 않을 뿐이다.

셋. 난폭한 모습을 아이에게 보이지 않는다

운전 중에 다른 차가 앞으로 끼어들었다고 해서 운전자에게 욕을 퍼부으면 화가 났을 때 욕을 해도 괜찮다는 것을 아이에게 알려주는 셈이다. 화가 나더라도 분노를 가라앉히면서 아이에게 자기 절제의 모범을 보여주어라.

"운전하다가 다른 차 앞으로 끼어들면 위험한 거야. 저 차 운전자가 목적지에 도착할 때까지 다른 사람이 사고를 당하는 일이 없었으면 좋겠다."

넷. 아이의 버릇을 바로잡겠다고 폭력을 활용하면 안 된다

아이에게 손찌검을 해봤자 아이는 다른 사람을 때려도 된다는 것만 학습할 뿐이다. 또, 아이를 때리면 독성 스트레스 반응을 유발하는데 독성 스트레스 반응은 인지 능력과 건강상의 문제까지 유발할 위험이 있다.

• 사례로 들여다보기 •
싸움 대장이었던 아이가 달라졌어요

네 살인 마이크는 이미 동네에서 싸움 대장으로 소문이 자자했다. 툭하면 두 형을 때렸고, 또 형들은 마이크를 심하게 놀리면서 괴롭혔다. 엄마인 비비언은 막내아들의 이런 나쁜 버릇을 바로잡으려고 으름장을 놓았다.

"마이크, 자꾸 그렇게 사람들을 때리면 엄마가 맴매한다."

그렇게 겁은 주었지만 비비언은 실제로 아들을 때릴 마음은 없었다. 아이를 때린다는 것은 생각만으로도 끔찍한 데다 아이에게 누군가를 때리지 않게 하기 위해 자신이 아이를 때린다는 것은 앞뒤가 맞지 않는 행동 같았다. 반면 비비언은 각각 다섯 살과 일곱 살인 첫째, 둘째 아들이 마이크를 괴롭히는 일을 문젯거리로 생각하지는 않았다. 사실 비비언의 가족은 짓궂은 농담을 입에 달고 살다시피 했기 때문이었다. 하지만 마이크의 아빠는 생각이 달랐다.

"그렇게 놀림을 받으면 마이크의 기분이 어떻겠어?"

어느 날 마이크의 아빠가 이렇게 물었다. 곰곰이 되짚어보니 비비언은 마이크의 입장에서 그 문제를 생각해본 적이 없었다. 이윽고 비비언은 마이크가 말로 형들을 당할 수가 없으니 어쩔 수 없이 때리는 것으로 형들에게 대응했다는 것을 깨달았다. 비비언은 마이크에게 "형들이 날 놀리는 게 싫어"라고 말하도록 자주 일러주었다. 하지만 그런 말은 소용이 없었다. 형들은 짓궂은 행동을 멈추지 않았다.

그래서 비비언은 세 아들 모두에게 욕하고, 때리고, 놀리고, 물건을 던지는 일은 해서는 안 된다고 가르치기로 했다. 형들에게는 동생에게 바른 행동의 모범을 보이도록 가르치는 동시에 마이크에게는 형들을 어떻게 대해야 하는지를 가르치려면 그 방법밖에 없을 것 같았다. 다음 날, 첫째, 둘째 아들이 마이크를 "심술쟁이"라고 놀리자 마이크는 또다시 형들을 때리기 시작했다. 비비언은 먼저 마이크를 혼냈다.

"형들을 때리면 못 써. 맞은 사람은 아프단 말이야. 사람을 때리면 안 돼."

이어서 마이크의 형들도 혼냈다.

"동생 좀 그만 놀려. 놀림을 받는 사람은 마음이 아프단 말야."

하지만 꾸지람으로도 아이들의 난폭함을 잠재우지는 못했다. 결국 비비언은 이렇게 말했다.

"너희가 계속 서로를 때리고 놀려대니 안 되겠다. 잠시 진정의 시간을 갖자!"

엄마는 세 아들을 각각 세 개의 의자에 떨어뜨려 앉히고는 조금 전 일을 생각해보면서 다시 그러지 않으려면 어떻게 하면 될지 궁리해보라고 말했다.

비비언이 훈육에 일관성을 지키며 아이들이 사이좋게 잘 지낼 때마다 칭찬을 해주자 어느새 아이들은 싸우면 어떻게 되고, 사이좋게 잘 지내면 어떻게 되는지 그 차이를 배웠다. 마이크는 형들의 놀림에 시달릴 일이 없어지면서 차츰 사람을 때리는 횟수가 줄었고, 마이크의 형들은 동생을 놀리면 상처를 주게 된다는 사실을 배우면서 공감 능력이 높아졌다.

아이에게 예의범절을
가르치고 싶어요

문제의 특징

예의는 의도적이든 아니든 간에 서로에게 불쾌감을 주지 않기 위해 반드시 따라야 할 기본적인 사회 규칙이다. 한마디로 예의를 지켜야 서로 기분이 좋고 마음이 편해진다.

아이에게 예의를 가르치기란 쉬운 일이 아니다. 무엇보다도 어린 아이들은 아주 자기중심적이다. 아이들은 대체로 자신의 욕구만 생각하고 남들의 욕구에는 별 관심이 없다. 하지만 아이에게 예의를 가르치면 남들의 기분에 대해서나 자신의 행동이 남들에게 어떤 영향을 미치는지를 헤아려보도록 이끌어줄 수 있다.

그렇다면 타인에게 양해를 구할 때 "실례지만……"으로 말을 꺼내야 한다는 것을 아이에게 이해시키려면 어떻게 해야 할까? "……해주세요" 같은 부탁의 말이나 "감사합니다"라는 말은 어떻게 가르쳐야 할까? 다음의 전략을 활용해 일관성 있게 아이를 가르쳐보자.

문제 예방법

하나. 어릴 때부터 가르친다

아이가 "……해주세요"나 "감사합니다" 같은 말을 하기 전부터 당신이 이런 말을 쓰면서 아이에게 마음의 준비를 시킨다. 아이의 기저귀를 갈아주면서, 목욕을 시켜주면서, 먹을 것을 먹여주면서 예의를 갖추어 이야기해주자.

"욕조에서 정말 착하게 놀아줘서 고마워!"

아이는 다 듣고 있다.

문제 해결법: 바람직한 행동

하나. 예절 규칙을 세운다

"……해주세요"라는 부탁의 말과 감사 인사를 해야 할 때가 언제인지 등 규칙 몇 가지를 단순하게 정해놓는다.

둘. 예의 바른 행동의 모범을 보여준다

예의 바른 행동이 어떤 것인지 당신이 직접 보여주면서 가르쳐주는 것도 좋다.

"방금 엄마가 '책을 탁자에 가져다 놓아주렴'이라고 말했지? 엄마가 '……해주렴'라는 말을 붙인 건 그것이 규칙이고, 뭔가를 부탁하는 공손한 방법이기 때문이야. 그게 예의 바른 태도야."

셋. 예의 바르게 행동하면 칭찬한다

아이가 예절 규칙을 따라 "……해주세요" 등 부탁의 말과 감사의 말을 잘 전하면 잘했다고 칭찬해준다. 예절을 지키면 다른 사람들이 존중받는 기분을 느끼게 된다는 사실도 이야기해준다. 식탁 예절을 잘 지키면 이런 식으로 칭찬해준다.

"옳지, 잘하네. 수저는 그렇게 쓰는 거야."

"입 벌리지 않고 예의 바르게 씹어줘서 고마워."

넷. 놀이를 통해 연습시킨다

놀이는 아이에게 일종의 인생 연습이나 다름없다. 식사 예절을 아이에게 가르치고 싶으면 가상의 다과회를 통해 아이에게 바른 예절을 알려주고, 직접 모범도 보여주자.

다섯. 예의에 어긋나게 행동하면 즉시 바로잡아준다

아이가 예절 규칙을 깜빡 잊어버리면 이런 식으로 말해준다.

"규칙을 기억해야지. 음식은 손이 아니라 포크로 먹어야 해."

"잘 기억해둬. 누가 우리한테 잘해주면 감사하다고 말하는 거야."

문제 해결법: 바람직하지 못한 행동

하나. 잔소리하면 안 된다

"대체 몇 번이나 말해줘야 알겠어? 밥 먹을 때는 입을 벌리지 말고 씹으랬잖아?"

이런 잔소리는 금물이다. 잔소리는 아이의 동기를 전혀 북돋우지 못하고 오히려 다른 데로 관심을 돌리게 만들 뿐이다. 잔소리를 통해서는 예절의 중요성도, 예절을 지키는 방법도 가르쳐주지 못한다.

둘. 멸시하고 창피를 주면 안 된다

"넌 어떻게 그렇게 돼지처럼 먹니?"

"할머니가 맛있는 걸 주셨는데 감사하다는 말도 안 하고, 창피하지도 않니?"

이런 말은 삼가야 한다. 아이를 멸시하고 창피를 줘봤자 예절을 가르치는 데는 효과가 없다. 창피를 주는 식으로 아이의 동기를 자극하려고 해도 아이는 자신이 규칙을 따라야만 사랑받을 수 있다는 의미로 받아들이게 된다.

셋. 식사 시간을 전쟁터로 만들면 안 된다

"똑바로 앉지 못해!"

"포크로 먹으란 말이야!"

이런 식으로 버럭버럭 소리를 지르지 말고 조금씩 나아지는 점들을 칭찬해준다.

"포크질 잘하네. 브로콜리를 손가락 대신 포크로 찍어 먹다니 정말 기특하다."

• 사례로 들여다보기 •
전쟁 같던 식사 시간이 즐거워졌어요

미아는 세 살이 되면서 제법 사람다운 행동을 하기 시작했지만 부모인 릴리언과 토머스의 눈에는 여전히 부족해 보였다. 특히 식사 시간이 문제였다. 두 사람은 미아를 어린이용 보조 의자에 앉혀놓고 어른들과 같이 식탁에서 밥을 먹게 했는데 미아는 자꾸만 안전띠를 풀고 식탁 위로 기어 올라가 자기 그릇에 음식을 더 담으려 들었고, 저러다 숨이 막히지는 않을까 걱정될 지경으로 음식을 입 안에 꾸역꾸역 집어넣었다. 부부는 미아가 보조 의자 안전띠를 풀지 못하게 버클에 테이프를 붙여보기도 했지만 미아는 꽥꽥 악만 써댔다. 안 되겠다 싶어서 이번엔 달콤한 과자로 딸아이를 구슬려보았지만 소용이 없었다. 그래서 과자를 치웠더니 설상가상 미아는 대성통곡하기 시작했다. 식사 시간은 그야말로 전쟁이었다. 이런 마당이니 외식은 꿈도 못 꿀 일이었다.

"우리가 식사 예절을 너무 빨리 가르치려는 걸까?"

토머스가 말했다.

"그런가? 하지만 미아가 새로운 것들을 얼마나 많이 배웠는데? 간단한 예절 정도는 거뜬히 배울 수 있을 것 같은데."

엄마 아빠는 다시 미아에게 식사 예절을 가르쳐주기로 마음을 다잡고 순서대로 차근차근 밥을 먹는 연습을 시켜주었다. 미아가 보조 의자에 앉으면 릴리언이 미아의 뒤에 서서 숟가락을 쥔 손을 그릇에서 입으로 가져가게 지도해주고 토머스는 그 옆에서 잘한다고 칭찬하는 식이었다.

"아이고, 잘한다. 우리 미아 숟가락으로 잘 먹네."

미아가 차츰 숟가락을 바르게 사용하게 되자 릴리언과 토머스는 음식을 조금씩 베어 먹는 점을 칭찬해주면서 더 먹고 싶으면 어떻게 부탁해야 하는지를 가르쳐주었다. 시간이 좀 걸리긴 했지만 미아는 기본적인 식사 예절을 하나씩 배워 나갔고 칭찬을 많이 듣게 되었다.

씻기거나 기저귀를 갈아줄 때마다 아이가 악을 써요

문제의 특징

어린아이들은 으레 목욕을 싫어하게 마련이므로 당신이 지금 아이를 씻기며 애를 먹고 있더라도 당신 혼자만 그런 것이 아니니 외로워하지 말라. 노래를 부르거나 이야기를 들려주는 식으로 아이의 관심을 다른 데로 돌려보고, 아이가 당신에게 비누를 건네주면 도와줘서 고맙다고 칭찬도 해주면서 목욕하는 동안 아이가 덜 지루해하도록 해주자.

아이가 좀 크면 목욕을 덜 질색할 거라고 생각한다면 오산이다. 목욕하기 같은 재미없는 일 때문에 놀이 시간을 빼앗기기 싫어하는 아이도 있으니 아이가 좀 자란다고 해도 여전히 씻기기 힘들 수 있다.

| 주의 | 아이가 울 때는 어떤 제품 때문에 몸이 괴로워서인지(눈이 따갑다거나 하는 이유로), 욕조에서 놀고 싶은데 방해받기 싫어서 우는 것인지를 구분한다. 부모들 대부분은 아이가 아파서 우는 것과 짜증이 나거나 관심을 끌고 싶어서 우는 것을 구분한다. 아파서 울 때 아이는 부모가 어르거나 달래도 울음을 그치지 않는다. 반면, 아파서 우는 게 아닐 때는 대체로 짧게 울음을 터뜨렸다가 어른이 어떻게 반응하는지를 듣느라 잠깐씩 그친다. 필요하다면 아이가 괴로워하는 제품은 사용을 중단하고 전문가들이 추천하는 제품으로 바꾸길 권한다.

문제 예방법

하나. 목욕 시간과 장소를 타협한다

아이의 기저귀를 갈아주는 장소나 머리를 감겨주는 시간, 목욕을 하는 시간 등에 대해 좀 더 유연하게 생각해보자. 씻기거나 기저귀를 갈아주는 일로 아이와 씨름하지 않으려면 아이가 좋아하는 일을 중간에 그만둘 필요가 없도록 최대한 아이의 시간표에 맞추어준다.

둘. 씻기거나 기저귀를 갈아줄 때 아이와 역할을 분담한다

아이를 씻기거나 기저귀를 갈 때 아이에게도 역할을 준다. 나이, 숙달 수준, 지시를 따르는 능력에 따라 아이가 가져올 수 있을 만한 물건을 가져다 달라고 시켜본다. 목욕 시간에는 좋아하는 장난감이나 수건 같은 것을 고르게 해주면서 아이가 이 상황을 통제하고 있다고 느끼게 해준다.

셋. 씻기거나 기저귀를 갈기 전에 미리 아이에게 예고한다

예를 들어 아이를 목욕시킬 때, 아이는 방금까지 놀이 시간이었는데 갑자기 목욕 시간으로 바뀌었다고 느낄 수 있다. 아이가 상황이 갑자기 바뀌었다고 느끼지 않도록 앞으로 해야 할 일을 미리 예고해주자.
"시계가 울리면 목욕하자."
"이 책 다 읽으면 목욕하자."

넷. 시작하기 전에 준비물을 확실히 챙긴다

아이가 너무 어려서 당신을 도와줄 수 없다면 씻기거나 기저귀를 갈기 전에 쓸 물건들을 확실히 챙겨둔다. 그렇게 하면 쓸데없이 시간이 지체될 일이 없어 아이나 당신의 짜증을 최소화하는 데 유용하다.

다섯. 긍정적 태도를 보인다

당신이 걱정스럽거나 불안한 목소리로 곧 목욕할 시간이라고 말하면 아이는 당신의 목소리에서 두려움을 감지하고 목욕이 끔찍한 일이라는 메시지를 전달받는다. 당신의 태도는 아이에게 그대로 전달되니 아이에게 보여주고 싶은 태도를 취하자.

여섯. 욕조를 놀이 공간처럼 꾸민다

여러 가지 물놀이용 장난감, 물컵과 주전자를 욕조에 넣어주면 목욕 시간이 더 재미있어질 수 있다. 단, 아이가 너무 어릴 때 욕조 안에 컵을 넣어주면 아이가 목욕물을 마실 염려가 있으니 조심할 것!

문제 해결법: 바람직한 행동

하나. 아이가 떼를 써도 침착함을 잃지 않는다

아이가 짜증을 내더라도 당신이 침착하게 행동하면 아이는 당신의 태도를 보고 배운다. 그러니 아이가 시끄럽게 떼를 써도 신경 쓰지 말고 아이를 목욕시키는 동안 자상한 태도를 유지하도록 힘쓰자. 그러면 아이는 떼를 써도 자신이 바라는 대로 목욕을 멈출 수 없다는 사실을 깨닫게 된다. 자기 자신을 이렇게 다잡아보자.

'떼쓰는 소리에 신경 쓰지 않으면 목욕을 더 빨리 마칠 수 있어.'

둘. 재미있게 해준다

말을 걸거나 노래를 불러주면서 아이의 관심을 다른 데로 돌린다. 아이가 너무 어리다면 당신 혼자서라도 이야기하고 노래한다.

셋. 아이의 협조를 끌어내고 아낌없이 칭찬해준다

아이에게 배를 씻거나, 비누를 문지르거나, 기저귀를 펴달라고 부탁하면서 자기 몸을 청결히 하는 일에 대한 통제감과 참여감을 느끼게 해준다. 아주 작은 협조라도 고맙다고 칭찬하고 격려의 말도 듬뿍 듬뿍 해준다. 칭찬을 듬뿍 받을수록 아이는 당신의 격려를 받기 위해 그런 행동을 더 자주 하게 된다. 이렇게 말해보자.

"아이, 예뻐라. 머리에 샴푸도 잘 바르고."
"욕조에서 이렇게 똑바로 앉아 있기도 하고, 기특하네."
"기저귀를 가는 동안 얌전히 누워 있어줘서 고마워."

넷. 할머니식 육아법을 활용한다

목욕 등 당신이 원하는 일을 아이가 잘 해내면 책 읽기 등 하고 싶은 일을 하게 해주겠다고 일러준다.

"목욕 다 하면 동화책 읽자."
"목욕하고 나서 블록 가지고 놀게 해줄게."

다섯. 멈추지 말고 끝까지 마친다

아이가 발로 차고, 소리 지르고, 악을 써도 시작한 일은 멈추지 말고 단호하게 끝까지 해낸다. 당신이 단호함을 보이면 아이도 얌전하게 있어야 이 일이 더 빨리 끝난다는 것을 깨닫는다.

여섯. 일을 마친 뒤에는 아이를 칭찬해준다

목욕을 끝낸 뒤 아이에게 거울을 보여주며 더 예뻐졌고 좋은 냄새가 난다고 칭찬해준다. 깨끗한 모습에 자부심을 가지게 되면 아이는 청결함을 중요시하게 된다.

문제 해결법: 바람직하지 않은 행동

하나. 협조를 강요하면 안 된다
당신이 아이에게 기저귀를 갈자고 말했다고 해서 아이가 기저귀를 가는 동안 얌전히 누워 있어야만 하는 것은 아니다. 또, 아이가 당신을 도와주지 않는다고 해서 벌을 주면 안 된다. 아이를 거칠고 험하게 다루면 아이에게 거칠고 무섭게 행동하는 법만 가르칠 뿐이다.

둘. 목욕을 고통스럽게 느끼게 하면 안 된다
아이가 목욕 과정을 최대한 편하게 느끼도록 해준다. 눈을 닦도록 수건을 주고, 목욕물 온도를 적절하게 맞춰주고, 목욕을 마치고 나서 편안한 옷을 입혀주는 등 신경을 써준다.

셋. 아이가 싫어한다는 이유로 목욕을 기피하면 안 된다
단지 아이가 싫어한다는 이유로 씻기는 일을 단념해서는 안 된다. 아이가 목욕을 싫어하더라도 연습과 인내력으로 상황을 극복한다.

• 사례로 들여다보기 •

'바다놀이'로
목욕을 좋아하게 되었어요

캐럴과 필 부부는 세 살배기 딸 로런 때문에 걱정이었다. 부부 딴에는 아이를 평범하게 씻겼다고 생각하는데 로런은 목욕만 하면 늘 소리를 지르고 버둥거렸다. 부부는 첫째 딸 엘리자베스를 키울 때는 이런 문제를 겪은 적이 없었고, 친구들이 그런 문제로 불만을 늘어놓는 것도 들어본 적이 없었다. 담당 소아과 의사는 비누, 물, 수건이 아이에게 자극적이지는 않은지 살펴보라고 조언했는데 부부가 보기에 목욕용품이 원인인 것 같지는 않았다. 아빠인 필은 더 엄한 훈육이 필요하다고 생각했지만 결국에는 로런이 목욕을 좋아하도록 신경을 써주는 방법이 최선이라는 점에 동의했고, 딸아이가 여름휴가 때 바다에서 수영을 했던 것 외에 물을 경험한 적이 없다는 점도 깨달았다. 그래서 부부는 이제부터 목욕 시간을 "바다놀이"라고 부르기로 했다.

그날 저녁, 부부는 '바다'에 들어갈 시간이 되면 휴대전화가 울리게 해놓았다. 지난번 여름휴가 때 로런이 물에 들어가고 싶다고 자꾸만 졸라대서 바다에 들어갈 수 있는 시간에만 휴대전화가 울리게 설정했던 경험에서 착안한 것이었다. 부부는 이 방법이 집에서도 효과가 있기를 기대했다.

"휴대전화가 울리면 우리는 바다놀이를 할 거야. 휴대전화가 울리기 전까지는 이 책을 마저 읽자."

캐럴이 로런에게 말했다. 이윽고 휴대전화가 울리자 캐럴은 로런과 함께 수건과 비누를 챙겼고 로런은 새로운 놀이에 대해 이것저것 물으며 즐거워했다. 욕실에 들어가보니 로런의 눈앞에 푸르디푸른 '바다'가 있었고(파란색 목욕 거품 덕분이었다) 장난감 보트와 비누 받침이 달린 장난감 배(캐럴이 바다 분위기를 살리려고 사 온 장난감들이었다)도 둥둥 떠다니고 있었다.

누가 억지로 떠밀거나 들어가라고 달래지 않았는데도 로런은 알아서 물속으로 들어가 장난감들을 가지고 놀기 시작했다. 캐럴이 배 이야기가 담긴 노래를 불러주면서 로런의 손에 샴푸를 짜주자 로런은 처음으로 혼자 머리를 감았다. 목욕은 소리 지르거나 악을 쓰는 일 없이 순조롭게 이어졌다. 문제라면 물이 좀 많이 튄다는 점 정도였다. 이제 캐럴은 최소한 하루에 한 번씩 로런과 바다놀이를 하게 되었고 딸아이에게 물을 덜 튀기는 요령도 가르치게 되었다.

아이가 좀처럼 잘 생각을 안 해요

문제의 특징

활동적이고 에너지가 넘치는 어린아이들은 잠을 안 자려고 기를 쓰기 일쑤다. 밤이든 낮이든 잘 시간이 되면 아이들은 도망을 치거나, 울음을 터뜨리거나, 읽을 책을 찾는 경우가 부지기수인데 이것들은 모두 잠자기를 미루려는 아이들의 몸부림이다. 하지만 아이가 어떤 고집을 부리든 간에 당신은 아기가 잠자리에 들 시간을 단호히 지켜주어야 한다. 단, 아이에게 지금 하던 동작을 당장 멈추라는 식으로 요구하지는 말고 서서히 잠자리에 들 준비를 하도록 도와주자.

| 주의 | 아이가 자랄수록 수면 패턴에 변화를 주는 것이 좋다. 아이

의 성장 단계에 맞추어 더 늦게 재우거나 낮잠을 줄이자. 또, 아이들은 필요한 수면 시간이 저마다 다르다는 점을 인식하자. 다른 형제가 세 살 때 필요했던 수면 시간과 지금 세 살인 아이에게 필요한 수면 시간은 다를 수 있다.

문제 예방법

하나. 수면의식을 만든다

당신과 아이 사이에 쌓아둔 애정을 잃지 않으면서 평화롭게 아이를 재우기 위해서는 수면의식을 만들고, 그중 한 단계로써 이야기를 들려준다. 잠자는 시간을 특별한 순간으로 만들어 아이가 기대하고 또 기다리는 시간으로 만들어주는 것이다. 당신 혼자 떠드는 일방적인 대화가 되어도 괜찮다. 좋아하는 동화책의 구절을 읊거나 그날 있었던 일을 이야기해주자.

수면의식을 만드는 것은 매우 중요하다. 아이가 앞으로 일어날 일을 예상할 수 있기 때문이다. 각각의 절차는 경우에 따라 시간을 늘이거나 줄일 수 있지만 그 순서는 바꾸면 안 된다. 예를 들어 옷 벗기기, 목욕시키기, 잠옷 입히기, 이야기 들려주기, 노래 불러주기, 뽀뽀해주기, 불 끄기 순으로 의식을 이어가면 된다.

둘. 운동을 습관화시킨다

낮에 아이가 충분히 운동하도록 유도하라. 그러면 아이의 몸이 자고 싶다는 신호를 뇌에 보낼 것이다.

셋. 낮잠을 규칙적으로 재운다

오후 늦게나 저녁쯤 낮잠을 자도록 해놓고 저녁 8시에 다시 아이가 잠자리에 들기를 기대하면 안 된다. 아이가 피곤함을 느껴 밤에 다시 잘 수 있을 만큼 낮잠은 적당한 시간에 재워야 한다.

넷. 아이를 눕히기 전에 함께 시간을 보낸다

잠잘 시간이 가까워지면 아이와 같이 놀아준다. 그래야 아이가 당신의 관심을 끌고 싶은 마음에 떼를 쓰지 않는다. 잠자리에 들기 전에는 소란스러운 놀이보다 차분하고 조용한 놀이를 한다.

다섯. 일관성 있게 수면 시간표를 지킨다

아이가 낮잠을 잘 때와 안 잘 때 각각 어떻게 행동하는지, 9시에 잘 때와 7시에 잘 때 각각 어떤 행동을 보이는지를 살펴보면서 아이에게 필요한 수면 시간을 판단해본다. 아이에게 필요한 수면 시간에 맞추어 일관성 있게 수면 시간표를 지키고 아이의 성장에 맞추어 그 시간표를 조절해준다.

문제 해결법: 바람직한 행동

하나. 휴대전화 알람을 활용한다

휴대전화 알람을 이용해 아이에게 이제는 잠잘 준비를 해야 한다고 알려준다. 그러면 아이가 갑자기 잠자리에 들게 되어 놀랄 일도 없고, 앞으로 일어날 일을 예상할 수도 있어서 좋다.

휴대전화가 울리면 이렇게 말해준다.

"휴대전화가 잠잘 준비를 해야 한다고 하네. 자, 이제 목욕하고 잠옷 입자."

그런 다음 휴대전화 알람을 15분 정도로 재설정해서 목욕 시간을 맞춘다. 15분 후 다시 알람이 울리면 이번에는 이렇게 말한다.

"이제 욕조에서 나오라고 휴대전화가 우네. 우리 잠옷 입으면서 알람이랑 누가 먼저인지 시합해볼까?"

이렇게 하면 아이에게 기본적인 수면의식을 잘 마쳤다고 칭찬해줄 기회도 생긴다.

둘. 아이에게 각각의 의식을 마무리할 시간을 충분히 준다

잠옷 입기가 끝나면 알람을 다시 맞추며 이렇게 말해준다.

"우리 보람이가 휴대전화 알람을 이겼네. 자, 이번에는 이 닦고, 물 마시고, 쉬할 시간을 휴대전화에 맞춰놓자. 보람이가 알람보다 먼저 준비를 마치면 휴대전화가 잠잘 시간이라고 알려줄 때까지 놀아도 돼."

휴대전화 알람을 이용한 수면의식을 활용하면 당신과 아이가 잠자리에서 씨름하는 대신 놀이를 즐길 수 있다.

셋. 시간과 상관없이 일관된 의식을 따른다

어떤 이유로 잠잘 시간이 늦어졌더라도 평상시와 똑같이 의식을 따른다. 그래야 아이가 잠자리에 들기 위해 무엇을 해야 할지를 배운다. 이때 잘 시간이 너무 늦었다는 말은 꺼내지 말고 잠옷을 입히고 물을 먹일 때마다 평소보다 짧은 간격으로 알람을 설정하면서 속도를 높인다. 단, 잠자기까지 행하는 각각의 의식은 아이에게 놀이이므로 한 단계라도 건너뛰어선 안 된다.

넷. 의식의 순서를 지킨다

어린아이들은 한결같은 패턴을 편하게 느끼니 아이가 매일 밤 똑같은 순서로 목욕을 하고, 이를 닦고, 잠옷을 입게 해준다. 아이에게 다음 순서가 뭔지 중간중간 물어보는 것도 좋다. 이렇게 하면 잠잘 준비를 하는 과정이 놀이가 될 뿐 아니라 아이로서는 자신이 감독자가 된 것 같은 통제감을 느끼게 된다.

다섯. 제때 잠자리에 드는 것을 긍정적으로 느끼게 해준다

아이에게 제시간에 잠자리에 드는 것이 좋은 일임을 가르친다. 이런 식으로 말해주면 된다.

"제시간에 자려고 누웠으니까 엄마가 동화책을 더 읽어줄게."

문제 해결법: 바람직하지 못한 행동

하나. 아이가 잘 시간을 어기도록 내버려둬서는 안 된다

아이가 반항하더라도 잠자리에 들 시간만은 정확히 지킨다. 앞에서도 이야기했듯 아이가 잠자리에 들기 싫어하는 이유를 이해하고 아이가 왜 자야 하는지를 잊으면 안 된다. 이런 식으로 자기 자신을 다잡자.

'지금 아이가 우는 건 놀이를 그만두기 싫어서야. 하지만 지금 자면 아이가 내일 더 기분 좋게 놀 수 있어.'

둘. 으름장을 놓으면 안 된다

아이에게 잠자리에 들라고 으름장을 놓으면 당신 자신도 짜증이 날 뿐더러 아이는 악몽을 꾸거나 공포를 느끼게 된다. 아이에게 벌을 주는 것으로는 적절한 행동을 가르칠 수 없다. 차라리 잘 시간을 알려주는 중립적 권한자로서 휴대전화 알람을 활용하는 쪽에 집중한다.

셋. 지난 일을 들추면 안 된다

"어젯밤에 제시간에 안 잤으니까 오늘 아침에는 컴퓨터 하지 마."

이런 식으로 말해서는 제시간에 자는 요령을 아이에게 가르치지 못한다. 과거가 아닌 미래에 초점을 맞추자.

• 사례로 들여다보기 •

자기 싫어 떼쓰던 아이가
스스로 잘 준비를 해요

네 살배기 벤저민과 아빠 앤드루는 매일 밤 잠자리에 들 때마다 기 싸움을 벌였다. 화가 난 아빠가 벤저민을 침대로 질질 끌고 가면 아이는 이렇게 졸랐다.

"안 졸려! 안 잘래요! 아직 자고 싶지 않단 말이에요!"

그러면 앤드루는 이렇게 대꾸하기 일쑤였다.

"자기 싫은 건 알겠는데 아빠 말을 들어야 해. 아빠가 잘 시간이라고 하면 자!"

벤저민을 억지로 침대로 데려갈 때면 앤드루 역시 아들 못지않게 속이 상했다. 앤드루는 자신이 집안의 대장이니 아들에게 명령하는 것이 당연하다고 생각하면서도 한편으로는 이 승강이를 피할 방법이 필요하다고 느꼈다. 또, 아들이 매일 울다가 잠이 드는 것도 마음에 걸렸다.

그래서 다음 날 저녁, 앤드루는 휴대전화 알람에 통제권을 내주기로 마음먹었다. 벤저민이 잠자리에 들기 한 시간 전에 앤드루는 5분 후로 알람을 설정하며 말했다.

"이제 잠자리에 들 준비를 할 시간이야."

앤드루는 이 말이 무슨 뜻인지 궁금해하는 아들에게 이렇게 설명해주었다.

"휴대전화가 울리기 전에 네가 잘 준비를 마치면 알람이 다시 울릴 때까지 놀게 해줄게."

벤저민은 날쌔게 움직여 알람이 울리기 전에 잘 준비를 마쳤다. 앤드루는 약속한 대로 휴대전화 알람을 재설정해놓고 나서 벤저민이 좋아하는 동화책을 읽어주고 새로운 자장가도 몇 곡 불러주었다. 약 한 시간 후, 휴대전화 알람이 다시 울렸다.

"이제 잘 시간이죠, 그렇죠?"

벤저민은 자기가 이 놀이를 다 이해했다는 것에 기쁜 듯 들떠서 말했다.

"그래, 맞아! 기특해라. 우리 아들이 새로운 규칙을 잘 기억했네."

앤드루는 벤저민과 같이 침대로 가면서 정말 대견하다며 아들을 다시 한 번 칭찬했다. 이렇게 휴대전화를 활용한 덕분에 앤드루는 몇 달 만에 처음으로 편안한 저녁을 즐기게 되었다. 잠자리에 드는 일이 아이에게 기대되고 신나는 일이 되지는 않았지만 이런 의식을 따른 지 몇 주 후에는 그래도 벤저민과 아빠 사이의 그 지긋지긋했던 승강이는 이제 남 이야기가 되었다.

유아용 카시트에 앉히기만 하면 아이가 자지러져요

문제의 특징

유아용 카시트와 안전띠는 자유를 사랑하는 수많은 어린아이의 적이다. 모험을 좋아하는 어린 영혼들은 왜 자신이 안전띠에 묶여 앉아 있어야 하는 그 이유를 이해하지 못한다. 하지만 카시트에 앉아 안전띠를 매야만 차를 움직일 수 있다는 규칙은 이해할 수 있다. 그러니 안전띠 착용 규칙을 만들어 차에 탈 때마다 아이의 안전을 확실히 챙기기 바란다. 생사가 달린 이 규칙을 확실히 따르게 하면 미래의 운전자가 될 아이에게 좋은 습관을 들여줄 수 있다. 또, 자유분방한 아이를 차 안에서 제멋대로 이리저리 움직이게 놔두면 정신이 산만해져서 당신마저 위험할 수 있기 때문에 이를 예방하기에도 좋다.

시중에는 아이의 안전을 최대화하기 위해 몸무게와 나이별로 전문 기관의 승인을 받은 여러 제품이 나와 있으니 이를 비교해보는 것도 좋다. 마지막으로 덧붙이자면, 미국 아동의 주된 사망 원인은 교통사고로 인한 외상성 상해다. 이런 외상성 상해는 아이를 잘 돌보기만 하면 예방할 수 있다. 안전띠 착용 규칙에 관한 한 타협은 금물이다. 그러지 않으면 아이의 생명이 위태로울 수도 있다.

문제 예방법

하나. 아이를 너무 숨 막히게 하지 않는다
손과 발을 편하게 움직일 만한 여지를 주되 안전띠는 꼭 채운다.

둘. 모든 탑승자가 안전띠를 맨 뒤에 차를 움직인다
모든 탑승자가 안전띠를 매야만 차를 움직인다는 규칙을 세운다. 처음부터 이런 규칙을 실행하면 아이는 카시트에 앉는 것과 안전띠를 매는 것을 습관화할 수 있다.

셋. 아이가 안전 준수에 자부심을 느끼게 해준다
부스터시트booster seat(차에 부착된 안전띠를 그대로 사용하게 하는 아이용 보조 좌석. 카시트의 가장 마지막 단계로 보통 네 살 이상의 어린이가 사용한다—옮긴이)를 사용하게 됐을 때 다른 카시트를 사용하게 된 이유나 이제 카시트 없이 안전띠만 매도 되는 이유를 아이에게 말해줘라. 그러면 아이는 안전띠를 매는 것에 자부심을 느끼게 된다. 이렇게 말해주면 좋다.

"짜잔. 이제 네가 많이 커서 새 카시트를 달았단다!"

넷. 연습을 시켜준다

아이가 차 안에서 어떻게 행동하면 좋겠는지를 알려준다. 차를 타고 잠깐 동네를 돌면서 부모 중 한 명은 운전을 하고 다른 한 명은 카시트에 얌전히 앉아 있는 아이를 칭찬해준다.

"오늘은 카시트에 정말 얌전히 앉아 있네."

문제 해결법: 바람직한 행동

하나. 부모부터 안전띠를 맨다

부모가 먼저 안전띠를 매고 아이에게도 안전띠를 매라고 해야 아이가 자기만 구속되는 것이 아니라고 생각한다. 부모가 안전띠를 매지 않는다면 아이는 안전띠를 매야 하는 이유를 이해 못 한다.

둘. 안전띠를 잘 매고 있으면 칭찬해준다

아이가 차 안에서 얌전히 있는데도 부모가 아이를 무시한다면 아이는 카시트에서 빠져나오거나 안전띠를 풀려고 몸부림치며 어떻게든 당신의 관심을 끌려고 할 것이다. 아이가 차에서 얌전히 앉아 있으면 칭찬도 해주고, 말도 걸고, 낱말 게임도 하면서 아이가 차 안에서 말썽을 피우지 못하게 한다.

셋. 규칙은 반드시 지킨다

아이가 카시트나 안전띠에서 빠져나오려 기를 쓰면 어떤 경우든 최대한 빨리 그리고 최대한 안전하게 차를 세운다. 그래야 아이에게 차 안에서의 규칙을 제대로 가르칠 수 있다. 이렇게 말해보자.

"카시트에 똑바로 앉아야(또는 안전띠를 매야) 차가 다시 움직일 거야. 다 우리 보람이의 안전을 위해 이러는 거야."

넷. 아이의 관심을 딴 데로 돌린다

숫자 놀이, 낱말 놀이, 까꿍 놀이, 노래 부르기 등 다양한 놀이를 하며 아이와 놀아주면 아이가 심심해서 카시트에서 빠져나가려고 버둥거리지 않는다. 아이에게는 텔레비전에서 나오는 프로그램보다 당신과의 대화가 훨씬 소중하니 차량에 내장된 텔레비전만으로 아이를 재미있게 해주려고 하지는 말자.

문제 해결법: 바람직하지 않은 행동

하나. 안전띠 착용에 대해 불평을 늘어놓으면 안 된다

무심코 배우자나 친구에게 안전띠를 매는 게 질색이라고 말하면 아이에게도 안전띠를 거부할 구실을 주는 셈이다.

둘. 안전띠가 싫다며 아이가 악을 써도 신경 쓰면 안 된다

아이가 안전띠를 매고 있는 동안 울거나 칭얼거려도 신경 쓰지 않는다. 그러면 아이는 반항해봤자 소용이 없다는 것을 깨닫게 된다. 이렇게 생각하며 자기 자신을 다잡자.

'아이는 카시트에 앉혀야 더 안전해. 지금은 저렇게 칭얼거리지만 잠깐 저러다가 말 거야. 아이의 안전은 내 책임이잖아. 지금 나는 그 책임을 다하고 있는 거야.'

셋. 으름장을 놓거나 겁을 주면 안 된다

아이에게 카시트에 앉아 있지 않으면 아주아주 위험하다는 식의 타이르기는 아이를 카시트에 앉히는 데 도움이 안 된다. 아이가 좋아하는 것을 하지 못하게 하겠다는 협박 역시 규칙을 잘 따르도록 가르치는 데는 효과가 없다.

넷. 아이를 때리면 안 된다

카시트에 앉지 않으려 버둥거린다고 해서 아이를 때리거나 혹은 때리겠다는 으름장을 놓으면 당신과 아이 모두 상처만 받을 뿐 아이에게 카시트에 앉는 습관은 가르치지 못한다. 아이에게 애정을 가지고 있는 어른이라면 폭력을 쓰거나, 폭력을 쓰겠다는 으름장을 놓아서는 안 된다.

• 사례로 들여다보기 •

카시트 안전띠를 억지로 풀던 아이가 차량 탑승 규칙을 지키게 되었어요

스테판 브레너는 네 살배기 아들 제이컵과 드라이브 나가는 것을 정말 좋아했다. 적어도 아들이 아빠의 관심을 끌기 위해 뒷자리에서 카시트 안전띠를 풀고 껑충껑충 뛰어대기 전까지는 그랬다. 스테판은 아들이 카시트 안전띠를 푼 것을 보고 이렇게 명령했다.

"다시는 안전띠를 풀지 마!"

하지만 명령만으로는 소용이 없자 스테판은 아이가 무서워할 만한 벌이 필요하다고 생각했다. 이제껏 한 번도 아들을 때린 적이 없었지만 스테판은 한 번만 더 뒷자리에서 카시트 안전띠를 풀고 돌아다니면 엉덩이를 때리겠다고 아이에게 으름장을 놓았다.

그러나 상황은 점점 악화될 뿐이었다. 스테판은 제이컵이 카시트에서 빠져나올 때마다 아이를 때리는 척을 하기 위해 차를 세워야 했고, 제이컵은 아빠에게 맞지 않으려고 후다닥 다시 카시트로 돌아가 안전띠를 맸다. 이런 상황이 반복되자 결국 스테판은 방법을 바꾸기로 했다. 아들이 안전띠를 풀 때마다 혼을 낼 것이 아니라 차를 세우고 제이컵이 안전띠를 다시 맬 때까지 기다리기로 한 것이다.

스테판은 날을 잡아 공원으로 가면서 이 방법을 시도해보았다. 제이컵이 다시 안전띠를 풀자 스테판은 차를 세우며 말했다.

"다시 카시트로 가서 안전띠를 매지 않으면 공원에 못 가. 안전띠를 매지 않으면 위험해."

스테판은 제이컵이 카시트로 돌아가기를 기대했다. 공원에 정말 가고 싶어 하는 아들의 마음을 알았기 때문에 은근히 기대가 컸다. 제이컵은 곧 협조했다. 하지만 돌아오는 길에 집에 거의 다 와서 아이는 또 안전띠를 풀었고 스테판은 이번에도 차를 멈춰 세웠다. 그러고는 다시 규칙을 일러주었다.

"카시트에 도로 가서 앉아야 차가 다시 출발할 거야."

제이컵은 다시 카시트에 앉아 안전띠를 맸다.

"카시트에 다시 앉아줘서 고마워."

스테판은 아들에게 칭찬을 해주고 난 뒤 차를 몰아 무사히 집으로 돌아왔다.

물론 모든 문제가 말끔히 해결된 건 아니었다. 다음 날 제이컵이 안전띠를 또 풀자 스테판은 화가 머리끝까지 치밀어 또다시 버럭 소리를 지르고 싶어졌다. 하지만 그는 새로운 방법을 포기하지 않았고 제이컵과 대화도 나누면서 아이가 안전 규칙을 따를 때마다 칭찬해주었다. 그렇게 얼마쯤 지나자 스테판은 다시 아들과의 드라이브를 즐기게 되었다.

아이가 차에만 타면 법석을 떨어요

문제의 특징

가족끼리의 자동차 여행은 재미있을 수도, 고역이 될 수도, 혹은 둘 다일 수도 있다! 대다수의 어른에게 자동차 여행은 집을 떠나 자유와 변화를 즐기는 순간이지만 대다수의 어린아이에게 자동차 여행은 조금도 재미있지 않기 때문이다. 차 안에 텔레비전이 설치되어 있어도 마찬가지다. 아이들은 카시트에 매여 있는 것도 답답한 데다 친숙한 장난감, 침대, 화장실, 유아용 변기, 먹을거리가 가져다주는 안정감이 그리울 뿐이다. 이처럼 아이들은 여행 중 집에서 느끼던 안락함을 얻지 못해 불안해한다. 따라서 아이가 이런 불안감을 극복하도록 아이에게 변화에 맞서는 요령과 새로운 경험을 즐기는 법을 알려주자.

또, 여행에서 한 가지 명심해야 할 점이 있는데, 안전띠를 매고 있지 않으면 운전자의 주의를 흩뜨려서 위험한 상황을 초래하기 십상이라는 사실이다(카시트의 안전성과 관련해서 더 자세히 알고 싶다면 115쪽 '유아용 카시트에 앉히기만 하면 아이가 자지러져요' 참조).

문제 예방법

하나. 여행 전 차에 카시트가 잘 장착되어 있는지 확인한다

아이를 데리고 편안한 마음으로 여행을 떠나려면 출발 전에 안전 조치를 취해놓아야 한다. 떠나야 할 순간이 되어서야 카시트를 챙기지 않은 걸 깨달아서 여행이 지체되지 않도록 미리미리 확인한다.

둘. 자동차 탑승 규칙을 정해놓는다

모든 탑승자가 안전띠를 매어야만 차가 움직인다는 규칙을 세워놓는다. 탑승자들이 이 규칙을 따를 때까지 기다렸다가 출발한다.

셋. 아이가 얌전히 앉아 있으면 칭찬해준다

차를 이용해 어딘가에 갈 때 아이가 카시트에 잘 앉아 있거나 안전띠를 맨 체 얌전히 있으면 꼭 칭찬해준다. 그러면 아이는 카시트에 안전하게 잘 앉아 있으면 상을 받는다는 것을 깨닫는다.

넷. 적절한 오락거리를 챙겨준다

옷이나 카시트에 손상을 주지 않을 만한 장난감들을 미리 챙긴다. 사인펜은 옷과 자동차 시트에 지울 수 없는 얼룩을 남길 수 있으므로 적절하지 못하다. 휴대용 영상이나 DVD를 보여줄 때는 아이의 나이에 맞는 프로그램을 골라준다.

다섯. 여행 계획을 알려준다

아이와 함께 여행 계획을 짚어보며 여행이 얼마나 오래 걸릴 것이고, 집을 떠나 있는 동안 아이의 방은 어떻게 되고, 그 여행에서 언제 돌아오는지 등을 알려준다. 아이에게 여행지의 지도와 사진을 보여주고 그곳의 사람들과 경치는 어떨지, 어떤 행사가 펼쳐질지도 이야기해준다. 당신이 예전에 그곳에 갔을 때의 경험담과 추억을 들려줘도 좋다. 아이가 낯선 곳에 가는 것을 불안해한다면 아이에게 친숙한 곳과 여행지를 비교해서 이야기해준다.

여섯. 여행 준비에 아이도 참여시킨다

장난감 자동차와 차 안에서 들을 노래, 건강 음료와 군것질거리를 고르는 일을 아이도 거들게 한다.

일곱. 여행 중 지켜야 할 행동 규칙을 세운다

여행을 떠나기 전, 도로 여행 중에 특별히 지켜야 할 규칙을 아이에게 설명해준다. 예를 들어 차를 타고 가다가 중간에 휴식을 취할 경우를 대비해 '돌아다니기 규칙', '공공시설 사용 규칙', '식당 사용 규칙'을 세우는 것도 좋다.

문제 해결법: 바람직한 행동

하나. 올바른 행동을 하면 칭찬해준다

아이가 유아용 카시트에 얌전히 앉아 있으면 상을 준다. 이런 식으로 말해주면 된다.

"착하기도 하지. 나무랑 집들을 보면서 잘 앉아 있네. 오늘 날씨 정말 좋다. 우리 보람이가 카시트에 아주 얌전히 앉아 있었으니까 조금만 더 가다가 차에서 내리면 운동장에서 뛰놀게 해줄게."

둘. 카시트에서 빠져나오거나 안전띠를 풀면 차를 세운다

카시트 규칙을 엄격히 시행하면서 규칙을 어길 때마다 변함없는 결과가 뒤따를 것이라는 점을 아이가 깨닫게 해준다.

셋. 차 안에서 할 수 있는 놀이를 한다

특정 대상 세기, 색깔 맞히기, 동물 찾기 등의 놀이를 하며 아이를 심심하지 않게 해준다. 집에서 떠나기 전에 차 안에서 무엇을 하고 놀지 그 목록을 미리 메모해놓는 것도 좋다. 아이는 물론 당신도 놀이에 흥미를 잃지 않도록 중간중간 다른 놀이로 바꾼다.

넷. 자주 차를 세우면서 쉰다

아이는 대체로 움직일 때 제일 신나 한다. 몇 시간씩 차 안에 아이를 붙잡아놓는 건 모험을 좋아하는 아이의 기질과는 잘 맞지 않으니 도로변 공원이나 휴게소에서 잠깐씩 에너지를 발산하게 해주자. 안 그러면 생각지도 못한 때 아이가 반항할지 모른다.

다섯. 장거리 여행 중에는 군것질거리에 주의한다

당도가 높은 음식이나 탄산음료는 아이의 활동성을 높여놓을 뿐 아니라 차멀미를 유발할 가능성도 있다. 아이의 건강을 위해 단백질이 함유된 식품이나 염분이 적은 간식을 챙기자.

여섯. 할머니식 육아법을 활용한다

여행 중에 착하게 굴면 상이 뒤따른다는 것을 아이에게 깨닫게 해준다. 예를 들어 아이가 음료수를 마시고 싶다고 칭얼거리면 이렇게 말해준다.

"얌전히 앉아서 징징거리지 않고 이야기하면 마실 것을 사줄게."

문제 해결법: 바람직하지 않은 행동

하나. 어린아이를 조수석에 앉혀서는 안 된다

아이가 엄마나 아빠 옆 조수석에 앉게 해달라고 아무리 떼를 쓰고 졸라도 앞자리에 앉혀서는 안 된다. 아주 짧은 거리를 가는 경우라 해도 절대 안 된다. 어린아이들은 유아용 카시트나 부스터시트에 안전띠를 채우고 앉히는 것이 가장 안전하다.

둘. 이행하지 못할 약속은 하면 안 된다

아이에게 여행을 가면 무엇 무엇을 구경시켜주겠다는 식으로 너무 구체적으로 이야기해주면 안 된다. 아이가 그 말을 마음에 담아둘지 모르기 때문이다. 가령 당신이 공원에 가서 곰을 보여주겠다고 얘기했다가 보여주지 않으면 공원을 떠날 때 "곰을 보여주겠다고 해놓고선, 치"라며 아이가 칭얼거릴지 모른다.

셋. 차 안에 설치된 미디어 기기에만 의존하면 안 된다

텔레비전과 비디오 게임을 정말 좋아하는 아이라도 언젠가는 게임에 질리게 마련이다. 단거리 여행이라도 낱말 놀이, 퍼즐, 책, 크레용 등 다양한 놀잇거리가 필요하다.

• 사례로 들여다보기 •

차에만 타면 난리를 피우던 아이들이 얌전해졌어요

마이클과 앤드리아 부부는 각자가 어렸을 때 즐겼던 휴가를 아이들과 떠나고 싶었다. 하지만 네 살인 조와 일곱 살인 재커리를 데리고 자동차 여행을 떠났다 하면 차 뒷자리는 전쟁터가 되기 일쑤였다. 아이들이 툭하면 악을 쓰고 난리를 피워서 마이클과 앤드리아가 그만두지 않으면 맴매한다고 으름장을 놓을 지경이었다. 하지만 아무리 으름장을 놓아도 아이들에게 통하지 않아 부부는 자주 화를 내곤 했다. 부부는 이 아이들을 어떻게 가르쳐야 할지 막막해 무력감마저 느꼈다. 텔레비전이 장착된 차를 새로 샀지만 별 도움이 안 되기는 마찬가지였다. 아이들이 자기가 보고 싶은 걸 서로 보겠다고 싸워댔기 때문이다.

부부는 안 되겠다 싶어 자동차 탑승 시 규칙을 만들기로 했다.

"학교에 갈 때 너희가 차 안에서 엄마 아빠랑 얌전하게 이야기를 나누었으면 좋겠어. 그렇게 해주면 집에 올 때 너희가 좋아하는 주스를 사줄게."

부부는 아이들을 학교에 데려다주는 중에는 물론 차를 타고 어린이집, 마트, 공원, 친구 집에 가는 길에도 그 규칙을 잘 따르는지 시험해보았다. 처음에는 아이들이 규칙을 잘 따랐고 부부는 그런 아이들을 칭찬해주었다.

"규칙을 잘 따라줘서 고마워."

그러던 어느 날. 부부는 다시 장애물에 부닥쳤다. 아이들이 자기가 보고 싶은 프로그램을 보겠다고 티격태격하게 된 것이다. 곧 부부는 침착하게 아이들에게 규칙을 상기해주었고 아이들은 다시 차 안에서 서로 사이좋게 지내며 규칙을 따랐다. 두 아이는 잘했다는 칭찬을 들었고 착하게 군 것에 대한 상도 받았다.

2주 후, 가족은 두 시간 거리에 있는 할머니 댁에 갔다. 차량 탑승 규칙을 만든 이후 가장 멀리 떠난 여행이었다. 아이들은 차 안에서 어떻게 행동해야 할지, 또 차량 탑승 규칙을 잘 지키면 어떤 상을 받을지 잘 알고 있었다. 아이들은 텔레비전을 보는 중간중간 게임을 하며 시간을 보냈고 이제 자동차 여행은 가족 모두에게 즐거운 일이 되었다!

변화를 지나치게 두려워해요

문제의 특징

"싫어요! 엄마랑 할래요!"

아빠가 목욕을 시켜주려고 하자 아들이 "목욕은 엄마랑 하는 거예요!"라며 꽥 소리를 지르는 상황은 어느 가정에서나 흔히 볼 수 있다. 변화를 받아들이기란 누구에게나 힘든 일이지만 어린아이들에게는 특히 더 그렇기 때문이다.

아이들은 변화에 적응해본 경험이 많지 않다. 그런 탓에 아이가 친구와 한창 잘 놀고 있을 때 이제 그만 집에 가자고 하거나, 낯선 곳에 가자고 말하면 아이는 자제력을 잃기 쉽다. 예상 가능한 상황에서 안정을 느끼기를 원하는 것이 아이의 본성이기 때문이다. 변화에 적응하려는 의지가 아예 없는 아이도 있다. 그런 아이에게는 소리치거나 화내지 말고 다음의 전략에 따라 변화에 적응하는 요령을 알려주기를 권한다.

문제 예방법

하나. 의사 결정 기술을 가르친다

아이는 자신이 자기 삶의 주인이 되고 싶어 한다. 그러므로 간단한 결정은 아이에게 맡기자. 가령 두 종류의 시리얼, 두 켤레의 양말, 두 가지 놀이 중 하나를 고르게 해주는 식으로 자신의 세상은 자신이 지배한다는 통제감을 느끼게 해준다.

둘. 아이의 개성을 존중해준다

당신이 변화를 별로 두려워하지 않는다고 해서 당신의 아이도 당신과 똑같기를 기대해서는 안 된다. 아이는 당신과 달리 변화를 두려워할 수도 있다. 아이들은 각자 자기만의 기질을 타고난다는 사실을 명심하자.

아이가 변화에 신경을 곤두세울 때는 "그러면 안 돼!" 같은 말은 삼가고 대신 "그래, 보람이를 돌봐주는 사람이 바뀌는 게 힘들겠지. 그렇지만 넌 잘할 수 있어. 다 잘될 거야"라고 말해주자.

문제 해결법: 바람직한 행동

하나. 융통성을 키워준다

융통성이 있는 아이는 변화를 극복해야 할 도전으로 바라본다. 반면 융통성이 부족한 아이는 온 힘을 다해 변화에 저항한다. 어떤 변화가 생겼을 때 아이에게 "무엇무엇을 해야 한다"라고 말하지 않고 "무엇무엇을 하게 될 것 같다"라고 말해주면 아이는 통제력을 잃는다는 생각에 겁을 느끼는 대신 기대감을 느낄 것이다. 이처럼 아이가 변화를 반기도록 도와주려면 다음과 같은 식으로 말해줘야 한다.

"오늘 밤에는 보람이를 돌봐주실 새로운 아줌마가 오실 거야. 아주 아주 재미있는 분이야. 새로운 사람을 만나게 된다니까 신나지?"

둘. 부모가 변화에 적응하는 모범을 보인다

변화에 어떻게 대처해야 할지에 대해 잘 보고 배운 아이들은 변화에 맞설 때 더 유연한 모습을 보인다. 예를 들어 이렇게 말하며 아이에게 모범을 보여주자.

"새로 산 이 셔츠 정말 멋있다. 우리 보람이가 좋아하는 그 파란색 셔츠는 오늘 못 입지만, 뭐 어때. 오늘은 새로 산 이 노란색 셔츠를 입고 나가면 기분이 정말 좋겠지?"

셋. 변화를 받아들이기에 좋은 목표를 세운다

아이들은 변화에 대해 미리 생각하고 그 변화에 대비할 시간이 충분하다면 자신이 삶을 통제하고 있다는 느낌을 더 많이 받게 된다. 따라서 아이가 변화를 받아들이기에 좋은 목표를 사전에 세워주어 변화를 즐기도록 도와주자. 이를테면 이런 식으로 말해준다.

"내일은 어린이집 친구들이랑 동물원에 갈 거야. 아주 재미있겠지? 동물원에서 재미있게 노는 걸 목표로 세워보자."

그런 다음 중간중간 아이에게 그 목표를 말해보게 한다.

"우리가 동물원에 가는 목표가 뭐라고?"

"재미있게 노는 거요."

"맞아. 우리는 재미있게 놀려고 동물원에는 가는 거야."

넷. 문제 해결 요령을 가르친다

아이가 변화 앞에서 어찌할 줄 몰라 쩔쩔매면 문제 해결에 도움이 될 만한 요령을 넌지시 전달해 어떤 선택이 가능한지 알게 해준다.

"그래, 전에 쓰던 침대 말고 큰 침대로 옮겨 자기가 싫구나. 그럼 어떻게 해야 마음 편하게 잘 수 있을지 생각해볼까? 저 큰 침대에 곰돌이 인형을 안고 가서 같이 자면 어떨까?"

문제 해결법: 바람직하지 않은 행동

하나. 아이가 저항한다고 해서 화를 내면 안 된다

변화에 따른 아이의 불안감을 덜어주기 위해서는 어른이 많은 응원과 공감을 보여주어야 한다. 유연성 없이 군다고 아이에게 화를 내 봤자 아이의 무기력감만 키울 뿐 변화를 받아들이는 법을 가르치는 데에는 도움이 되지 않는다.

• 사례로 들여다보기 •

변화를 두려워하던 아이가 융통성 있게 바뀌었어요

네 살밖에 안 된 줄리아는 변화라면 질색을 했다. 자신의 삶에 뭐든 새로운 것이 끼어들었다 하면 막무가내로 거부했다. 새로 산 노란색 컵 대신 늘 사용하던 파란색 컵을 쓰겠다고 떼를 쓰거나, 새 초록색 반바지와 핑크색 티셔츠 말고 늘 입던 다른 옷을 입겠다고 전쟁을 치르기 일쑤였다. 변화가 닥치기만 하면 줄리아는 일단 저항했고, 그게 안 통하면 악을 쓰다가 나중에는 울음을 터뜨려서 달래도 그칠 줄을 몰랐다.

부부는 줄리아에게 융통성을 키워주고 싶었다. 아빠 짐은 직장에서 업무 목표를 설정하면 업무에 집중하게 될 뿐 아니라 일을 잘 해내야겠다는 생각에 정신이 산만해지지 않는다는 것에서 착안해 딸 줄리아도 목표가 생기면 변화에 대한 두려움을 극복할 수 있지 않을까 생각했다. 부부는 줄리아의 첫 번째 목표로 새 그릇을 거부하며 떼를 쓰는 버릇을 고쳐주기로 했다. 우선 딸이 다른 그릇에 밥을 먹으며 융통성을 키우는 법을 배우고 나면 다른 변화도 조금 더 쉽게 받아들일 것 같았다. 그래서 부부는 내일부터 새 그릇에 아침을 차려주겠다고 딸에게 말했다.

"줄리아, 우리 내일 아침의 목표를 세우자. 엄마 생각에는 아침 먹을 때 '새 그릇으로 즐겁게 밥 먹기'를 목표로 삼으면 좋을 것 같아."

줄리아는 엄마를 바라보며 고개를 끄덕였지만 엄마는 아이가 '목표'라는 개념을 제대로 새겨들었는지 확신이 들지 않아 잠시 후에 다시 이렇게 말했다.

"줄리아, 내일 아침의 목표 안 까먹었지? 새 그릇으로 즐겁게 밥 먹기다?"

줄리아가 대답했다.

"네, 안 까먹었어요."

부부는 그날 저녁 딸아이에게 몇 번 더 목표를 상기시켜주었다. 주방에 가서 조리대에 놓아둔 새 그릇을 보고 오기도 했다.

다음 날 아침, 줄리아는 기대에 들뜬 표정을 하고 식탁으로 오며 말했다.

"내 새 그릇은 어디 있어요?"

그 순간 데나와 짐은 아이에게 기대감을 가지게 해주면 아이가 변화에 보다 쉽게 적응할 수 있다는 것을 느꼈다. 새 그릇에 밥을 먹고 며칠이 지난 뒤, 부부는 딸아이에게 새로운 목표를 제안했다.

"줄리아, 내일 아침에는 예전에 쓰던 파란색 그릇에 밥 먹자."

"싫어요! 새 그릇에 먹을래요! 새 그릇이 좋아요!"

줄리아가 우는소리를 냈다. 데나와 짐은 예전에도 그랬듯 아이가 고집부리는 것을 두고 뭐라고 잔소리하지 않았다. 그보다는 아이가 새 목표를 세우게 인내심을 가지고 도와주기로 했다. 그날 저녁, 데나가 말했다.

"줄리아, 엄마는 줄리아가 예전에 쓰던 파란색 그릇에 밥을 먹는 것을 내일 아침의 새 목표로 정했으면 좋겠어."

그렇게 말해준 후 얼마쯤 지나서 데나가 물었다.

"줄리아, 내일 아침의 새 목표가 뭐지?"

줄리아가 잠깐 생각하다가 대답했다.

"파란색 그릇?"

"그래, 맞아. 내일은 파란색 그릇으로 밥을 먹을 거야. 새 목표도 잘 기억하고, 잘했어."

부부는 이런 하찮은 연습이 정말 효과가 있을지 자신이 없었지만 줄리아가 그런 연습을 놀이처럼 여기며 그날의 새 목표에 기대를 품기 시작하자 기뻤다. 알고 보니 줄리아는 준비할 시간만 충분하다면 변화를 편안히 받아들일 수 있는 아이였다. 이로써 부부는 온 가족이 만족할 만한 방법을 발견하게 되었다. 부부의 끈기가 보상을 받은 셈이다.

아이가 아무 데나 기어올라 걱정이에요

문제의 특징

어디든 딱 보기에 기어오를 수 있겠다 싶은 곳이 나타나면 기어오르지 않고는 못 배기는 아이들이 있다. 특히 남자아이들이 더 그런 편이다. 이런 아이들은 의자, 탁자, 진열장, 선반, 나무, 돌담, 조각상, 자동차 등에 습관처럼 기어오른다. 이렇게 기어오르는 버릇은 위험할 뿐 아니라 물건이 크게 파손될 소지도 있다. 또, 도서관 책장에 기어올랐다가 사서에게 혼나거나 할머니 댁에서 진열장을 기어오르다 야단을 맞을 수도 있다.

별의별 방법으로 아이를 말려보아도 별 소용이 없는 경우가 많았을 것이다. 기어오를 수 있을 만해 보이면 어디에든 돌진하고 보는 아이를 말리기란 절대 쉽지 않다. 주의도 줘보고, 겁도 주고, 진정의 시간도 가지게 하고, 심지어는 따끔하게 한 대 때려줘야겠다는 생각도 들었을 것이다.

하지만 이런 문제에서는 남자아이들의 천성을 이해하는 편이 유용하다. 2장에서 설명했다시피 남자아이는 여자아이보다 공격적이며 끊임없이 자기 자신을 시험해보려 한다. 어딘가에 기어오르는 행위를 통해 아이는 자신의 힘과 지구력을 시험해보는 셈이다. 이때 부모로서 해줘야 할 일은 아이의 기어오르고픈 욕구를 이해하는 동시에 기어올라도 안전할 만한 물건과 장소를 찾아주는 것이다.

문제 예방법

하나. 기어오르기 규칙을 정한다

'기어오르기 규칙'을 만들면 어딘가에 기어오르고 싶은 아이의 욕구를 올바른 방향으로 유도해줄 수 있다.

"할머니 댁 가구 위를 기어오를 때의 규칙이 뭐지?"

"도서관에서 지켜야 하는 기어오르기 규칙은 뭐더라?"

이런 식의 질문으로 아이에게 규칙을 상기시켜주어 할머니 집이나 도서관에 가 있는 동안 규칙을 잊어버리지 않게 해준다.

둘. 기어올라도 되는 것과 안 되는 것을 구분해준다

"안 돼, 진열장에는 기어오르는 거 아니야. 소파에는 올라가도 돼"라는 식으로 아이에게 기어올라도 되는 곳과 안 되는 곳을 알려주면 적어도 아이의 기어오르는 습관에 어떤 틀이 생긴다.

셋. 키 큰 가구는 벽에 고정한다

가구를 고정해놓으면 아이가 규칙을 까먹고 책장이나 서랍장 위에 올라가더라도 사고를 예방할 수 있다.

문제 해결법: 바람직한 행동

하나. 아이에게 규칙을 상기시켜준다

기어올라서는 안 되는 곳에 아이가 기어오르려고 들면 아이에게 규칙을 상기시켜준다.

"엄마가 전에 말한 기어오르기 규칙이 뭐였지?"

둘. 기어오르려고 하는 곳에서 아이를 데려온다

"안 돼. 여기는 기어오르는 거 아니야."

아이가 어딘가에 기어오르려 할 때 딴 데로 데리고 가며 이렇게 말해주면 적어도 그 순간에는 아이를 막을 수 있다.

셋. 아이 몸에 방울을 달아준다

아이가 자꾸만 여기저기에 기어오르려 하면 신발에 방울을 달아놓는다. 아이가 맨발로 어딘가에 기어오르기를 좋아한다면 바지 뒤에 핀으로 방울을 달아놓자. 이렇게 하면 아이가 어디에 있는지 언제든 파악할 수 있어 아이가 위험한 곳에 기어오르려 할 때 어른들이 즉각 저지할 수 있다.

넷. 기어올라도 괜찮은 곳으로 아이를 유도한다

아이가 기어오르면 안 되는 곳을 기어오르려 할 때는 기어올라도 되는 곳으로 관심을 유도해준다.

"서랍장에는 기어오르면 안 돼. 대신에 밖에 있는 그네에는 올라가도 돼."

문제 해결법: 바람직하지 않은 행동

하나. 겁먹고 허둥대면 안 된다

아이가 어딘가에 기어오르려는 것을 보거든 겁먹고 소리를 지르기보다는 침착함을 지키면서 그곳에서 조용히 아이를 데리고 온다.

둘. 으름장을 놓아서는 안 된다

"한 번만 더 이곳에 기어오르면 벌을 줄 거야"라고 혼내면 아이는 당신에게 들키지 않게 몰래몰래 어딘가에 기어오를 것이다.

셋. 아이의 죄책감을 자극하면 안 된다

"네가 어딜 기어오르려고 할 때마다 엄마가 얼마나 걱정하는지 알면서 왜 자꾸 이러니? 엄마를 그렇게 속상하게 만들고 싶어, 응?"

이런 식으로 말하지 말자. 죄책감을 이용하는 것은 아이가 어딘가에 기어오르지 못하도록 유도하기는커녕 당신이 근처에 없을 때 금지된 곳을 기어오르도록 아이를 자극할 뿐이다. 엄마 몰래 금지된 곳을 기어오르면 아이는 당신이 속상해하지 않을 것이라고 여긴다.

넷. 공포감을 이용하면 안 된다

"그렇게 소파에 기어올라가면 떨어져서 다쳐."

이런 말로는 어딘가에 기어오르려는 아이의 욕구를 막지 못한다. 오히려 아이가 기어오르다 떨어지지 않으면 아이는 당신의 말이 틀렸다고 생각할 것이다.

• 사례로 들여다보기 •

아무 데나 기어오르던 아이가
올라가지 말아야 할 곳을 구분해요

코너는 걸음마를 떼기 시작하자 어디든 기어오르려 했다. 낮은 가구는 식은 죽 먹기가 되었고 이제는 높은 식탁에 기어오르기 시작했다. 엄마 알리사가 아무리 주의를 주고 진정의 시간을 가지게 해도 코너는 자꾸만 식탁에 올라갔다. 안 되겠다 싶어 부부는 식탁 의자를 바닥에 엎어놓아 코너가 발을 디딜 곳을 없애 버렸다. 그러던 어느 날, 결국 사건이 터졌다. 코너가 책장에 기어오르다 그만 떨어진 것이다. 아빠인 앨런이 사전에 가구를 벽에 고정해놓았기에 큰 사고는 예방할 수 있었다. 하지만 얼마 지나지 않아 코너는 다시 책장에 기어오르려 했고, 이제는 책장뿐 아니라 어디든 닥치는 대로 기어오르려 들어서 아들이 기어오를 만한 높이의 모든 물건에 고정 장치를 설치해야 할 정도였다.

화가 난 앨런이 아이에게 엉덩이를 때리겠다고 으름장을 놓는 지경에까지 이르자 부부는 코너의 잘못된 버릇을 바로잡을 새로운 계획이 필요하다고 생각했다. 아이를 때리면서 키운다면 꿈꿔왔던 자상한 부모가 될 수 없을 듯해서였다. 부부는 어떤 상황에서든 절대로 코너에게 때리겠다는 으름장을 놓지 말자고 다짐했다. 대신 코너의 고집을 꺾을 방법도 없었던 터라 부모는 아들이 어딘가에 기어오를 때 아이를 주의 깊게 살펴보며 기어올라도 되는 곳과 안 되는 곳에 대한 규칙을 알려주기로 했다.

"우리 규칙에 따르려면 저기에는 올라가도 될까 안 될까?"

알리사가 물으면 코너는 이렇게 대답하곤 했다.

"저기에는 기어오르면 안 돼요."

그러면 알리사는 대답을 잘했다고 코너를 칭찬했고 공원에 데려가 그곳에서 아이가 원하는 대로 마음껏 기어오를 수 있게 해주었다. 그 결과 코너는 여전히 기어오르기를 좋아했지만 그 문제로 가족 간에 승강이는 더 일어나지 않았다. 엄마 아빠는 아들의 기어오르고픈 욕구를 이해했고 이제 아들은 기어올라도 되는 것에는 거리낌 없이 기어오르되 금지 구역에는 가까이 가지 않았다.

아이가 엄마에게서 떨어지려 하지 않아요

문제의 특징

엄마 다리에 찰싹 달라붙어 있는 어린아이의 모습을 떠올려보자. 뭘 좀 사 오려 할 때나 밖에 나갔다 오려 할 때, 어린이집에 아이를 데려다주고 돌아가려 할 때 온 힘을 다해 엄마에게 매달려 있는 아이의 모습은 많은 부모에게 남의 이야기가 아니다. 당신에게도 이런 일상이 남의 이야기가 아니라면 우선은 당신에게서 착 달라붙어 있으려는 아이에게 자꾸만 관심을 써주고자 하는 유혹을 뿌리쳐야 한다(아무리 모질게 굴게 되더라도 그렇게 해야 한다). 육아 도우미에게 아이를 맡기고 싶다면(혹은 맡겨야만 한다면) 아이에게 육아 도우미와 놀아줘서 고맙다고, 엄마는 나갔다가 돌아올 거라고 확신 있고 애정 어린 태도로 말해 아이를 안심시켜주자. 당신이 문을 닫을 때 아이가 울음보를 터뜨릴지 모르지만 당신의 긍정적인 태도는 곧 아이에게 전염될 것이다. 엄마 아빠와 떨어져 다른 사람들과 즐겁게 시간을 보내는 것도 나쁘지 않다는 것을 아이가 느끼도록 부모가 좋은 모범이 되어주자. 또, 중립적 시간에 많이 안아주고 뽀뽀도 많이 해주면 아이는 관심받지 못한다는 생각에 당신의 관심을 끌려고 필사적으로 달라붙어 있지 않을 것이다. 부모에게 안기는 것과는 달리 달라붙어 떨어지지 않으려는 행위는 즉각적 관심이 절실하다는 신호다.

| '취학 우울증'에 대한 주의 | 많은 아이가 초등학교 1학년 때 분리 불안을 겪는다. 아이를 학교에 보내는 것은 아이뿐 아니라 당신에게도 중요한 일임을 잘 알지만 아무리 그렇다 해도 당신과 떨어질 때 아이의 불안이 덜어지는 것은 아니다. 따라서 다음의 제안을 읽어보며 이 문제를 다뤄보기를 권한다. 이 책에서 제안한 방법들을 활용했는데도 문제가 지속된다면 전문가의 도움을 구하는 것도 좋다.

문제 예방법

하나. 아이를 육아 도우미에게 맡기는 연습을 해본다

당신이 늘 곁에 있어줄 수는 없다는 사실에 아이가 익숙해지도록 아주 어릴 때부터 잠깐(두세 시간씩)만이라도 가끔 아이와 떨어지는 연습을 한다. 이런 잠깐 동안의 분리는 부모나 아이 모두에게 유익하다.

둘. 당신이 없는 동안 아이에게 할 일을 정해준다

이것은 아이의 취학 우울증을 완화시키는 데에도 유용하다. 서로 떨어져 있는 동안 아이가 무엇을 하고 또 당신은 어디에 있을지에 대해 미리 일러줘야 아이가 자신이나 당신에게 무슨 일이 생길지 몰라 불안해하지 않는다. 또, 당신이 밖에 나가서 무엇을 하고 돌아올지에 대해 말해주면 추후 당신이 "오늘 학교에서 어떻게 지냈어?"라고 물었을 때 아이가 어떻게 답해야 할지에 대한 좋은 모범이 되어줄 수 있다. 이를테면 이런 식으로 말해준다.

"엄마가 나가면 도우미 아줌마가 저녁을 차려주고 동화책을 읽어준 다음에 보람이를 침대로 데려가 재워줄 거야. 엄마는 아빠랑 밖에 나가서 볼일을 마치고 저녁을 먹은 다음에 밤 11시에 집에 돌아올게."

"지금 엄마는 저녁을 준비해야 해. 보람이가 얌전히 블록을 가지고 놀고 있으면 엄마가 저녁 준비를 다 마치고 동화책을 읽어줄게."

"이제 보람이는 학교에 가고 엄마는 일을 하러 갈 거야. 이따가 엄마가 방과 후 돌봄 교실로 보람이를 데리러 갈게. 즐거운 하루 보내렴."

셋. 까꿍 놀이를 한다

이 놀이는 사물이나 사람이 사라졌다가 다시 나타나는 개념에 아이가 익숙해지게 해준다. 걸음마를 시작한 아이와 취학 전 아동은 여러 가지 방법으로 까꿍 놀이를 한다. 자기 두 손이나 어떤 물건 뒤에

숨기도 하고, 다른 사람이 두 손이나 어떤 물건 뒤에 숨는 것을 보기도 하고, 비교적 좀 자란 아이들의 경우에는 신체적 활동이 더 많은 숨바꼭질을 한다.

넷. 당신이 돌아올 것이라고 아이를 안심시킨다

아이에게 당신이 돌아올 거라는 이야기를 꼭 해주고, 또 말해준 시간에 맞춰 돌아와서 약속을 잘 지키는 모습을 보여준다.

다섯. 특별한 활동거리를 만들어준다

'특별한 활동거리'가 있으면 아이는 당신이 없다는 사실에 불안해하는 대신 육아 도우미와 시간을 보내는 것을 기대하게 된다. 예를 들어 비디오, 물감 놀이, 게임, 동화책 등 육아 도우미가 왔을 때만 할 수 있는 놀이를 따로 준비해둔다.

여섯. 아이에게 마음의 준비를 시킨다

아이에게 당신이 나갔다 올 거라는 말을 해주면서 아이가 당신이 없어도 견딜 수 있도록 희망적인 기대를 심어준다. 다음처럼 말해주면 된다.

"도우미 아줌마가 우리 보람이를 정말 재미있게 해줄 거야. 엄마가 나갔다 오는 동안 재미있게 놀고 있으렴."

아무런 예고도 없이 나가버리는 행동은 절대 해서는 안 된다. 그런 식으로 아이를 놀라게 하면 아이는 당신이 갑자기 또 사라지는 건 아닐까 하면서 늘 불안해할 수 있다.

문제 해결법: 바람직한 행동

하나. 아이의 공감 능력과 이해력을 활용한다

아이의 입장이 되어 낯선 상황에 마주할 때 아이가 얼마나 불안할지 헤아려준다.

"우리 보람이 기분이 어떨지 엄마도 알아. 하지만 잠깐 떨어져 있어도 우리 보람이한테는 아무 일 없을 거고, 도우미 아줌마(또는 친구들)랑 있으면 재미있을 거야. 그럼 이따가 보자."

둘. 아이를 떼어놓을 때 각오를 한다

잠깐은 당신이 없어도 큰일이 나지 않는다는 소중한 교훈을 아이가 배우면 소란도 곧 잠잠해질 것이다. 이런 식으로 자기 자신을 다잡자.

'아이가 저렇게 우는 건 나를 사랑해서야. 내가 항상 옆에서 놀아줄 수만은 없고 때때로 떨어져야 하는 순간도 올 테지만 결국은 내가 자기 곁으로 곧 돌아온다는 걸 아이도 배워야 해.'

셋. 아이가 엄마와 떨어지는 걸 잘 견디면 칭찬해준다

아이가 혼자 잘 놀았다는 사실에 자부심을 느끼게 해준다.

"아이, 기특해. 엄마가 컴퓨터로 일하는 동안 혼자서 잘 놀았구나."

이런 칭찬은 아이의 자신감과 자립심을 키워준다. 아이의 자신감과 자립심이 키워지면 당신과 아이 모두에게 유익하다.

넷. 당신과 떨어져서 지내는 시간도 아이에게 필요함을 인정한다

아이와 부모에게는 서로 떨어져 지내는 시간도 필요하다. 그러니 자기와 놀아주지 않고 다른 일을 한다고 아이가 투정을 부리거나 가끔 자기를 다른 어른에게 맡긴다고 떼를 쓰더라도 꿋꿋이 당신의 일정을 지킨다.

다섯. 부모와 떨어지는 연습을 시킨다

아이에게 자립심을 가르치려면 시계와 시합하기 놀이를 이용해 5분간 아이와 같이 있어주고 다음 5분은 혼자 놀게 한다. 5분간 같이 있어줄 때마다 다음에 있을 혼자 놀기 시간을 계속 늘려가면서 아이가 점점 오랜 시간 동안 혼자서 놀게 유도한다. 이때는 아이가 혼자 어떻게 하고 있는지 꼭 지켜봐야 한다. 아이가 어느 정도 자란 경우에는 아이가 어디에 있는지, 당신이 지켜보지 못해도 혼자서 안전하게 놀 수 있는지를 확인한다.

여섯. 다른 사람이 아이를 학교나 어린이집에 데려다주게 한다

이것은 아이의 취학 우울증을 완화시키는 좋은 방법 중 하나이다. 아이가 당신과 떨어지기를 싫어하면 책임감 있는 다른 어른에게 부탁해 정기적으로 아이를 학교에 데려다주게 한다. 그러다 보면 아이는 당신과 떨어져서도 잘 지낼 수 있다는 것을 곧 깨닫게 된다.

문제 해결법: 바람직하지 않은 행동

하나. 아이가 떨어지지 않아도 화를 내면 안 된다
화를 내는 방법으로는 아이에게 자립심을 가르치지 못한다. 아이가 이 세상에서 당신과 있는 것을 제일 좋아한다고 해도 아이에게는 다른 사람들과 어울리는 법을 배우는 일도 중요하다.

둘. 벌을 주면 안 된다
아이에게 벌을 줄 것이 아니라 위에서 설명한 방법을 따라 하면서 자연스럽게 엄마와 떨어지는 법을 가르친다.

셋. 아이에게 혼란스러운 메시지를 전하지 않는다
아이를 안아주거나 쓰다듬어주면서 혼자 놀라고 말하지 않는다. 아이는 당신 옆에 있어야 할지 떨어져야 할지 헷갈려한다.

넷. 아프다는 이유로 특별 대우를 해주면 안 된다
아이가 아프다는 이유로 보통 때는 용납해줄 수 없는 일을 허락해서 아픈 것을 신나는 일로 만들면 안 된다. 아이가 아프더라도 평상시와 다름없는 태도로 돌봐야 한다.

• 사례로 들여다보기 •

엄마 아빠 껌딱지가 의젓해졌어요

내털리와 릭 부부는 파티를 굉장히 좋아했다. 다섯 살배기 아들 타일러가 엄마 아빠의 코트를 꽉 움켜잡고 놔주지 않아도 두 사람 모두 아이의 감정을 무시했다. 그때마다 부부는 이렇게 말하기 일쑤였다.

"이러면 못써, 타일러. 애기처럼 굴지 마! 엄마 아빠는 널 사랑해. 바보같이 똥해 있지 마. 엄마 아빠는 토요일 밤마다 나가야 한단 말이야."

타일러는 목이 터져라 소리소리 질렀다.

"날 두고 가지 마요! 나도 데려가요!"

아이가 매달려 떨어지지 않자 부부는 자신들이 뭘 잘못했기에 아들이 자신들에게 이렇게 벌을 주는지 이해가 되지 않았다. '아들이 육아 도우미 앞에서 우리를 창피하게 만들고 싶어서 이러나?' 하는 생각도 해보았다. 부부는 친구인 라일리 부부에게 이 답답한 마음을 털어놓았다. 라일리 부부는 타일러가 엄마 아빠에게 달라붙어 떨어지지 않는 건 부모님을 사랑해서지 미워해서가 아니라고 말해주며 자신들이 이와 같은 경우를 어떻게 극복했는지를 들려주었다.

부부는 그다음 토요일 밤에 라일리 부부의 전략을 따라 해보았다. 부부는 집에서 나가기 전에 타일러에게 미리 마음의 준비를 시키려고 이렇게 말했다.

"엄마 아빠가 밖에 나가서 영화를 보는 동안 로라 아줌마가 너와 재미있게 놀아주실 거야. 엄마 아빠는 네가 잠든 후에 집에 돌아올 거고, 집에 오자마자 네 방에 가서 뽀뽀해줄게. 새로 산 팝콘 기계로 로라 아줌마와 팝콘도 만들어 먹고 책도 읽으렴. 그런 다음에는 로라 아줌마가 잠을 재워주실 거야. 아주아주 재미있겠지?"

　부부는 아들과 눈물의 포옹을 나누었고 훌쩍거리는 타일러를 놔두고 밖으로 나갔다. 그리고 집에 돌아와서 타일러를 칭찬해주는 것을 잊지 않았다. 그 후 부부는 외출할 때마다 자신들이 어디에 가서 무엇을 하다 언제 들어올지를 아이에게 설명해주었고, 타일러가 얌전히 설명을 들어줘서 흐뭇하다고 말해주었다. 또, 육아 도우미에게 아이가 잘 지냈다는 말을 전해 들을 때마다 엄마 아빠가 나가고 없는 동안 착하게 놀아준 일을 칭찬하며 아들을 안아주기도 했다.

　"로라 아줌마랑 같이 얌전하게 퍼즐을 맞추며 놀아줘서 고마워."

　부부는 아이가 발을 쿵쿵거리며 훌쩍거리는 대신 기분 좋게 자신들을 배웅해 줄 때까지 몇 주는 기다려야 할지 모른다는 각오를 했다. 이제 부부는 아기같이 군다는 말로 타일러에게 상처를 주지 않았고, 아들이 우는 일도 많이 줄어들었다.

아이가 욕을 하기 시작했어요

문제의 특징

어린아이들은 당신이 대화 중에 쓰는 욕설을 그대로 따라 한다. 그 감정적 영향 때문인지는 모르겠지만 나쁜 말은 아이들에게 큰 흥미를 끈다. 신랄한 표현 역시 마찬가지다. 또, 아이들이 그렇게 듣고 배운 욕설을 집이나 유치원, 또는 주말 식사 자리에서 무심코 뱉으면 주변 사람들은 술렁거리면서 충격을 표하거나 웃음을 터뜨리는데 이런 반응은 아이들이 사람들의 관심을 끌기 위해 그런 거친 말들을 자꾸 쓰도록 부추길 뿐이다!

문제 예방법

하나. 말을 조심한다
아이가 나쁜 말을 따라 하지 못하게 하려면 가장 효과적인 방법은 당신 자신부터 고운 말을 쓰는 것이다.

둘. 나쁜 말을 다른 식으로 바꾸어 말해본다
화가 머리끝까지 치밀어 오를 때는 곧잘 내뱉는 욕설을 버럭 뱉기보다 "이런 짜장면!", "십전대보탕!" 같이 살짝 바꿔서 말해본다. 이런 표현은 당신의 울분을 분출시켜줄 뿐 아니라 아이가 다른 사람들 앞에서 똑같이 말하더라도 사람들의 기분을 상하게 하지 않는다.

셋. 주변 사람들을 주의시킨다
주변 사람들에게 아이 가까이에서는 말을 조심하도록 주의시킨다. 아이의 할아버지가 욕을 입에 달고 사는 편이라면 아이가 듣고 있는 자리에서는 욕을 삼가도록 규칙을 정해놓고 할아버지가 잘 따르는지 살펴본다.

넷. 성인 프로그램을 보지 못하게 한다
성인 프로그램의 언어와 폭력 수위가 계속 높아지고 있는 만큼 아이가 이런 프로그램을 못 보게 각별히 신경 써야 한다.

문제 해결법: 바람직한 행동

하나. 말하기 규칙을 정한다

아이가 욕을 하면 그런 말을 하는 건 무례한 행동이라고 알려주고 그런 말은 쓰지 않도록 규칙을 정한다.

둘. 감정에 대해 이야기해준다

화가 났을 때 아이가 욕을 하거든 당신이 쓰는 대체어를 아이에게도 사용하게 한다. 그런 다음 무례하지 않은 범위 내에서 분노를 표출하고 또 분노를 줄이는 방법을 가르쳐준다.

셋. 공감과 예의범절에 대해 이야기해준다

무례하게 말하면 상대의 마음에 상처를 줄 수 있다는 사실을 알려준다. 먼저 다른 사람이 아이에게 마음에 상처가 되는 말을 하면 기분이 어떨 것 같으냐고 물어본 다음 사람들이 기분 나쁘지 않게 행동하는 것이 제일 좋다고 말해준다.

문제 해결법: 바람직하지 않은 행동

하나. 벌을 주면 안 된다

아이가 나쁜 말을 했다고 벌을 주면 아이에게 그 나쁜 말을 몰래몰래 하도록 부추기는 것과 같다. 아이는 당신 몰래 그런 말을 쓰는 요령을 금세 익힐 것이다.

둘. 아이에게 창피를 주면 안 된다

아이에게 창피를 주는 것은 '나쁜 행동을 배웠다는 이유만으로 아이를 나쁜 사람으로 모는 격'이다. 창피를 주기보다 이렇게 말하자.

"엄마는 우리 보람이를 사랑하지만 보람이가 쓰는 그런 말은 정말 싫어. 그러니까 그런 말을 다시는 쓰지 않았으면 좋겠어."

셋. 나쁜 말에 힘을 실어주면 안 된다

아이가 이따금 나쁜 말을 내뱉을 때마다 큰일이라도 난 것처럼 법석을 떨면 오히려 그 말에 힘을 실어주게 될 소지가 있다. 아이가 욕을 해도 화를 내면 안 된다.

• 사례로 들여다보기 •

나쁜 말을 쓰던 아이가
예쁜 말만 쓰게 되었어요

다섯 살배기 잭슨은 지나치게 활달해 집에서도 어린이집에서도 가만히 있을 줄 모르는 아이였다. 또, 그날 있었던 일들을 시시콜콜 생생하게 이야기하곤 했다. 어느 날, 잭슨이 어린이집에서 친구들과 공놀이를 했다며 엄마 해나에게 이야기를 늘어놓았다. 공이 날아와 붓을 씻을 때 쓰는 물컵을 넘어뜨린 상황을 설명하는데 잭슨이 이렇게 말다.

"정말 졸라 시끄러워졌다니까요."

잭슨은 신나서 떠들었지만 해나는 완전히 충격에 빠졌다.

"너 그런 말은 어디서 배웠니?"

해나가 화를 내며 물었다.

"저번에 아빠가 창고에서 페인트 통을 넘어뜨렸을 때 그렇게 말했는데."

잭슨이 겁을 먹고 기어드는 목소리로 말했다. 잭슨으로서는 엄마가 왜 화를 내는지 어리둥절했다. 해나는 마음을 가라앉히고 차분히 설명해주었다.

"애들은 그런 말 쓰면 안 돼. 아빠도 그런 말을 쓰면 안 되고, 그런 말을 쓰지 않고도 하고 싶은 말을 얼마든지 전달할 수 있단다. 그런 말을 쓰는 대신 다르게 말하면 어떨까?"

잭슨은 잠깐 생각 잠겼다가 대답했다.

"아주 까무러치게 시끌시끌했다고 말하면 될 것 같아요. 할머니도 가끔 그런 말 쓰시던데."

"그래, 그게 좋겠다. 엄마도 할머니가 그런 말씀을 하시는 걸 들었어. 잭슨, 아까 한 그런 말은 이제 쓰면 안 돼. 그런 말은 무례한 말이야. 잭슨도 공손하고 예의 바른 말을 쓰고 싶지?"

"네. 엄마. 잘못했어요."

해나는 남편에게도 주의를 주려고 메모를 적어놓았다.

급한 상황에서도
아이가 늑장을 부려요

문제의 특징

아이들에게는 시간이란 별 의미가 없다. 아이들에게 시간이란 그저 어른들이나 신경 쓸 개념이며, 빨리빨리 서둘러봤자 그다지 득이 될 게 없다고 여긴다. 그래서 장난감, 텔레비전, 신발 같은 온갖 신나는 방해거리들에 둘러싸여 있는 아이에게 빨리빨리 하라고 재촉하는 것은 헛수고에 가깝다. 게다가 당신이 아이에게 빨리하라고 다그치는 일들은 당신에게는 필요한 일일지 몰라도 대부분 아이에게는 별 관심이 없는 일인 경우가 많다.

또, 당신은 시간에 맞춰 살아야 하는 까닭에 곧잘 불안을 느끼는데 당신의 불안감은 아이에게 그대로 전염되기 쉽다. 하지만 당신과는 달리 아이는 자신이 왜 그런 불안감을 느끼는지 이해하지 못한다. 그저 당신이 짜증이 나 있다는 것만 짐작할 뿐이다. 아이와 힘겨루기를 피하려면 아이 스스로 상황을 통제하고 있다는 느낌을 주어야 한다. 아이가 늑장을 부린다고 화를 내면 아이에게 필요한 애정 어린 어른이 되어주지 못한다. 그러니 화를 내지 말고 다음의 권고대로 아이가 시계의 똑딱거림에 맞춰 자발적으로 움직이도록 동기를 자극해주자.

문제 예방법

하나. 부모가 시간을 잘 지키기 위해 노력한다

부모가 시간을 잘 지키는 모범을 보여주면 아이에게 시간 지키기의 중요성을 이해시키는 것은 물론 다른 사람들에 대한 공감 능력을 키워주는 데 유용하다.

"제시간에 학교에 가지 않으면 선생님이 기다리실 거야. 그러니까 우리가 빨리빨리 준비해야겠지?"

이렇게 말해주면 아이에게 더 빨리 움직이도록 동기를 자극해주는 한편 시간을 지키는 것과 늦어서 다른 사람들에게 피해를 주지 않는 것의 연관 관계를 이해시킬 수 있다.

둘. 아이에게 시간을 충분히 준다

약속 시간을 코앞에 두고 급하게 서두르다 보면 거북이처럼 느려

터진 아이를 기다리다가 속은 속대로 상하고 약속에도 늦을 수 있다. 그러므로 아이를 미리미리 준비시켜 아이에게 시간을 충분히 주도록 애쓰자. 늑장 부리기는 서둘러야 할 이유를 이해하지 못하는 사람이 보이는 전형적인 행동 반응이다.

셋. 시간표를 정해놓고 지킨다

아이는 반복적 일과를 필요로 하기 때문에 생활 패턴이 깨지면 늑장을 부리는 경향이 있다. 따라서 먹고, 놀고, 목욕하고, 잠자는 아이의 일상이 규칙적으로 흘러가게 패턴을 만들어준다. 이렇게 하면 당신이 짜놓은 활동 시간표에 아이가 익숙해지는 데 유용하다.

문제 해결법: 바람직한 행동

하나. 아이의 동기를 자극해준다

놀이하듯 아이의 동기를 자극할 만한 질문을 던지면서 아이를 빨리 움직이게 한다. 예를 들어 할머니가 점심으로 뭘 만들어놓고 기다리고 계실지 맞혀보라고 하면서 아이가 나갈 준비를 하고 싶도록 자극해보자. 아이를 빨리 차로 데려가고 싶을 땐 아이에게 당신 품으로 달려오라고 달래본다.

둘. 시계와 시합하기 놀이를 해본다

아이들은 당신이 재촉할 때보다 시간을 이기려고 기를 쓸 때 더 동작이 빨라진다. 이렇게 말해보자.

"알람이 울리기 전에 옷을 다 입을 수 있는지 어디 한번 해볼까?"

셋. 중간중간 아이의 행동에 대해서도 상을 준다

중간중간 아이를 격려해주면서 아이가 끝까지 준비를 잘 해내도록 동기를 자극해준다.

"우리 보람이는 옷을 정말 빨리 입는구나."

이렇게 격려해주는 편이 아이가 준비를 다 마칠 때까지 기다렸다가 "옷 입어줘서 고마워"라고 말해주는 것보다 낫다.

넷. 직접 나서서 아이를 이끌어준다

차에 태워주고 옷을 입혀주는 등 보호자가 직접 나서서 아이가 움직이게 이끌어주어야 하는 경우도 있다. 이 과정은 세상이 아이를 중심으로 돌아가지 않는다는 사실을 가르치기에 좋다.

다섯. 할머니식 육아법을 활용한다

하고 싶은 일이 있는데 엄마가 다른 일을 하라고 할 때 아이는 늑장을 부린다. 그럴 때는 할머니식 육아법을 활용해 이렇게 말해본다.

"옷을 다 입으면 기차놀이 하게 해줄게."

여섯. 문제 해결에 아이를 동참시킨다

아이를 문제 해결에 동참시키면 아이는 통제력을 느끼고 나름의 요령도 발휘할 수 있다. 이렇게 말해준다.

"제시간에 학교에 가려면 어떻게 해야 할지 생각해봐야겠는데? 어떻게 하면 좋을까?"

그런 다음 아이의 의견을 칭찬해주며 정말 괜찮은 생각이라고 이야기해준다.

문제 해결법: 바람직하지 않은 행동

하나. 자제력을 잃으면 안 된다

아이가 늑장을 부리더라도 빨리하라고 잔소리하거나 소리를 지르면 안 된다. 그러면 아이는 오기가 생겨서 더 늑장을 부리기 쉽다.

둘. 잔소리하면 안 된다

아이가 늑장을 부린다고 해서 빨리하라고 잔소리하면 아이의 반발심만 자극할 뿐이다. 이럴 때는 시계와 시합하기를 통해 재촉해보자.

셋. 부모가 늑장을 부리면 안 된다

아이를 재촉해놓고 오히려 당신이 아이를 기다리게 한다면 아이에게 당신이 거짓말쟁이라는 메시지를 전하는 셈이다.

• 사례로 들여다보기 •
느림보 아이가 서두르는 법을 배웠어요

네 살배기 앨리슨은 당장 해야 할 일이 있는데도 풀잎을 빤히 보거나 신발 끈을 만지작거리는 버릇이 있었다. 이런 버릇은 아이가 자신의 세계를 탐험하는 데는 도움이 되지만 어린이집에 갈 준비를 할 때는 문제가 되었다. 오죽하면 할머니가 손녀딸을 질질 끌고 어린이집 문까지 데려가야 할 지경이었다.

"빨리 못 와? 늑장 좀 그만 부려!"

할머니는 이렇게 다그쳤지만 앨리슨은 할머니의 말을 귓등으로 흘려들었다. 할머니는 손녀를 귀여워하기는 했지만 이런 일이 반복되자 무기력감, 노여움, 원망을 느끼다 못해 딸 조애니에게 더는 손녀를 못 봐주겠다고 하소연했다. 조애니는 앨리슨이 늑장을 부리지 않으려 애쓰면 칭찬을 해주고 늑장을 부릴 때는 신경 쓰지 말고 내버려 두라고 조언했다. 또, 앨리슨이 빨리 준비하려 애쓰면 상을 주라고 말했는데, 손주들에게 선물하기를 좋아하는 할머니에게는 아주 쉬운 일이었다.

할머니 해리스는 딸과 함께 손녀의 늑장 부리는 습관을 고쳐줄 구체적 계획을 세웠다. 두 사람은 해리스의 휴대전화 알람을 이용하기로 했다. 단, 앨리슨이 겨우 네 살인 점을 감안해 어린이집 등원 준비 과정을 세분하기로 했다. 그래야 앨리슨이 버거워하지 않을 것 같았다. 딸이 출근한 후 할머니가 손녀에게 말했다.

"이제 어린이집에 갈 준비 해야지. 잠옷을 벗으면서 휴대전화랑 누가 이기나 해볼까? 자, 시작!"

"이길 수 있어요!"

앨리슨이 대꾸하며 잠옷을 벗기 시작했다. 그다음에는 타이츠 입기, 치마 입기, 신발 신기 순으로 알람이 다시 맞추어졌다. 앨리슨은 최고 기록을 세우며 어린이집에 갈 준비를 마쳤다.

"어머나, 세상에!"

할머니가 감탄에 겨워 외쳤다.

"준비가 빨리 끝나서 어린이집에 가기 전에 잠깐 놀 수 있겠네."

해리스는 흐뭇해하며 손녀를 아낌없이 칭찬해주었다. 이제 해리스는 어떻게 해야 서로에게 효과적으로 시간을 통제할 수 있는지 알 것 같았다. 그리고 짜증을 낼 것이 아니라 지도 수단을 잘 활용하면 자신과 손녀 사이의 다른 문제들도 잘 다룰 수 있겠다는 깨우침도 얻었다.

물건을 손에 쥐여주기만 하면 전부 망가뜨려요

문제의 특징

부모는 무엇이 파괴적인 놀이이고 무엇이 창의적인 놀이인지 그 경계를 아이에게 확실히 가르쳐주어야 한다. 그러니 첫돌을 맞이하기 전에 아이에게 물감으로 색칠해도 되는 곳과 안 되는 곳, 찢어도 되는 것과 안 되는 것, 분리해도 되는 것과 안 되는 것을 일러주면서 그 선을 그어주어야 한다. 그러면 우리의 햇병아리 예술가께서 본의 아니게 자신이나 다른 사람들의 물건을 망가뜨리는 일을 예방할 수 있다. 물건을 함부로 다루어서는 안 된다는 규칙을 수시로 상기시켜주는 일도 필요하다. 특히 남자아이의 경우는 대체로 장난감을 이리저리 거칠게 굴리며 노는 경향이 있어서 여자아이에 비해 더 자주 규칙을 상기시켜줘야 한다. 아이가 자신의 물건을 자랑스러워하고 조심히 다루도록 일관적인 지도를 하면서 아이의 창의력이 벽이 아닌 종이에 구현되거나 당신의 진짜 휴대전화가 아닌 장난감 전화기를 분해하는 식으로 적절하게 발산되게 해주자.

문제 예방법

하나. 잘 부서지지 않는 튼튼한 장난감을 준다

장난감을 분해했다가 다시 조립하려 기를 쓰는 것은 아이의 자연스러운 본능이다. 다만 그렇게 해도 되는 장난감과 안 되는 장난감을 아이가 구분하지 못하는 것이 문제다. 창의적인 놀이를 하도록 솜인형처럼 변형 불가능한 장난감은 물론, 장난감 쌓기, 버튼 누르기 등 아이가 변형을 시도하며 가지고 놀 수 있는 장난감으로 아이의 놀이 공간을 채워주자.

둘. 아이가 망가뜨려도 되는 물건들을 많이 준다

이렇게 저렇게 만들어보거나, 입어보거나, 색칠하거나, 기타 활동을 해볼 만한 낡은 옷과 물건들을 많이 챙겨준다. 그래야 아이가 새 물건이나 귀한 물건을 장난감으로 가지고 놀지 않는다.

셋. 장난감을 소중히 가지고 놀도록 규칙을 정해준다

아이들은 천성적으로 물건의 가치를 모르고, 어떤 물건을 어떻게 가지고 놀아야 하는지도 잘 모른다. 그러니 크레용은 신문과 소설책이 아닌 스케치북에 사용하는 것이라는 등의 규칙을 일일이 가르쳐야 한다.

"이 매직펜은 스케치북에만 써야 해."

뭔가를 망가뜨릴 잠재성을 띤 행동에 관해서도 다음과 같은 식으로 말해준다.

"책은 찢으면 안 돼. 종이를 찢고 싶으면 이야기해. 그럼 찢어도 되는 종이를 줄게."

"이 장난감 차는 분해해버리면 다시는 못 달려. 분해해서 안이 어떻게 생겼는지 보고 싶으면 이 망가진 장난감을 분해해봐."

넷. 아이의 놀이를 감독할 때는 일관성을 지킨다

망가뜨려서는 안 된다고 말해준 뭔가를 아이가 망가뜨리도록 내버려두면 아이는 규칙을 헷갈려하며 조심스럽게 어른의 반응을 살핀다. 또, 당신이 전에는 해도 된다고 했던 것을 갑자기 안 된다고 꾸짖으면서 아이의 놀이를 망쳐놓으면 아이는 어떻게 해야 할지 혼란스러워하며 납득하지 못한다.

다섯. 물건을 소중히 다루도록 규칙을 상기시켜준다

아이가 장난감을 조심해서 잘 가지고 놀도록 일러주어서 물건을 망가뜨릴 확률을 최소한으로 줄인다. 그러면 아이는 규칙을 상기하게 되고, 자신의 행동을 뿌듯해하고 자신의 물건을 자랑스러워하게 된다.

여섯. 물건을 소중히 다루는 모범을 보여준다

당신이 물건을 소중히 다루고 있으며, 컴퓨터를 망가뜨리지 않고 잘 쓰기 위해서는 어떻게 하는지, 책을 컵 받침으로 쓰는 대신 어떤 것을 사용하는지, 휴대전화를 망가뜨리지 않기 위해 당신이 어떻게 하는지 등을 아이에게 강조해 알려준다.

문제 해결법: 바람직한 행동

하나. 자기 잘못을 스스로 바로잡게 한다

아이가 세 살이 넘었으면 자신이 저지른 난장판을 치우는 일을 거들게 해서 물건을 소중히 다루게 가르친다. 예를 들어 아이가 벽에 낙서를 했다면 그 낙서를 지우게 시킨다. 이러면 아이에게 소유 의식과 주의 의식을 길러주게 된다.

둘. 주의를 준다

짧게 주의를 주며 아이에게 뭘 잘못했는지 알려준다.
"책 그만 찢어."
그런 다음 왜 그런 행동을 하면 안 되는지를 설명해준다.

"책은 조심해서 다루어야지. 그래야 읽을 수 있어."

이어서 바른 행동을 일러준다.

"책은 찢는 게 아니라 읽는 거야. 그럼 우리 같이 책 읽어볼까?"

셋. 진정의 시간을 가지게 한다

주의를 줬는데도 아이가 또 물건을 망가뜨리면 다시 주의를 주고 아이에게 진정을 시간을 가지게 한다. 물건을 망가뜨리지 않고 조심해서 다루려면 어떻게 해야 할지 생각해보라고 말해준다.

넷. 물건을 소중하게 다루는 것을 자주 칭찬해준다

아이의 놀이를 감독하면서 아이가 물건을 소중히 다루면 칭찬해준다.

"스케치북에 그림 그리고 있네. 참 착하다."

"트럭 장난감을 정말 잘 가지고 놀고 있네. 그렇게 망가지지 않게 조심조심 놀아야 해."

문제 해결법: 바람직하지 않은 행동

하나. 과잉 반응하면 안 된다

아이가 뭔가를 망가뜨려도 버럭 화를 내면 안 된다. 그렇게 화를 내면 아이는 당신이 자신보다 물건들을 더 소중히 여긴다고 느낀다.

물건이 망가진 상황에 비해 과장되게 화를 내지 않도록 한다.

둘. 벌을 주면 안 된다

당신의 소중한 물건을 망가뜨렸다는 이유만으로 아이에게 상처를 주면 안 된다. 벌을 주기보다는 아이가 그 물건의 가치를 이해할 만큼 자랄 때까지 그 귀한 물건을 다른 데로 치워두자.

• 사례로 들여다보기 •

사고뭉치 아이가
물건을 소중히 여기게 되었어요

월트와 베키 부부는 닥치는 대로 물건들을 부수어대는 사고뭉치 아들 때문에 골머리를 앓다가 유치원 담임 교사를 찾아가 하소연을 쏟아냈다. 아들 팀은 노란색 주방 벽에 보라색 크레용으로 낙서를 해놓는가 하면 장난감 자동차와 트럭의 핸들을 잡아 뽑고, 책을 뜯어서 모자이크 작품처럼 만들어놓는 등 온갖 사고를 쳤다. 결정적으로 팀이 매직펜으로 베키의 컴퓨터 화면에 낙서를 해놓자 부부는 더는 참을 수 없는 지경에 이른 것이다. 하지만 이게 끝이 아니었다. 부부가 면담을 마치고 집에 돌아오니 이번에는 팀이 크레용으로 타일 바닥에 그림을 그려놓았다고 육아 도우미가 말했다.

"너 도대체 언제까지 이럴 거니, 팀?"

아빠가 버럭 야단을 치며 팀을 자기 방에 들여보냈다. 그러자 팀은 방에 들어가 그림책을 갈기갈기 찢기 시작했다. 고민 끝에 부부는 방법을 바꿔보기로 했다. 소리만 지를 것이 아니라 물건을 망가뜨리는 버릇을 아들 스스로 고치게 해주기로 마음먹었다. 다음번에 팀이 책을 찢고 있는 모습을 발견했을 때 부부는 이렇게 말했다.

"자, 네가 이 책을 원래대로 고쳐놓아야 해, 팀."

부부는 팀의 손을 잡고 서랍 쪽으로 데려가 책을 원상 복구시키기에 적절한 양의 테이프를 자르게 도와주었다. 팀은 책을 다시 붙여야 했을 뿐 아니라 벽과 타일에 묻은 크레용을 지우고 자기가 찢어놓은 놀이 카드도 원래대로 붙여야 했다. 이것에 그치지 않고 아빠는 집 안의 물건을 고칠 때 팀에게 도와달라고 말하며 팀의 호기심을 채워주었다. 팀은 이제 드라이버, 스패너 같은 도구의 사용법을 배우면서 사고뭉치가 아니라 어엿한 조수가 되었다. 그랬더니 흥미로운 일이 생겼다. 자기가 망가뜨린 것을 고치고 나더니 팀이 웬만해서는 사고뭉치 행동을 하지 않게 된 것이다.

부부는 팀이 뭔가를 망가뜨릴 때마다 찢어도 되는 것과 찢으면 안 되는 것을 다시 일러주었다. 또, 누구의 물건을 만지든 책임감을 가지고 함부로 다루지 않도록 유도했다. 부부의 노력 끝에 팀은 차츰 물건에 대한 책임감을 쌓기 시작했다. 팀은 책, 장난감, 솜 인형을 조심해서 잘 다룬다고 부모님에게 칭찬을 들었고 뿌듯한 표정으로 방긋 웃었다. 예전의 사고뭉치 버릇이 슬그머니 다시 도져도 얼른 고쳤다.

팀이 물건을 망가뜨리는 버릇이 줄어들긴 했지만 팀의 엄마 아빠는 아들이 어른들처럼 행동하는 것은 기대하지 않았다. 엄마 아빠가 어른용 장난감을 다룰 때처럼 아들도 똑같이 하는 것은 무리라고 여겼다. 하지만 아이에게 바른 행동의 귀감이 되기 위해 행동의 모범을 보이는 일은 게을리하지 않았다. 물건을 소중히 여겨야 한다는 설교만 늘어놓지 않고 아이가 보고 배울 수 있도록 직접 실천해 보인 것이다.

아이가 온 집 안을 헤집고 다녀요

문제의 특징

갓 태어난 아이들은 자기 발가락부터 이빨에 이르기까지 온갖 군데를 탐험하며 기쁨을 느낀다. 이때는 천성적으로 해야 할 행동과 하지 말아야 할 행동을 구별하지 못하지만 당신이 잘 지도해주면 세 살쯤에는 제대로 구별할 수 있다. 꼬맹이 탐험가들의 모험에 한계를 정해줄 때는 명심할 점이 있다. 그 나이대에 생기는 정상적이고 건강한 호기심을 펼치도록 허용해주는 동시에 사고의 위험이 없도록 행동에 적절한 한계를 그어주는 것이다(374쪽 '호기심이 많은 아이를 안전하게 키우고 싶어요'와 '부록 Ⅱ. 아이의 안전을 위해 점검해야 할 것들' 참조).

문제 예방법

하나. 집을 안전한 곳으로 만들어준다

아이들은 자립성을 쌓으며 세상에 자신의 흔적을 남기느라 여념이 없어서 어디든 자기가 가고 싶은 곳에 가면 안 되는 이유를 이해하지 못한다. 문을 닫아두고, 장식장을 잠가놓고, 계단과 위험 구역을 칸막이로 막아두면 아이에게 안 된다고 주의를 줄 일이 줄어든다('부록 I. 아동의 발달 지표' 참조).

둘. 한계를 정해준다

아이에게 행동의 한계를 정해주고 그 한계에 대해 일찌감치 그리고 자주 일러준다.

"거실이나 주방에서는 놀아도 되지만 엄마 아빠 작업실에서는 놀면 안 돼."

셋. 귀중품은 아이의 손이 닿지 않는 곳에 치워둔다

취학 전 아동은 비싼 꽃병과 플라스틱 꽃병의 차이를 잘 모른다. 아이에게 따로 주의를 주기보다 아이가 아무것이나 막 만지지 않는 나이가 될 때까지 귀중품은 다른 곳으로 치워놓아 사고를 미연에 막는다. 나이를 좀 먹은 아이들조차(어른들 역시 마찬가지다!) 정신없이 놀다 보면 귀중한 물건을 망가뜨릴 수 있음을 명심하자.

넷. 아이에게 출입 금지 구역에 들어갈 수 있는 방법을 가르친다

무턱대고 방에 들어오지 못하게 하거나 도로를 건너지 못하게 하면 아이는 그 행동이 더 하고 싶어 안달이 날 것이다. 그럴 때는 이렇게 말해주자.

"엄마 작업실에는 꼭 엄마나 다른 어른과 같이 들어와야 해."

문제 해결법: 바람직한 행동

하나. 주의를 준다

아이가 자꾸 규칙을 어기면 일관성 있게 주의를 준다.

"엄마 책상 서랍은 만지면 안 돼! 이것저것 꺼내놓으면 엄마가 속상해. 서랍에서 꺼내고 싶은 게 있으면 와서 말하는 게 규칙이야."

둘. 아이에게 진정의 시간을 가지게 한다

아이가 엄마의 화장품을 건드리면(그것이 규칙상 금지된 일이라면) 아이에게 주의를 주고 진정의 시간을 가지게 하면서 규칙을 어떻게 따를지, 화장품을 가지고 놀고 싶을 때는 당신에게 어떻게 부탁할지 생각해보게 한다.

셋. 아이가 규칙을 잘 따르면 칭찬해준다

아이가 올바르게 행동했을 때 칭찬을 해주면 아이는 바른 행동을 한 상으로 관심을 받게 되는 셈이며, 그러면 아이는 다음번에도 바른 행동을 하고 싶어지게 마련이다. 이렇게 아이를 칭찬해준다.

"책상에서 매직펜을 꺼내도 되는지 물어봐줘서 고마워."

넷. 손으로 만지지 말고 눈으로만 보라고 가르쳐준다

거실의 커다란 화분은 손으로 만지지 말고 눈으로만 보라고 일러준다. 그런 식으로 정해진 한계 내에서 절제하면서 식물을 탐험하게 해주자.

문제 해결법: 바람직하지 않은 행동

하나. 위험한 물건을 아이의 손이 닿는 곳에 두면 안 된다

아이가 안전 교육을 철저히 받았다 해도 무기류의 유혹은 너무 강해서 저항하기가 힘들다. 모든 위험한 물건에는 안전장치를 걸어놓은 뒤 아이가 접근하기 어려운 별도의 공간에 넣고 잠가놓는다. 칼은 아이가 절대 만지지 못하게 안전하게 간수한다. 나중에 후회하는 것보다 번거롭더라도 미리 조심하는 편이 낫다.

둘. 화를 내면 안 된다

아이가 규칙을 어겼을 때 어른이 화를 내면 아이는 자기가 잘못할수록 당신의 관심을 더 끌 수 있다고 생각하면서 자주 말썽을 일으킬 것이다.

셋. 벌을 주면 안 된다

아이가 천성적으로 호기심이 왕성해서 말썽을 벌였을 때는 벌을 주기보다 호기심을 안전하게 발산할 방법을 가르친다. 이 기술은 아이에게 평생에 걸쳐 도움이 될 것이다. 적절하지 못한 행동을 억제시키려 하기보다는 긍정적인 면을 강조해준다.

• 사례로 들여다보기 •

호기심 대장이었던 아이가
안전한 방법으로 물건을 관찰해요

소피아는 아들 샘 때문에 속을 태우고 있었다. 샘은 만지지 말라는 램프와 식물을 가만 놔두지를 않았다. 소피아는 아들이 일부러 말썽을 부리는 게 아니며 아이로서 정상적으로 행동하고 있다는 것을 모르지 않았다. 하지만 아들의 호기심에 대응하는 자신의 반응은 정상적이지 못한 듯했다. 아들에게 자기 절제의 모범을 보여주지 못하고 있는 것 같았다.

"안 돼! 만지지 마!"

아들이 말썽을 부릴 때마다 소피아는 버럭 소리를 질렀다. 그렇게 소리를 지르며 혼내다 보니 샘은 엄마에게 들키지 않고 나쁜 짓을 저지르는 법과 벌을 피하는 요령을 터득하고 있었다. 그래서 소피아는 아들이 만지면 안 되는 물건들을 따로 보관해놓고 깨질 만한 물건은 아이의 손이 닿지 않는 곳으로 치웠다. 또, 가능한 한 아이에게서 눈을 떼지 않기로 했다.

"손으로 만지지 말고 눈으로만 봐."

샘이 유독 기운 넘치던 어느 날 아침, 소피아가 이렇게 말했지만 샘은 보석함 안에 있는 것들을 죄다 꺼내기 시작했다. 소피아는 보석함은 다른 데로 치워놓고 아들을 주방으로 데려가 찬장에서 냄비와 팬을 꺼내면서 같이 놀았다. 또, 큼지막한 장난감 열쇠와 금고를 비롯해 상상력과 호기심을 자극해줄 만한 장난감도 준비해주었다. 모두 아들의 나이에 걸맞고 아들이 분해하고 망가뜨리기에도 적절한 장난감들이었다.

위험하고 비싼 물건을 샘의 손이 닿지 않는 곳으로 치우고 그 자리에 아이가 가지고 놀 만한 안전한 물건을 놓아두자 집 안은 더 기분 좋은 보금자리가 되었다. 소피아는 아이에게 안전하게 집을 정리해놓았다 해도 계속해서 아들의 호기심을 감독해줘야 한다는 점은 잊지 않았고, 그러한 전제하에서 소피아는 아들에게 전보다 더 많은 자유를 허용해주었다.

그리고 어느 날, 샘은 자신이 규칙을 익히고 있음을 실제로 보여주었다. 샘이 태블릿 PC를 가리키며 말했다.

"저건 만지는 거 아니에요! 엄마 거예요! 만지면 안 돼요!"

소피아는 예쁜 짓을 한 아들에게 밀봉한 작은 쌀 봉지를 상으로 주었고 샘은 그 상자를 딸랑이처럼 흔들며 좋아했다.

아이가 먹으면 안 되는 음식이 있는데 어떻게 설득하죠?

문제의 특징

요즘에는 많은 아이가 건강상이나 종교상의 이유로 보통 가정과 다른 식사를 해야 하는 경우가 왕왕 있는데 정작 아이들은 밀, 땅콩, 돼지고기 등을 왜 먹으면 안 되는지 그 이유를 납득하지 못한다. 그래서 칭얼거리고, 울음을 터뜨리고, 짜증을 내고, 심지어 금지된 음식을 몰래 먹으려 들기도 한다. 아무리 당신이 논리적으로 설명해도 아이들이 그런 역경을 받아들이는 데 도움이 되지 않을 수 있다. 매일 식탁에서 전쟁을 치르고 있다면 우리가 제안하는 다음 사항들을 따라 해보기 바란다.

문제 예방법

하나. 모든 가족이 똑같은 제약을 따른다

아이 혼자만 음식에 제약을 받아야 하는 경우라면 아이를 도와주는 차원에서 다른 식구들도 먹는 것에 제약을 둘 필요가 있다. 아이들은 자신에게 애정을 가지고 공감해주는 어른이 보살펴줄 때 음식의 제약을 제일 잘 견딘다.

둘. 먹으면 안 되는 음식을 집 안에 두지 않는다

아이에게 음식을 못 먹게 막으려 애쓰기보다 금지시킨 음식을 집 안에 아예 두지 않는 편이 낫다. 집 안에 먹지 말아야 할 음식이 없으면 아이도 그것을 몰래 먹을 수 없다. 눈에 보이지 않으면 마음에서도 멀어진다.

셋. 사람들에게 협조를 구한다

아이에게 먹여서는 안 되는 음식이 있다면 아이를 돌봐주는 모든 어른은 그러한 사실은 물론 어떤 이유로 그런 음식들을 먹이지 말아야 하는지를 알고 있어야 한다. 아이가 친구 집이나 학교, 할머니 할아버지 댁에 가는 경우에는 아이에게 먹여서는 안 되는 음식을 상대 어른들에게 미리 알리고 아이가 혹여 그 음식들을 입에 대지 않도록 살펴달라고 한다.

문제 해결법: 바람직한 행동

하나. 공감을 보여준다

아이가 건강상의 이유로 어떤 음식을 못 먹어서 칭얼대고 울 때는 당신이 아이의 마음을 이해하고 있고 그 음식을 못 먹는 것을 안쓰럽게 생각한다고 말해준다. 하지만 그 음식을 먹으면 탈이 날 테니 그 음식을 먹지 않고 건강했으면 좋겠다고도 말해준다. 이때는 아이를 안아주면서 이야기하는 것이 좋다. 안아주는 것은 얼마든지 해줘도 탈이 나지 않으니까.

아이가 종교적 이유로 특정 음식을 먹지 말아야 한다는 사실을 받아들이지 못해 힘들어할 때 역시 아이에게 공감해주는 동시에 지도의 기회로 삼는다. 이렇게 말해주자.

"우리 보람이가 힘들다는 거 알아. 친구들은 그 음식을 먹을 수 있는데 보람이는 못 먹어서 힘들겠지. 엄마도 보람이 나이 때는 힘들었어. 하지만 전통을 존중해야 해. 그 이야기는 밥 먹고 나서 더 자세히 들려줄게."

둘. 대신 먹을 만한 음식을 챙겨준다

땅콩버터는 못 먹지만 대신 아몬드버터는 먹을 수 있어서 다행이라는 식으로 말해준다. 아이가 좋아하는 젤리랑 같이 먹어도 된다는 말도 해주자.

셋. 제약을 받아들여줘서 고맙다고 칭찬해준다

아이가 제약을 받아들이고 대체 음식을 잘 먹으면 이런 식으로 칭찬해준다.

"땅콩버터를 먹으면 안 되는 이유를 이해해줘서 고마워."

"정말 잘 생각했어. 아몬드버터도 맛있어. 먹어도 탈도 나지 않고."

넷. 아이에게 먹어도 되는 음식을 알려준다

먹으면 안 되는 음식이 있을 때, 아이가 이를 수긍하도록 유도하려면 먼저 다음과 같이 알려준다.

"우리 집에서 먹어도 되는 건 이거야."

아이가 먹으면 안 되는 음식을 먹게 해달라고 조를 때 "우리가 먹을 수 있는 건 이거야"라는 식으로 말하면 "그건 먹으면 안 돼"라는 말보다 긍정적으로 들려서 기분도 훨씬 좋다. 아이가 "견과류는 먹으면 안 되는 거예요"라고 말하기보다 "당근은 먹어도 되는 거예요"라고 말하도록 유도해주는 것도 좋다. 먹으면 안 되는 음식이 있을 경우, 그 음식을 대신할 음식이 무엇인지를 확실히 알게 되면 아이는 음식 규칙을 더 잘 따르게 된다.

다섯. 아이와 함께 연습한다

아는 것을 행동으로 옮기는 데는 연습만 한 것이 없다. 이 경우에는 아이가 먹을 수 있는 음식을 자꾸 말해보도록 연습시키면 좋다. 가령 아이에게 "땅콩 줄까?"라고 물으면서 아이가 "아니요, 제가 먹어도 되는 건 캐슈너트예요"라고 대답하도록 지도해줘라. 이렇게 연습하면 아이는 자기가 먹어도 되는 음식을 상기하며 그대로 행동에 옮기는 습관을 다질 수 있다.

여섯. 식사 규칙을 받아들여준 것을 칭찬해준다

칭찬은 아이가 당신을 자신의 적이 아니라 애정 어린 어른으로 느끼도록 도와준다. 이렇게 이야기해준다.

"먹어도 되는 것과 먹으면 안 되는 것을 받아들여줘서 고마워. 힘들 텐데 정말 잘하네."

문제 해결법: 바람직하지 않은 행동

하나. 져주면 안 된다

아이가 특정 음식을 먹지 못해 칭얼거리고 울 때 '그래, 이번 한 번만 쿠키를 먹게 해주자'라는 생각으로 져주면 안 된다. 칭얼거리고 운다고 원하는 대로 해주면 아이는 앞으로도 그 방법을 몇 번이나 써먹을 것이다.

둘. 화내면 안 된다

아이가 먹으면 안 되는 음식을 달라고 졸랐다는 이유로 화를 내고 소리 질러봤자 아이는 음식 제약을 지키며 사는 방법을 배울 수 없다.

오히려 당신은 아이의 스트레스의 근원이 되어 아이에게 독성 스트레스만 안겨주기 십상이다.

셋. 대체 음식으로 건강에 나쁜 음식을 주면 안 된다

아이가 견과류를 못 먹는 것이 안쓰러운 마음에 사탕 같은 군것질거리를 주고 싶어질지 모른다. 하지만 건강에 안 좋은 음식을 대신해서 역시 건강에 안 좋은 음식을 주는 건 좋은 방법이 아니다.

• 사례로 들여다보기 •
먹으면 안 되는 음식을
아이 스스로 가리게 되었어요

여섯 살인 파커는 파스타를 굉장히 좋아해서 가능하면 매끼 토마토소스 파스타를 먹으려 했다. 할머니가 만들어주는 롤빵도 아주 잘 먹었다. 하지만 얼마 후, 파커는 식사 중에 투정을 부리기 시작했다. 배가 고프다고 해놓고서는 몇 입 먹지도 않고 먹기 싫다고 했다. 좋아하는 음식을 줘도 마찬가지였다. 엄마 아빠인 클레어와 샘이 아무리 먹이려 해도 파커는 좀처럼 먹으려 들지 않았다. 파커는 살이 점점 빠지더니 어느 날부터는 배가 아프다고 투정을 부리기 시작했다. 부부는 파커가 무슨 스트레스라도 받나 싶어 유심히 살펴보았다. 하지만 파커의 하루하루는 지극히 정상적으로 보였다. 학교도 잘 다녔고 동네에서 친구들과도 잘 어울려 놀았다. 엄마 아빠나 다른 가족들과의 관계에도 문제가 없었.

간호사인 클레어는 파커의 몸에 이상이 있는 것은 아닌지 슬슬 걱정이 되었다. 하지만 진찰 결과 아이의 몸에는 아무 문제가 없었다. 아이는 자꾸 배가 아프다고 투정을 부리는데 진찰상으로는 문제가 없다는 점이 마음에 걸려서 클레어와 의사는 평소 먹이는 음식 중 한 종류씩 빼고 밥을 먹여보기로 했다. 특정 음식 때문에 아이가 복통에 시달리는 것인지 의심스러웠다.

클레어는 파스타와 빵이 파커의 주식이니 그 둘부터 식단에서 제외해보기로 했다. 파커는 자기가 좋아하는 파스타와 빵을 못 먹게 되자 난리를 피웠다. 하지만 클레어는 져주지 않고 이렇게 말했다.

"파스타가 먹고 싶어서 그러는 거 아는데 다른 것도 좀 먹어보자. 셀러리나 사과에 땅콩버터를 발라서 먹어볼까?"

그래도 파커가 계속 화를 내면 부부는 파커를 안아주면서 먹고 싶은 것을 못 먹게 하는 엄마 아빠도 마음이 안 좋다고 말했다. 클레어와 샘이 그렇게 계획대로 따르며 아이를 관찰한 결과, 글루텐이 없는 음식을 먹을 때 파커는 한 번도 배가 아프다고 하지 않았다.

결국 파커네 집은 글루텐 프리 가정으로 바뀌었다! 파커만이 아니라 샘까지도 건강이 좋아졌다. 알고 보니 샘 역시 유전적으로 글루텐에 민감한 편이었던 것이다.

잠투정이 심한 아이,
어떻게 하죠?

문제의 특징

아이들은 밤늦게까지 책을 읽어달라, 뽀뽀해달라, 우유가 마시고 싶다, 또 엄마 아빠랑 같이 자게 해달라는 둥의 떼를 쓴다. 하지만 명심하자. 아이에게는 수면이 정말 중요하다. 아이는 단지 당신을 옆에 붙잡아놓으려고 책을 열 권이나 읽어달라거나 물을 네 컵째 달라고 하는 것일 수도 있다. 아이의 요구에 휘둘리지 말고 잠을 잘 때 더 큰 상이 따른다는 사실을 아이가 알게 해주자.

아이가 잠자리에서 나오는 이유가 뭔가가 필요해서인지, 아니면 단지 당신의 관심을 끌고 싶어서인지 잘 모르겠다면(가령 아직 아이가 말을 못해서라거나, 뭘 달라고 말하는 대신 울음을 터뜨리는 성격이라 어떤 이유 때문인지 분간을 못하겠다면) 가서 아이를 잘 살펴본다. 아이에게 아무 탈이 없다면 단호하지만 애정을 담아서 지금은 놀 시간이 아니라 잘 시간이라고 말해준다. 그리고 짧게 뽀뽀를 해주고 안아준 후(30초를 넘기지 않는다) 아이 방에서 나오자.

문제 예방법

하나. 중립적 시간에 잠자리 규칙을 이야기해준다

아이가 잠잘 시간에 물을 몇 잔까지만 마실 수 있는지, 화장실에 몇 번까지 다녀와도 되는지 한계를 정해준다. 단, 이런 규칙은 잠자리에 들 시간이 아닌 중립적 시간에 말해줘야 한다. 그래야 잠자리에 들 시간이 되면 어떻게 해야 하는지를 아이가 숙지한다.

"잘 때 책은 두 권까지 읽을 수 있고 물은 한 잔만 마실 수 있어."

둘. 규칙을 잘 지키면 상을 주겠다고 약속한다

규칙을 잘 따르면 상이 따라온다는 것을 아이에게 깨닫게 해준다.

"밤에 침대에서 나오지 않으면 내일 아침에 좋아하는 동화책을 읽어줄게."

이외에도 공원에 데려가거나, 좋아하는 게임을 하게 해주거나, 아이가 좋아하는 놀이를 함께해주는 식으로 상을 준다.

셋. 잠자리에서 나오지 않도록 규칙을 각인시킨다

아이를 잠자리에 눕힐 때 잠자리 규칙을 상기시킨다.

"잘 들어. 침대에서 나오지 않고 잠을 잘 자면 내일 아침에 공원에 데려갈게. 그럼 잘 자!"

넷. 수면의식을 실행한다

아이와 수면의식을 실행한다. 아이가 잠깐만 당신 품에 안겨 있고 싶어 한다면 의식의 과정으로써 아이를 안아준다. 아이가 아직 유아용 침대를 쓰는 경우라면 소파에서 안아준다.

문제 해결법: 바람직한 행동

하나. 규칙을 엄격히 따른다

아이가 규칙을 어기더라도 끝까지 규칙을 엄하게 지켜서 당신의 말이 장난이 아니라는 것을 가르친다. 예를 들어, 아이가 당신이 정한 규칙을 어기고 당신의 침대로 올라오면 아이를 보내면서 이렇게 말한다.

"엄마 아빠 침대로 들어오면 어떻게 해. 규칙을 까먹으면 안 되지. 다들 자기 침대에서 자는 거야. 사랑해. 이제 그만 네 방에 가서 자고 아침에 보자."

둘. 약속한 상은 꼭 준다

규칙을 잘 따르면 상을 주겠다고 한 약속을 반드시 지켜서 아이에게 믿음을 심어준다.

셋. 합죽이놀이를 해본다

아이를 안아주고 나서 마지막으로 이불을 덮어준 다음에 이렇게 말해보자.

"우리 합죽이놀이 할까? 조용히 얼마나 오래 누워 있을 수 있는지 해보자. 자, 그럼 합죽이가 됩시다, 합."

그런 다음 소곤소곤 말해준다.

"정말 조용히 잘 있네. 우리 보람이가 얼마나 잘하는지 엄마는 밖에서 들을게."

방을 나와서 방 안의 상황을 가만히 들어라. 아이들은 워낙 도전을 좋아해서 조용히 있으려고 기를 쓰게 마련이다.

문제 해결법: 바람직하지 않은 행동

하나. 규칙을 소홀히 하면 안 된다

일단 규칙을 정했으면 아이와 미리 이야기하지 않은 한 규칙을 바꿔서는 안 된다. 규칙을 엄수하지 않으면 아이는 자기가 원하는 대로 하려 들 것이다.

둘. 난동을 피워도 져주면 안 된다

당신이 잠자기 규칙을 엄수하는 중에 아이가 빽빽 소리를 지르며 이를 거부하면 밤에는 잠을 자야 한다는 사실을 아이가 배우는 중임을 떠올리자. 아이에게 반응해주지 않으면 우는 시간이 차츰 줄어들 것이다.

셋. 으름장을 놓거나 겁주면 안 된다

"침대에서 나오면 호랑이가 잡아간다."
"한 번만 더 그러면 혼날 줄 알아."

이런 으름장은 문제를 더 키울 뿐이다. 겁을 주면 아이를 침대에서 못 나오게 붙잡아놓을 수는 있겠지만 아이가 겁이 많아져서 이런저런 것들을 무서워하게 될 소지도 있다. 명심하자. 으름장은 절대 금물이며 당신과 아이와의 신뢰 관계를 손상시킨다.

넷. 멀리 떨어져서 아이에게 말하면 안 된다

다른 방에서 큰 소리로 으름장을 놓으며 규칙을 다그치면 아이에게 소리 지르는 법만 가르치게 될 뿐 아니라 자기를 안 좋아해서 얼굴을 마주보고 이야기하지 않는다는 메시지를 전달하게 된다.

• 사례로 들여다보기 •

한밤중에 깨서 잠투정을 부리던 아이가 이제는 혼자서도 잘 자요

이제 세 살인 마야는 6개월 이후부터는 밤새 한 번도 안 깨고 잘 자던 아이였다. 그런데 한 달 전부터 몇 시간 정도 자다가 깨서는 "엄마! 아빠!" 하며 꽥꽥 악을 썼다. 마야의 엄마 아빠가 딸에게 무슨 일이 생겼는지 걱정되어 얼른 달려가 보면 아이는 어떤 날에는 물이 마시고 싶다고, 또 어떤 날에는 더 안아달라고, 또 다른 날에는 화장실에 가고 싶다고 졸라대기 일쑤였다. 이런 잠투정이 몇 주째 이어지자 지친 마야의 부모는 아이가 더는 잠투정을 부리지 못하게 해야겠다고 마음먹었다.

"침대에서 자꾸 나오면 혼내줄 거야."

부부는 으름장을 놓은 후 침대로 돌아왔지만 그 말은 오히려 마야를 자극할 뿐이었다. 마야는 살금살금 계단을 내려와 부모님의 방으로 들어오곤 했다. 강압적 훈육은 별 소용이 없는 것 같았다.

부부는 마음을 다잡았다. 마야가 밤에 자다 깨는 게 자연스러운 일이라고, 사람은 누구나 얕게 잠들었다가 깊이 잠드는 패턴을 겪는다고. 하지만 딸이 엄마 아빠를 부르는 대신 다시 잠을 자는 쪽을 선택할 수도 있다는 점 역시 잘 알았다. 진짜로 무슨 일이 있어서 부르는 소리(격하고 끊임없는 울음소리)와 단지 부모의 관심을 끌려고 부르는 소리(어른의 반응을 살피려고 중간중간 끊기는 울음소리)를 구별할 수도 있었다.

부부는 다음 날 밤에 아이를 침대에 눕히고 이불을 덮어주면서 딸이 알아들을 수 있는 쉬운 말로 새로운 규칙을 일러주었다.

"자, 새로운 잠자리 규칙을 이야기해줄게. 한밤중에 잠에서 깨도 엄마 아빠를 부르지 않고 다시 얌전히 자면 아침에 밥을 먹을 때 네가 좋아하는 깜짝 선물을 줄 거야."

하지만 그날 밤 마야는 결국 엄마를 불렀다.

"물 마시고 싶어요!"

하지만 엄마는 마야의 말소리에 반응하지 않았고 다음 날 아침을 먹을 때 약속대로 마야에게 깜짝 선물을 주지도 않았다. 이런 패턴을 3일째 이어가자 마야는 소리를 질러도 엄마 아빠가 자기 침대로 오지 않을뿐더러 밤새 소리 지르지 않고 침대에 잘 누워 있으면 아침에 깜짝 선물을 받게 된다는 점을 깨달았다. 부부는 마침내 중간에 깨는 일 없이 푹 잘 수 있게 되었고, 마야는 밤에 잘 자서 엄마 아빠에게 칭찬을 들으면서 자기 자신을 의젓하고 대견하게 느끼게 되었다.

사람들을 공격하는 놀이를 좋아해요

문제의 특징

손에 잡히는 물건은 죄다 무기로 삼기를 좋아하는 아들 때문에 넋두리를 늘어놓는 엄마 아빠가 많다. 남자아이들은 야구 방망이부터 당근까지 눈에 띄는 물건은 뭐든 집어 텔레비전에서 본 대로 흉내 내기도 한다(남자아이가 여자아이에 비해 폭력적인 장면에 더 많은 영향을 받는 편이다). 아이들은 정보를 처리하는 방식이 어른과 똑같지 않으며 본 것을 평가할 만한 지식을 가지고 있지도 못하기 때문이다.

연구 결과에 따르면 총 등의 폭력적 장난감을 가지고 논 아이들은 폭력적 장면이 나오는 텔레비전 프로그램을 보기만 한 아이들보다 더 공격적인 행동을 보인다고 한다. 또, 아이들은 네 살쯤 되면 텔레비전

속 인물이 실제 세계의 사람인 것처럼 여기며 흉내를 낸다고 한다.

텔레비전 속 인물이 무기를 사용해 원하는 것을 얻는 모습을 본 아이는 그런 행동을 흉내 낼 가능성이 높다. 부모가 아이에게 무기 사용을 허용해주거나 아이 앞에서 폭력적인 행동을 보이면 부모는 아이에게 폭력을 가르치는 부정적 롤 모델이 된다. 반면 부모가 아이에게 비폭력적으로 문제를 해결하는 방법을 보여주고 아이가 평화적인 갈등 해결책을 찾아낼 때마다 일관성 있게 칭찬해주면 아이의 공격성을 절제하도록 가르쳐주는 긍정적 롤 모델이 된다. 아이가 프렌치프라이를 총처럼 가지고 노는 것은 기겁할 일은 아니지만 가볍게 흘려 넘길 일도 아니다. 그럴 때는 아무리 흉내라 해도 그런 행동은 사람들을 당황시킬 수 있다고 말해주어야 한다. 아이는 자신과 가까운 관계의 어른이 어떻게 행동하느냐에 따라 친절한 아이가 될 수도, 잔인한 아이가 될 수도 있다. 폭력적 놀이를 즐기는 아이의 기호를 억제해주려면 당신부터 말과 행동에 주의를 기울여야 한다.

문제 예방법

하나. 배려를 집안의 규칙으로 삼는다

아이가 공격적으로 굴면 아이에게 해도 되는 행동과 해서는 안 되는 행동을 일러준다. 예를 들어 이렇게 말해준다.

"사람들에게 친절하게 대하면서 배려심을 보여주기'가 우리 집 규칙이야. 놀이라 해도 사람에게 총을 겨누는 건 우리 집의 규칙을 어기는 거야. 왜냐하면 사람들을 당황시키고 겁나게 하기 때문이야."

둘. 말하기 전에 생각한다

아이가 그대로 따라 해도 상관없는 단어와 목소리 톤으로 말한다. 가령 아이가 규칙을 어기면 농담으로라도 "그만두지 않으면 혼내준다"라는 식의 으름장을 놓을 것이 아니라 차분하게 이렇게 말한다.

"전쟁놀이를 할 때의 규칙을 지키지 않고 있네. 우리 집 규칙은 '서로에게 친절하고, 누군가를 다치게 만드는 흉내도 내지 말기'였지?"

셋. 친절함의 모범을 보여준다

당신은 아이에게 가장 중요한 롤 모델이다. 당신이 아이의 말을 들어주고, 아이를 안아주고, 당신이 저지른 잘못을 아이에게 사과하고, 아이를 존중해주면 아이도 이를 보고 배워서 다른 사람들에게 똑같이 행동한다.

넷. 분노를 통제하는 법을 배운다

아이나 어른이나 자기 마음대로 안 되는 무언가에 부딪히면 폭발하게 된다. 누구나 승진하길, 차가 막히지 않길, 좋아하는 옷이 여전히 몸에 맞기를 바란다. 하지만 이런 바람이 실현되지 않더라도 화를 내면 안 된다. 침착함을 지키면서 아이에게 좋은 모범을 보여주자. 일이 마음대로 되지 않을 때 감정을 조절하는 모습을 보여주자.

문제 해결법: 바람직한 행동

하나. 공감하는 법을 가르친다

아이가 장난감 총이나 물건을 이용해 다른 사람을 공격하는 흉내를 내면 그 순간을 올바른 행동을 가르칠 기회로 삼는다. 아이에게 가짜 총에 맞으면 기분이 어떨 것 같은지 생각해보게 해라.

"총은 사람을 다치게 할 수도 있어. 누가 우리 보람이에게 총을 겨누면 기분이 어떨 것 같아? 엄마는 누구를 겁주거나 다치게 하고 싶지 않은데. 보람이도 그랬으면 좋겠어."

둘. 협력적 놀이를 권장한다

뭔가를 만들고, 다른 사람들과 서로 나누고, 어른의 지도하에 사회활동에 참여하는 아이는 폭력적 놀이를 즐겨 할 기회가 그만큼 줄어들게 마련이다. 아이가 다른 사람들과 사이좋게 지내면 칭찬해준다. 그러면 아이는 사람들과 사이좋게 놀면 당신이 예뻐해준다는 것을 인지하게 된다.

"우리 보람이가 친구랑 장난감도 같이 가지고 놀고, 사이좋고 친절하게 지내는 걸 보니까 정말 좋네."

셋. 폭력적인 텔레비전 프로그램, 컴퓨터 게임을 제한한다

아이들은 본대로 따라 하기를 좋아한다. 실제로도 친구가 텔레비전에서 본 행동을 따라 발차기나 주먹질을 하는 바람에 다치는 아이들이 많다. 아이들이 텔레비전의 폭력적 캐릭터에 강하게 동화되는 것은 아이의 공격성 증가와 결부된다.

당신은 아이가 무엇을 보고 어떤 놀이를 하는지를 꿰고 있어야 한다. 아이에게 허용해줄 수 있는 프로그램과 놀이 등을 규칙으로 정해서 아이가 폭력적 내용에 노출되는 정도를 줄인다.

넷. 아이가 보는 영상을 같이 들여다본다

아이가 교양 있는 시청자가 되도록 도와주는 차원에서 어른이 같이 화면을 보며 그 내용에 대해 이야기를 나눈다. 예를 들어 등장인물이 괴롭힘을 당하고 있다면 어떤 것이 상대를 괴롭히는 행동이고 또 그런 행동이 당하는 사람에게 어떤 영향을 미치는지를 알려준다. 실생활에서 누군가를 괴롭히면 타인에게 상처와 해를 입힌다는 교훈도 가르쳐준다.

다섯. 잘못을 고치도록 가르친다

아이가 에너지를 주체할 수 없어 자 등으로 형제나 친구에게 총을 쏘는 시늉을 하면 어른은 그 '무기'를 빼앗으면서 주의를 주어야 한다.

"우리 집 규칙은 '서로 친절하게 대하면서 다른 사람을 다치게 하는 흉내도 내지 않기'야. 사람들을 다치게 하지 말고 서로 사랑해야 해. 친구한테 총을 겨눠서 미안하다고 사과해."

아이가 당신의 지도대로 따르면 이렇게 말해준다.

"친구와 친하게 지내줘서 고마워. 이렇게 친구를 배려해주는 보람이를 보니까 정말 기분이 좋다."

여섯. 아이에게 타협하는 법을 가르친다

다툼을 평화롭게 해결하는 요령을 아이가 익히게 도와준다. 아이가 자기 장난감을 빼앗은 친구에게 때리겠다고 겁을 주면 이렇게 말해주자.

"친구가 우리 보람이 장난감을 빼앗았구나. 장난감을 돌려받고 싶을 때는 친구를 때리는 것 말고 다른 방법은 없을지 생각해보자. 휴대전화 알람을 설정해놓고 친구랑 번갈아가면서 장난감을 가지고 놀면 되지 않을까? 그렇게 하면 둘 다 장난감을 가지고 재미있게 놀 수 있잖아."

문제 해결법: 바람직하지 않은 행동

하나. 때리면 안 된다

아이를 때려서 말을 듣게 하거나 혹은 훈육 차원에서 아이를 때리고 싶은 마음이 치밀더라도 꾹 참는다. 아이가 허락도 없이 도로를 건너면 화가 나고 가슴이 철렁하겠지만 그렇다고 해서 아이를 때리면 아이에게 혼란스러운 메시지만 전달하게 된다. '엄마가 너를 때리는 건 괜찮지만 네가 엄마나 다른 사람을 때리는 건 안 돼'라는 메시지 말이다.

당신 역시 아이에게 가르친 대로 행동해야 한다. 아이를 때려서 말을 듣게 하는 건 자기 뜻대로 하기 위해서는 다른 사람을 아프게 해도 괜찮다고 아이에게 가르치는 셈이다. 가끔 손바닥으로 엉덩이를 때리는 경우조차 아이에게는 덩치가 크고 힘이 세다면 상대를 때려도 괜찮다는 그릇된 메시지를 전달하게 된다. 연구를 통해 입증된 바에 따르면 네 살 때 한 달에 두 번꼴로 맞고 자란 아이들 가운데 거의 50퍼센트는 여섯 살 무렵이 되었을 때 맞지 않고 자란 아이들에 비해 공격 성향이 높았다.

둘. 과잉 반응을 하면 안 된다

　아이가 동생에게 펜을 총처럼 겨누며 노는 모습을 보더라도 당신은 침착함을 유지해야 한다. 하지 말라고 아이를 혼내고 말 것이 아니라 그 순간을 훈육의 기회로 삼아 이렇게 말한다.

　"사람들에게 친절하게 대해야 한다는 규칙을 어겼네. 동생한테 총을 쏘는 시늉을 하는 건 나쁘고 무례한 짓이야. 사람들을 대할 때의 규칙이 뭔지 이야기해봐. 그리고 동생을 존중하려면 어떻게 해야 하는지 보여줘봐."

셋. 으름장을 놓으면 안 된다

　아이가 솜 인형으로 동생을 때리는 시늉을 했다고 해서 아이를 숟가락으로 때리겠다고 으름장을 놓으면 아이는 당신이 가까이에 있는 것을 두려워하게 될 뿐이다.

"한 번만 더 키친타월을 말아서 동생한테 총 쏘는 흉내를 내면 맞을 줄 알아."

이런 식으로 폭력을 쓰겠다는 으름장을 놓지 말고 그냥 이렇게 말하자.

"사람을 다치게 만드는 놀이는 하면 안 된다는 우리 집 규칙을 어겼구나. 누가 보람이한테 총을 겨누면 얼마나 무서울지 생각해보았으면 좋겠어."

• 사례로 들여다보기 •

전쟁놀이만 하던 아이가
온순해졌어요

네 살배기 카일은 손에 뭔가가 잡히기만 하면 죄다 총이나 칼처럼 만들어 가까이에 있는 '악당'을 쏘고 찌르며 놀았다. 카일의 엄마 다이앤은 그런 아들을 보면서 어쩔 줄을 몰라 했다. 애초에 장난감 무기를 집에 가져다 놓지 않았더라면 아들이 그렇게 폭력적으로 놀지 않았을지 모른다는 자책도 들었다. 하지만 카일의 아빠 마일스는 다이앤의 이런 걱정을 웃음으로 넘겼다.

"괜찮아, 여보. 사내아이들은 다 그래. 날 봐. 나도 어렸을 때는 장난감 총을 가지고 놀았는데 지금 내가 사람들을 총으로 쏘고 다니지는 않잖아."

"하지만 카일은 뭐든지 무기처럼 가지고 놀잖아. 오늘 점심때는 총 모양으로 베어 먹은 샌드위치를 나한테 겨누더라니까. 애가 나한테 총을 겨눌 때 표정이 얼마나 무서웠는데."

"그럴 때는 녀석을 때려야지. 그래야 누구한테든 총 쏘는 시늉을 하면 안 된다고 배울 거 아냐."

"아이를 때릴 수는 없어. 사람을 다치게 하면 안 된다는 점을 가르치려고 아이를 아프게 하는 건 말이 안 돼. 조시네 엄마 에이미는 다른 사람에게 총을 겨누면 그 사람 기분이 어떨지를 아이에게 생각해보게 했대. 또, 폭력적인 내용의 미디어는 집에서 못 보게 하는 걸 규칙으로 삼았다나 봐. 조시가 그런 프로그램을 틀 때마다 화면을 껐더니 부모가 자기에게 뭘 가르치려고 하는지 조시가 이해했대."

"그럼 우리도 그렇게 해보자. 지금 생각해보니까 나도 고쳐야 할 점이 있는 것 같네. 내가 툭하면 '한 번만 더 그러면 그놈의 팔을 뽑아버린다!'라고 말했잖아.

아무래도 그런 말이 카일에게 안 좋은 메시지를 전달하는 것 같아. 누구한테 화가 나면 그 사람을 다치게 해도 괜찮다는 메시지 말이야."

그 후로 몇 주 동안 카일의 엄마 아빠는 아이에게 폭력적 메시지를 전달하지 않으려 애썼다. 아이가 총을 쏘는 흉내를 내며 놀 때 부부는 으름장을 놓는 대신 이렇게 말했다.

"사람한테 총을 겨누면 안 되지. 총은 사람을 죽일 수도 있는 물건이라 사람들이 무서워해. 그 자로 누구를 다치게 하는 놀이는 그만하고 이제 학교놀이 하자. 그 자를 이 종이에 대고 매직펜으로 선을 그려볼래?"

얼마 뒤 다이앤은 남편 마일스에게 이렇게 말했다.

"정말 신기해. 아이가 총 쏘는 시늉을 할 때마다 그것으로 다른 걸 해보게 가르쳐주었거든. 요즘에는 텔레비전에서 어떤 사람이 누구를 해치는 장면이 나올 때마다 애가 뭐라는 줄 알아? '내가 보면 엄마가 싫어하는 거다' 이렇게 말하더라니까."

마일스가 웃으며 대꾸했다.

"나도 카일이 친구와 놀면서 하는 얘길 우연히 들었는데, 서로 전쟁놀이를 하려다가 카일이 이러더라고. '사람한테 총을 겨누는 건 나쁜 행동이야. 마음을 아프게 하는 거야. 우리 트럭 가지고 놀자.'"

부부는 카일에게 집에서뿐 아니라 유치원, 교회 등 어떤 곳에서든 누군가에게 총을 겨누는 흉내를 내지 못하게 했다. 부부는 카일이 누군가를 해치고 싶은 마음에 그런 행동을 한다고는 생각하지 않았지만 다른 사람들은 그렇게 생각할 수도 있음을 알았다. 부부는 생명은 소중하며 사람을 다치게 하는 건 나쁜 것이라는 점을 카일이 이해하기를 바랐다. 또, 다른 모든 아이가 부모에게 그런 교육을 받기를 바라기도 했다.

우리 아이가
과잉행동장애인 것 같아요

문제의 특징

"보람이는 정말 해도 해도 너무하는구나!"

보람이의 할머니가 손녀딸을 두 시간쯤 돌보다가 진이 다 빠져서 말했다.

"무슨 애가 한순간도 가만히 앉아 있지를 않니. 먹지도 않고!"

그런 말을 한두 번 들은 것은 아니지만 엄마는 보람이의 행동에 대해 심각하게 자문해보았다.

'보람이가 저렇게 산만한 게 정상인 걸까, 아니면 과잉행동장애일까?'

아이가 과잉행동장애인지를 확인하기 위해서는 검사를 받아야 하지만 어린아이들의 경우에는 이조차도 가장 신뢰할 만한 방법이 아닐 수도 있다. 적어도 6개월간 아이를 지켜보다가 아이가 다음 중 네 가지 이상의 행동을 매일같이 보이면 전문가에게 상담을 받아보기를 권한다.

1. 가만히 있지 못하고 몸을 꼼지락거릴 때가 많다.
2. 자리에 가만히 앉아 있지 못한다.
3. 뛰어다니거나 어딘가에 기어오르지 못해 안달한다.
4. 조용히 놀지를 못한다.
5. 잠시도 가만히 있지 못하고 돌아다닌다.
6. 지나치게 말이 많다.
7. 뭘 물으면 끝까지 듣지도 않고 대답한다.
8. 줄 서서 기다리거나 차례를 기다리는 일을 잘 못한다.
9. 남들이 하는 일에 훼방을 놓는다.

전문가에게 상담을 받으면 '너무' 활동적인 아동과 과잉행동장애 아동을 구분하는 데 도움이 될 것이다. 또, 두 경우를 각각 어떻게 다루어야 할지도 도와줄 것이다. 위의 행동들은 보통의 어린아이들도 흔히 보이는 행동이기 때문에 에너지가 넘쳐흐르는 꼬맹이에게 '과잉행동장애'라는 낙인을 찍어서는 안 된다.

주의력결핍 과잉행동장애ADHD, Attention Deficit Hyperactivity Disorder는 '주의력 결핍형', '충동-과잉 행동형', '혼합형', 이렇게 세 가지 유형으로 분류되는데 어떠한 유형에 속하든 아이가 정규 교육 과정에 들어가기 전까지는 진단하기가 어렵다. 정규 교육 과정에 들어가야 비로소 비교적 오랜 시간 동안 가만히 앉아서 집중하고, 계속 자리에 앉아서 공부하고, 나중에 시험을 치르게 될 내용을 외우도록 요구되기 때문이다. 또, 남자아이는 여자아이에 비해 더 산만한 편이라 남자아이와 여자아이를 단순 비교하면 안 된다('부록 Ⅲ. 내 아이가 과잉행동장애일까?' 참조).

문제 예방법

하나. 조용한 활동으로 아이를 유도한다

아이가 툭하면 걷지 않고 뛰거나, 그냥 말해도 될 얘기를 큰 소리로 떠들면 차분한 활동을 하도록 유도해준다. 가령 합죽이놀이를 하거나 책을 읽어줘도 좋고, '살금살금-소곤소곤' 시간을 가지며 천천히 그리고 차분하게 행동하는 것이 기분을 좋게 변화시켜준다는 점을 가르쳐줘도 좋다.

둘. 당신 자신을 되돌아본다

과잉행동장애는 집안의 내력일까? 조사에 따르면 부모가 과잉행동장애 진단을 받으면 자녀 또한 그렇게 될 가능성이 높다고 한다. 지금 당신 자신을 돌아봐라. 가만히 앉아 있을 수 있는가? 말을 빠르게 하지는 않는가? 항상 서두르지는 않는가? 아주 열정적이고 항상 가만히 있지 못하는 사람이지만 '너무' 산만한 것이 당신 자신의 성공과 행복에 방해가 되지 않는다면 당신의 아이는 단지 당신의 선천적 기질을 물려받은 것일 수도 있다. 어린아이들은 흉내 내기에 아주 뛰어나기 때문에 당신 자신이 활동 속도를 늦추면 아이도 순간을 음미하는 법을 배우게 될 것이다.

셋. 아이들 활동에 다양한 선택의 폭을 만들어준다

아이들은 한 가지 일에만 관심을 쏟기에는 집중력이 부족해 늘 새로운 무언가를 필요로 한다. '너무' 활동적인 아이들은 허기진 뇌를 자극하기 위한 무언가를 끊임없이 찾기 때문에 훨씬 다양한 놀이가 필요하다. 아이가 에너지가 남아돌아 폭발하기 전에 또 다른 신나는 활동으로 어른이 유도해줄 수 있다면 나중에는 아이도 자기 자신을 잘 인도하는 요령을 터득할 것이다.

넷. '너무' 활동적인 오락물에 아이가 노출되는 것을 제한한다

아이가 한순간도 가만히 있지 못하는 편이라면 그런 성향의 오락거리는 피해야 한다. 산만한 텔레비전 프로그램과 비디오 게임은 아이가 흉내 내지 않았으면 하는 행동의 모델이다. 아이의 나이에 따라 텔레비전과 비디오 게임에 노출되는 정도를 제한하고 대신 독서 같은 보다 차분한 활동을 독려해주자.

문제 해결법: 바람직한 행동

하나. 아이에게 느긋해지는 연습을 시킨다

아이에게 A 지점에서부터 B 지점까지 뛰지 않고 걸어가는 연습을 시킨다.

"주방에서 거실로 천천히 걸어서 가봐. 보람이는 할 수 있어. 뛰지 않고 걸으면 보람이한테도 안전해."

연습할 때마다 횟수를 최대 열 번까지 차츰차츰 늘려나가라.

둘. 여러 가지 활동거리를 만들어준다

천성적으로 산만한 아이들은 여름날의 파리처럼 한자리에 진득하니 있지를 못하고 이런저런 활동으로 정신없이 자리를 옮겨 다닌다. 이렇게 '너무' 활동적인 아이에게는 다양한 선택의 폭을 만들어줘야 한다.

"책상에서 색칠 공부를 해도 되고, 주방에서 점토를 가지고 놀아도 되고, 거실에서 블록을 쌓아도 돼. 대신 엄마가 휴대전화 알람을 맞춰놓을 테니까 알람이 울릴 때까지는 한 가지 놀이만 할 수 있어. 보람이가 원하면 그 후에는 다른 놀이를 골라서 해도 돼."

여러 가지 선택의 폭을 마련해주면 아이가 당신의 정신을 산만하게 몰지 않고, 또 부산히 움직이고픈 아이의 욕구도 풀어줄 수 있다.

셋. 운동을 시킨다

에너지가 넘치는 아이에게는 움직이고 싶은 욕구를 분출할 건전한 배출구를 마련해줘야 한다. 여유가 될 때마다 공원이나 마당에서 뛰놀게 해주거나 학교나 어린이집에서 아이에게 뛰놀 시간을 만들어주도록 부탁하자.

아이 친구들이 모두 근처 스포츠 클럽에 다닌다면 당신의 아이 역시 그곳에 등록시키고픈 유혹이 들지 모르지만 너무 어린 나이에 스포츠를 시작하면 한창 성장 중인 신체에 부상을 입거나 탈진할 위험이 있다는 사실에 주의하자.

넷. 느긋함을 가르친다

몸과 마음을 느긋하게 풀어주는 요령을 익히면 흥분 역시 가라앉힐 수 있다. 아이의 등을 문질러주며 달래는 듯한 부드러운 목소리로 몸이 평온할 때의 기분에 대해 이야기해주면서 아이가 더 많이, 더 빨리하지 못해 안달하지 않도록 도와준다.

다섯. 전문가에게 도움을 청한다

아이의 지나친 활동성 때문에 아이의 건강에 빨간 불이 켜지게 하고, 학습에 지장을 주고, 다른 사람들이 아이를 꺼리게 될 지경이라면 전문가에게 상담을 받으며 그 원인을 찾아보기를 권한다.

문제 해결법: 바람직하지 않은 행동

하나. 벌을 주면 안 된다

'너무' 활동적인 아이가 어쩌다 당신이 아껴 마지않는 화병에 달려가 부딪히거든 심호흡을 크게 하고 나서 이렇게 말해준다.

"엄마는 우리 보람이가 뛰지 않고 걸어 다니면 좋겠어. 지금부터 집에서 걸어 다니는 연습을 하면서 얼마나 잘하는지 좀 볼까? 그런 다음에 보람이가 어지럽힌 것도 정리하고."

이렇게 말하면 아이에게 뛰지 않고 걸어 다니는 법과 함께 물건을 조심히 다루고 자신의 행동에 책임지는 법을 가르칠 수 있다.

둘. 아이를 나가지 못하게 붙잡아두면 안 된다

산만한 아이는 매일같이 밖에 나가 놀고 싶어 하므로 아이를 집이나 아이 방에서 나오지 못하게 붙잡아두면 두 가지 탈이 생길 수 있다. 첫째는 아이의 지나친 활동성이 폭발 직전으로 팽창할 수 있다는 점이며, 둘째는 아이가 밖이 아닌 집 안에서 과도한 기운을 분출시키는 요령을 배울지도 모른다는 점이다.

셋. 약물에만 의존하면 안 된다

약물에만 의존하면 아이에게 자제력을 가르쳐주지 못한다. 먼저 경험이 풍부한 전문가에게 진단을 받은 후 어떻게 아이의 행동을 교정해줄 수 있을지 그 방법을 듣고 약물이 필요할지 결정한다.

• 사례로 들여다보기 •

산만했던 아이가
조심성 있게 행동하게 되었어요

제인과 러셀 부부는 아들 이선의 유치원 담임 교사 샤론과 상담을 했다. 부부는 자신들의 일곱 살배기 아들이 너무 활동적이라는 이야기를 듣고도 전혀 놀라지 않았다. 제인이 샤론 선생님에게 털어놓았다.

"이선은 배 속에 있을 때도 하도 부산스럽게 굴어서 밤마다 저를 깨운 아이예요. 지금도 이선은 배 속에 있을 때랑 똑같아요. 어찌나 가만히 있지를 못하고 설쳐대는지 잠을 잘 못 자겠어요. 이선은 걷는 법이 없이 만날 뛰어다녀요. 아빠를 똑 닮았다니까요."

상담을 위해 자리에 앉은 순간부터 연신 다리를 떨어대고 있던 남편 러셀의 무릎에 손을 얹으며 제인이 말했다. 이번에는 러셀이 씩 웃으며 말했다.

"맞습니다. 저도 어렸을 때는 산만한 아이였어요. 자리에 진득하게 앉아 있지를 못하고 늘 말썽을 일으켜서 어머니가 문턱이 닳도록 학교에 드나드셔야 했죠. 차분해지기 위해 약까지 먹었어요. 이선도 약을 먹어야 할까요?"

그러자 선생님이 이렇게 말했다.

"글쎄요. 아직은 그 정도까지 심각한 것 같지는 않아요. 하지만 아이를 세심히 지켜보는 편이 좋을 것 같습니다. 내년에 초등학교에 진학하면 그때 뭔가 더 조치가 필요할지 담임 교사와 긴밀히 상의해보셔야 해요. 그리고 이건 아이를 좀 느긋하게 가라앉혀주는 데 유용한 방법을 적은 목록이고, 이건 아이의 상태를 제대로 평가하기 위해 찾아가볼 만한 곳들의 명단이에요. 저희 생각에는 전문가에게 먼저 진단을 받아보게 해야 할 것 같습니다."

제인과 러셀은 그 자료를 집에 가져와서 이선에게 하나하나 적용해보았다. 부부는 하루에 몇 번씩 진정의 시간을 가지면서 아이에게 동화책을 읽어주거나 느긋하게 쉬었다. 이선은 처음에는 1분 이상 가만히 앉아 있지를 못했지만 차츰 그 시간이 늘어나 이제는 10분씩 진득하게 앉아 있게 되었다. 부부는 유치원 담임 교사의 권고에 따라 이선이 격한 오락물에 노출되는 것을 제한하면서 격투 장면이 나오는 프로그램을 대부분 못 보게 했다.

또, 이선의 엄마 아빠는 집 안에서 지켜야 할 새로운 규칙도 만들었다.

"집 안에서는 걸어 다녀야 해. 뛰는 건 밖에 나가서 하는 거야."

아들에게 규칙을 가르치기 위해 집 안을 걸어서 돌아다니는 연습도 시켰다. 걸어서 돌아다니는 건 이선으로서는 생소한 일이었다.

"그렇지만 급할 땐 어떻게 해요? 왜 내 맘대로 뛰면 안 돼요?"

이선이 우는소리를 했다. 그 말에 제인은 속으로 웃었다. 예전에 남편이 주방에 갔다가 텔레비전 광고가 끝나기 전에 허둥지둥 돌아오느라 램프를 넘어뜨린 적이 있었기 때문이다. 그 일을 계기로 제인은 남편이 차분히 행동하도록 도와주었는데 지금 이선에게도 똑같은 것을 가르치고 있으니 피는 못 속인다는 생각이 들었다.

"집에서 뛰어다니는 건 규칙에 어긋나기 때문에 뛰는 건 밖에 나가서 해야 해. 밖은 공간도 넓어서 뛰어다니기에 좋고 가구에 부딪힐 일도 없으니까."

제인은 아이를 재울 시간이 되면 가볍게 이선의 긴장을 풀어주었다. 아들의 등을 문질러주며 제인이 다정하게 말했다.
"이제 기분이 느긋하고 편해질 거야. 발도 편안해지고, 다리도 편안해지고, 배도, 등도, 팔도, 손도 다 나른해지면서 편안해질 거야. 몸과 마음이 고요해지면 기분도 평온해지겠지. 자, 우리 예쁜 아들 이선, 침대에 조용하고 편안하게 누워서 아주 고요하고 평온한 기분을 느껴보렴."
이선은 조금씩 차분해졌고 어느 정도는 덜 활동적이게 되었다. 느긋이 움직이기가 늘 쉽지는 않았지만 엄마 아빠, 선생님과 같이 노력해나가며 초등학교 1학년의 세계로 원만히 진학하기 위한 준비를 갖추어갔다.

어른의 지시를 못 들은 척하는데 어떻게 하죠?

문제의 특징

아이에게 뭘 하라고 시켜도 당최 대꾸를 안 해서 혹시 아이의 청력에 문제가 있는 게 아닐까 싶을 때가 있다! 당신은 더 큰 소리로 말해본다. 아이는 역시 아무 대꾸가 없다. 이쯤 되면 이제 당신은 너무 짜증이 나서 소리를 지르기에 이른다. 하지만 아이는 여전히 들은 체 만 체다.

위의 장면이 남 이야기 같지 않다면, 즉 당신이 하는 소리는 듣지 못하면서 집 안에서 부스럭대는 사탕 봉지 소리는 귀신같이 듣는 아이를 키우고 있다면 당신의 아이만 그런 것이 아니니 기운을 내라! 어린아이들은 주변의 다른 모든 것은 싹 잊어버릴 정도로 어떤 일에 푹 빠지곤 하는데 이는 나쁜 일이 아니다. 이런 '골라 듣기' 기술은 실은 아이들에게 큰 도움이 된다. 예를 들어 선생님이 가까이에서 다른 아이들에게 독서 지도를 해주는 와중에 아이가 집중을 해야 할 때 등의 경우에 아주 유용하다.

반면, 당신이 시킨 일을 하고 싶지 않아서 당신의 말을 들은 체 만 체한 것일 수도 있다. 아니면 당신이 시킨 일을 하기 위해서는 지금 하던 일을 그만해야 하는데 그게 마음에 내키지 않아서일 수도 있다. 아이들이 하던 일을 그만하고 다른 일로 옮겨 가기 싫어하는 이유는 하던 일을 완수하고 싶어서이다. 이 모든 이유에도 불구하고 여전히 아이의 청력에 문제가 있어서라고 의심된다면 병원에 가서 진찰을 받아보기를 권한다.

문제 예방법

하나. 지시를 하기 전에 아이와 눈을 맞춘다
아이와 눈을 마주보고 이야기해서 아이가 확실히 듣도록 한다.

둘. 지시는 간단하고 짧게 한다
아이는 한 번에 받아들일 수 있는 단어의 수가 한정되어 있다. 따라서 아이는 당신의 말을 무시하는 것이 아니라 당신이 전달하는 지시 내용을 모두 처리하지 못하는 것일 수도 있다. 아이에게 한 가지 일을 지시했다면 아이가 그 일을 마칠 때까지 기다렸다가 다른 지시를 내리자.

셋. 목소리를 차분하게 낸다

당신이 툭하면 소리를 지를 경우, 아이는 당신의 말을 짜증 나고 의미 없는 소리로 여기며 귀를 닫게 된다. 당신이 목소리를 부드럽게 낼수록 아이는 당신의 지시에 관심을 가지고 더 주의 깊게 듣는다.

넷. 아이가 지시에 응하도록 준비를 시켜준다

아이가 새로운 활동으로 전환하기를 꺼릴 수 있으므로 지시를 하기 전에 미리 이야기를 해 아이에게 준비할 시간을 주자.

"이제 휴대전화 알람을 1분으로 맞춰놓을 거야. 1분 후에 휴대전화가 울리면 학교에 가기 위해 옷을 입어야 해."

문제 해결법: 바람직한 행동

하나. 아이에게 당신의 지시를 따라서 말해보게 시킨다

아이와 눈을 맞추고 조용한 목소리로 짧게 지시를 내린다. 그리고 아이에게 그 지시를 따라서 말해보게 시킨다.

"자, 방금 엄마가 뭐 하라고 했지?"

아이가 당신의 지시를 따라서 말하지 못하면 다시 한 번 말해준다.

둘. 할머니식 육아법을 활용한다

'할머니식 육아법'은 당신이 원하는 대로 아이가 따르면 아이가 원하는 대로 하게 해주는 것이다. 이런 식으로 말하면 된다.

"옷을 갈아입으면 그 퍼즐을 마저 하게 해줄게."

셋. 시계와 시합하기 놀이를 한다

적당한 시각으로 휴대전화 알람을 맞춰놓고 이렇게 말해준다.

"잠옷 벗으면서 시계와 시합해볼까?"

그 일이 마무리되면 이번에는 이렇게 말한다.

"이번에는 바지 입으면서 시계와 누가 누가 이기는지 해보자."

그다음에는 스웨터, 양말, 신발 순으로 쭉 이어가면 된다. 지시는 간단하고 짧게 내리는 것이 가장 효과적이라는 것을 잊지 말자.

넷. 칭찬을 아낌없이 해준다

아이가 지시대로 따르는 동안 아이에게 잘한다는 칭찬을 많이 해준다.

"엄마가 말할 때 잘 쳐다봐줘서 고마워."

"잘 들어줘서 고마워."

"어머나, 우리 보람이는 잠옷을 정말 빨리 벗네."

"우리 보람이, 옷을 정말 빨리 입네. 시계를 이기겠는걸?"

이런 식으로 응원해주면 아이가 흥미를 잃지 않으면서 지시대로 마치기 위해 부지런히 움직인다.

문제 해결법: 바람직하지 않은 행동

하나. 화내면 안 된다

아이가 말을 귀담아듣지 않는다고 해서 화를 내봤자 말을 잘 듣게 가르치지는 못한다. 화를 내면 아이와의 관계도 나빠지고 당신과 아이의 마음에 괜한 스트레스만 유발할 뿐이다.

둘. 으름장을 놓으면 안 된다

아이가 자꾸만 지시를 못 들은 척한다고 해서 "당장 엄마 말 듣지 않으면 장난감을 죄다 쓰레기통에 가져다 버릴 줄 알아!"라는 식으로 말해서는 안 된다. 아이에게 겁을 주면 관심을 끌 수야 있겠지만 당신의 말을 귀담아듣고 따르도록 가르치지는 못한다. 게다가 이런 말을 하면 원하는 바를 얻기 위해 사람을 괴롭히는 본보기만 고스란히 보여주는 셈이다.

• 사례로 들여다보기 •

엄마 말을 무시하던 아이가
엄마 말을 주의 깊게 들어요

세라는 뭘 시키면 들은 체도 안 하는 다섯 살배기 딸 에마에게 완전히 두 손을 들었다. 세라는 딸에게 다정하게 대하려 애썼지만 에마가 엄마 말을 못 들은 체 할 때마다 으름장을 놓다가 딸을 억지로 데려가 지시를 따르게 하게 하는 등 자신이 어렸을 때 어머니가 걸핏하면 하셨던 행동들을 그대로 따라 하고 말았다. 에마가 혹시 난청이 있나 걱정되어 담당 소아과 의사에게 데려가 진찰을 받기도 했는데 진찰 결과 청력에는 이상이 없었다.

문제점을 주의 깊게 따져본 결과, 세라는 에마가 자신의 말을 못 들은 척하는 이유를 깨달았다. 하던 일을 그만하고 다른 일을 하라고 시키면 에마의 입장에서는 일을 다 끝냈다는 성취감을 느끼지 못하기 때문에 다른 활동으로 전환하기가 싫었던 것이다. 세라는 문득 자신의 어린 시절을 돌아보았다. 생각해보니 자신이 어렸을 때 어머니와 티격태격했던 이유도 하던 일을 곧장 그만두고 어머니가 시키는 대로 해야만 하는 게 싫어서였다. 세라는 한번 시작한 일을 끝내야만 만족감을 느꼈다.

에마가 말을 잘 듣지 않는 이유를 이해했으니 이제는 전략을 세워야 했다. 세라는 에마에게 무엇을 시키기 전에 미리 넌지시 알려주기로 했다. 에마의 바로 옆으로 가서 딸을 다정히 어루만지면서 알려주는 것이 좋을 듯했다. 세라는 시험 삼아 이렇게 말해보았다.

"에마, 조금 이따가 이 책을 가져다 놓고 이를 닦아야 해. 엄마가 휴대전화 알람을 1분 후에 울리게 해놓을게."

휴대전화가 울리자 세라는 다시 에마에게 다가가서 말했다.

"에마, 책을 가져다 놓을 시간이 됐어. 이제 엄마가 다섯을 셀 동안 에마가 책을 제자리에 가져다 놓을 수 있는지 해보자. 하나, 둘, 셋."

에마는 얼른 책을 덮더니 제자리에 가져다 놓았다.

"엄마가 다섯을 다 세기 전에 책을 가져다 놨어요!"

에마가 신이 나서 큰 소리로 말했다.

"우리 에마, 정말 빠르네. 엄마가 시킨 일을 빨리빨리 해내서 엄마가 정말 기분이 좋아. 이제 잠자기 전에 동화책 읽게 이 닦자. 오늘 밤에는 책을 몇 권 읽을까?"

"다섯 권."

에마가 엄마와 같이 욕실로 가며 대답했다. 세라와 에마는 이를 닦은 후 침대로 가서 동화책을 읽었다. 세라는 이제 알 것 같았다. 에마는 지금 당장 무언가를 하라고 다그치기보다는 새로운 활동으로 전환하기까지 시간이 좀 필요한 아이였다.

뭐든 '지금 당장' 해달라며 졸라요

문제의 특징

참을성은 누구나가 타고나는 덕목이 아니기 때문에 아이들은 원하는 바를 얻기 위해 기다릴 줄 알아야 한다는 점과 늘 자기 마음대로만 할 수는 없다는 사실을 깨달아야 한다. 유년기는 세상이 자신을 중심으로 돌아가지 않는다는 사실에 이제 막 눈을 뜨는 시기이다.

문제 예방법

하나. 참을성 있게 굴면 어떤 상이 뒤따르는지 설명해준다
부모라면 아이가 무엇에 가장 관심을 갖는지 알게 마련이므로 무언가를 참은 뒤에는 아이가 좋아하는 상이 따를 것이라고 설명해준다.

"그래, 케이크 반죽이 먹고 싶구나. 하지만 이건 먹는 게 아니야. 반죽이 구워질 때까지 기다리면 우리는 맛있는 케이크를 먹을 수 있어. 조금 기다릴 수 있지?"

둘. 아이가 할 만한 여러 가지 활동거리를 일러준다

아이가 바라는 바를 얻기 전에 그것을 얻기 위한 조건을 알려준 다음 바라는 그것을 기다리는 동안 아이가 할 만한 활동거리를 넌지시 일러준다. 가령 이런 식이다.

"기다리는 동안 뭘 하면 좋을지 우리 같이 생각해볼까? 책을 읽거나, 트럭을 가지고 놀거나, 블록 쌓기 놀이를 하거나, 나가서 수영을 해도 되고, 아니면 엄마를 도와서 옷을 치워도 되는데, 뭘 하고 싶어?"

셋. 행동에 한계를 정해준다

아이들은 자신이 할 수 있는 행동에 한계가 있고 당신이 그 규칙에 엄격하다는 사실을 알게 될 경우 규칙을 더 잘 따르게 마련이다. 예를 들어 아이가 도로에서 스케이트보드를 타게 해달라고 조르면 이렇게 말해준다.

"도로에서 스케이트보드를 타면 재미있겠지만 그건 규칙을 어기는 일이야. 스케이트보드는 보도에서는 타도 되지만 도로에서는 안 돼."

문제 해결법: 바람직한 행동

하나. 참을성을 북돋워준다

아이가 조금이라도 참을성을 보이면 잘 참았다고 칭찬하는 것으로 상을 준다. 아이가 '참을성'이라는 말을 잘 모르는 것 같다면 그 의미를 다음과 같은 식으로 풀어서 이야기해준다.

"목이 마른데도 엄마가 싱크대 청소를 마칠 때까지 얌전히 기다려주고, 정말 참을성이 많구나. 우리 아기 정말 많이 컸네."

그러면 아이는 자신에게 참을 줄 아는 능력이 있음을 깨닫게 된다. 그뿐 아니라 당신이 기뻐하는 모습을 보면서 스스로에게 뿌듯함을 느끼기도 한다.

둘. 최대한 침착함을 지킨다

아이가 기다리기 싫다거나 자기 멋대로 하려고 저항하면 당신은 침착함을 유지하면서 지금은 아이가 세상을 살아가기 위한 소중한 교훈을 배우는 중임을 떠올린다. 당신이 참을성 있는 모습을 보이면 아이 역시 떼를 쓴다고 해서 뭐든 마음대로 할 수 있는 것은 아니라는 사실을 금방 배운다.

셋. 할머니식 육아법을 활용한다

"나갈래! 나갈 거야! 공원에 가고 싶어요!"

아이가 소리를 빽빽 지르면 원하는 것을 이루기 위해 따라야 할 조건을 말해준다. 긍정적인 태도로 이렇게 말하면 좋다.

"책장에 책을 가져다 놓으면 공원에 데려가줄게."

넷. 무조건 "안 돼"라고 말하지 않는다

아이가 무언가를 원할 때 그것이 아이가 가져도 되고 또 안전한 경우라면 할머니식 육아법을 활용해서 어떻게 해야 아이가 원하는 바를 성취할 수 있는지 알려준다.

"손을 씻고 오면 사과를 먹게 해줄게."

물론 아이가 조각칼을 가지고 놀고 싶어 하는 경우처럼 때로는 아이에게 안 된다고 말해야 할 때도 있다. 그럴 때는 다른 놀이를 대체해주어 아이의 바람도 채워주고 타협과 융통성에 대한 감도 키워주자.

다섯. 당신의 개인적 경험을 들려준다

당신이 참을성을 발휘해 보람을 느꼈던 경험담을 들려준다.

"엄마도 마음에 드는 주방 가구가 있었는데 돈을 아끼면 금방 살 수 있을 것 같아서 열심히 절약했어."

문제 해결법: 바람직하지 않은 행동

하나. 당장 하라고 다그치면 안 된다

아이에게 무엇인가를 당장 하라고 다그치면 당신이 가르치려는 교훈에 모순되는 셈이다. 아이에게 즉각적으로 결과를 바라지 말라고 가르치면서 당신이 아이에게 즉각적으로 결과를 내기를 재촉해서는 안 된다.

둘. 참을성 없는 행동에는 상을 주면 안 된다

아이가 자기 마음대로 하고 싶어 할 때마다 아이에게 져주면 안 된다. 승강이를 피하기 위해 그냥 아이가 원하는 대로 해주고 싶어지더라도 그래서는 안 된다. 어른이 반복해서 져주면 아이의 보채는 습관만 더 키울 뿐 참을성을 가르치지는 못한다.

셋. 아이가 졸라서 원하는 대로 해준 것인 줄 알게 하면 안 된다

당신이 차에 타러 가는 것은 당신이 나갈 준비가 되었고 할 일을 마쳤기 때문이지 아이가 나가자고 칭얼대서가 아님을 이런 식으로 알려준다.

"설거지 다 끝냈으니까 이제 나가자."

• 사례로 들여다보기 •

참을성 없던 아이가
기다릴 줄 알게 되었어요

"지금! 얼른!"

세 살배기 에밀리는 목이 마를 때마다 징징거렸다. 또, 엄마가 갓난쟁이 동생 저스틴에게 젖병을 물리는 걸 보면 지금 당장 자기도 달라며 난리였다.

"안 돼. 지금은 바빠. 좀 기다려!"

아이들은 원하는 걸 기다릴 줄 모른다는 사실을 알지 못하고 엄마 아리아는 이렇게 대꾸하면서 딸의 조급증을 부추겨놓았다. 엄마는 에밀리가 안아달라, 장난감을 달라, 마실 것을 달라고 시도 때도 없이 보채자 이제는 딸아이가 방에 들어오려고만 해도 슬슬 겁이 나기 시작했다. 특히 저스틴을 보살피고 있을 때는 더했다. 에밀리가 저스틴이 먹고 마시는 것이나 장난감, 이불을 빼앗으며 "내 거야"라고 우겨대기까지 하자 아리아는 더는 아이를 이대로 두면 안 되겠다고 느꼈다. 아리아는 할머니식 육아법을 이용해 에밀리에게 이렇게 이야기했다.

"엄마가 말하는 대로 잘 따르면 네가 하고 싶어 하는 걸 해줄 거야. 이게 우리 집의 새로운 규칙이야."

그날 오후, 에밀리가 음료수를 마신 지 10분밖에 안 지났는데도 또 목이 마르다고 하자 아리아가 단호하게 말했다.

"신발을 신으면 사과 주스 줄게."

엄마가 져주는 패턴에 익숙해 있던 터라 에밀리는 새로운 규칙은 안중에도 없이 늘 해왔던 대로 울고 소리를 질렀다. 하지만 엄마는 마실 것을 주지 않을 뿐 아니라 아예 아이를 거들떠보지도 않았다. 소리를 질러도 소용이 없자 에밀리는 하는 수 없이 신발을 신었다. 엄마는 에밀리를 칭찬하고 주스를 주었다.

아리아가 할머니식 육아법의 규칙에 맞추어 행동하자 에밀리는 엄마가 한 번 말하면 그대로 지킨다는 것을 금세 깨우쳤다. 에밀리가 규칙을 잘 따르면 아리아는 잘했다고 칭찬해주었다.

"우리 딸이 식탁에서 그릇도 치워주고, 엄마가 기분이 참 좋네. 이제 나가서 놀아도 돼."

아리아의 칭찬은 진심이었고 에밀리는 그 칭찬을 소중히 여기면서 엄마의 규칙을 더 잘 따랐다. 가족들 모두가 서로의 욕구를 채워주기 위해 협력할 줄 알게 되면서 집안 분위기는 점점 화기애애해졌다.

어른이 하는 일에
자꾸 훼방을 놓아요

문제의 특징

아이에게 가장 귀중한 재산은 부모의 관심이기 때문에 부모가 휴대전화로 통화를 하고 있거나, 컴퓨터를 하고 있거나, 다른 사람에게 관심을 쏟고 있으면 아이는 다시 부모의 관심을 끌려 기를 쓴다. 그러므로 당신이 '아이의 다른 경쟁 상대'를 대할 때는 당신의 관심을 대체해줄 만한 특별한 놀이와 활동거리 등을 아이에게 만들어주고, 또 당신의 온전한 관심을 얻기 위해 아이가 보이는 잘못된 행동들에 한계를 정해주어야 한다. 그래야 당신이 바쁜 동안 아이도 당신 없이 바쁘게 지낼 수 있다.

문제 예방법

하나. 아이와 있을 때는 방해거리를 제한한다

아이는 만족을 미루는 능력이 부족하므로 아이와 함께 있을 때는 당신과 아이 모두를 짜증스럽게 할 만한 방해거리를 최소화한다.

둘. 아이와 제대로 함께 있어준다

당신이 누군가와 있는데 그 상대가 다른 사람에게 문자를 보내거나, 트위터를 하거나 이메일을 확인하거나, 온라인 채팅에 빠져서 당신과 '제대로' 함께 있어주지 않으면 짜증이 나게 마련이다. 아이도 다르지 않다. 아이는 당신의 관심을 받고 싶으면 당신이 하고 있는 일을 훼방 놓으려 한다. 이때는 훼방 놓기가 무례한 짓이라는 점뿐 아니라 상대를 앞에 두고 딴 일을 하는 것은 실례라는 점을 가르쳐줄 기회로 삼자.

문제 해결: 바람직한 행동

하나. 아이가 얌전하게 잘 놀면 칭찬해준다

어른이 하는 일에 훼방을 놓지 않고 아이가 혼자서 시간을 잘 보냈다면 아이의 행동에 대해 미소, 칭찬 등으로 관심을 보여주자. 그러면 아이는 당신의 일에 끼어들어 방해하려는 경향이 줄어들게 마련이다. 대화 중이라면 상대에게 잠깐 양해를 구하고 아이에게 이렇게 말해준다.

"장난감 가지고 얌전하게 놀아줘서 고마워. 혼자서도 잘 노니까 엄마가 기분이 좋네."

둘. 당신의 대화에 아이도 끼워준다

친구가 찾아오면 대화에 아이를 끼워준다. 그러면 아이가 관심을 끌기 위해 대화에 훼방을 놓을 가능성이 줄어든다.

셋. 훼방 놓지 않아서 고맙다고 말해준다

당신과 아이가 따로따로 '놀이 시간'을 가진 후에는 아이에게 예의 바르게 행동해서 고맙다고 칭찬해주면서 그 상으로 아이와 함께 놀아준다.

"엄마가 컴퓨터로 일하는 동안 혼자 장난감을 가지고 놀아줘서 정말정말 고마워. 일을 하는 데 도움이 되었어. 그럼 이제 우리 보람이가 좋아하는 보드게임 하면서 놀자."

넷. 할머니식 육아법을 활용한다

휴대전화의 알람을 활용해서 잠시만 혼자 놀고 있으면 다시 아이에게만 온전히 관심을 쏟아주겠다고 알려준다. 이러면 아이에게 관심도 주고 놀 거리도 만들어주는 셈이다. 이렇게 말해준다.

"2분 정도만 혼자 장난감을 가지고 놀고 있으렴. 알람이 울리면 엄마가 친구랑 이야기를 끝내고 보람이랑 놀아줄게."

다섯. 주의를 주고 진정의 시간을 활용한다

"보람이가 자꾸 훼방을 놓으니까 엄마가 친구랑 이야기를 할 수가 없구나. 잠깐만 빵빵 차를 가지고 놀래?"

이렇게 주의를 준다. 그래도 아이가 계속 훼방을 놓으면 진정의 시간을 활용한다.

"보람이가 자꾸 훼방을 놓아서 안 되겠다. 이제부터 진정의 시간을 갖도록 해."

문제 해결법: 바람직하지 않은 행동

하나. 아이에게 소리치면 안 된다

아이가 어떤 행동을 했든 아이에게 소리를 지르면 비슷한 상황이 일어났을 때 아이에게 소리를 지르도록 부추기는 셈일 뿐, 당신을 방해하지 못하게 가르치는 데는 보탬이 안 된다.

둘. 다른 사람은 물론 당신의 아이를 방해하면 안 된다

아이가 못 말리는 수다쟁이이더라도 아이가 이야기할 때는 말을 자르고 끼어들지 않는다. 아이에게 뭔가를 가르치고자 한다면 당신 스스로가 그 행동의 롤 모델이 되어주어야 한다.

• 사례로 들여다보기 •

엄마 일에 훼방만 놓던 아이가 혼자서도 잘 놀게 되었어요

네 살배기 딸 라일리는 엄마 어밀리아가 전화 통화를 하거나, 문자를 보내거나, 컴퓨터로 일을 하려 할 때면 어김없이 옆으로 와 훼방을 놓았다. 사과 주스를 마시고 싶다거나 높은 곳에 있는 장난감을 꺼내달라는 식이었다. 또, 시도 때도 없이 오늘은 어디에 가느냐며 물어대기도 했다. 어밀리아는 딸이 훼방을 놓을 때마다 이렇게 말했다.

"우리 딸, 엄마가 지금은 바빠. 방해하지 말아주렴."

하지만 라일리는 훼방 놓기를 멈추지 않았고 결국 어밀리아는 화가 치밀어 소리를 질렀다.

"방해 좀 하지 마! 너 왜 이렇게 못됐니!"

엄마가 소리를 지르자 라일리는 분한 마음에 울며 더 크게 악을 써댔고 그 바람에 어밀리아는 일을 제대로 할 수가 없었다. 결국 어밀리아는 방법을 바꾸기로 마음먹었다. 일을 방해할 때가 아니라 방해하지 않을 때 딸에게 관심을 가져주어야겠다고.

다음 날 아침, 친구 마리아가 평상시처럼 문자를 보내오자 어밀리아는 이번 기회에 이 새로운 방법을 써보기로 했다. 어밀리아는 미리 소파 주위에 라일리의 장난감을 가져다놓았는데 마리아와 문자를 주고받으며 딸을 슬쩍 쳐다보니 라일리는 엄마에게 오다 말고 소파 옆에 앉아 장난감을 가지고 놀기 시작했다.

"방해하지 않아줘서 고마워!"

어밀리아는 라일리를 꼭 안아주었고 친구와 문자를 마친 후에도 다시 한 번

아이를 칭찬해주었다.

"엄마가 친구랑 오늘 저녁 식사 이야기를 하는 동안 방해하지 않고 있어줘서 고마워. 잘했으니까 이 매직펜 가지고 놀게 해줄게."

매직펜은 엄마가 바쁠 때만 라일리에게 가지고 놀도록 허락하는 아주 특별한 장난감이었다.

다음번에 휴대전화 벨이 울렸을 때는 라일리도 어밀리아도 기대감에 들떠 방긋 웃었다. 어밀리아가 말했다.

"라일리. 엄마한테 전화가 왔네. 잠깐 매직펜 가지고 놀고 있을래?"

라일리는 얼른 매직펜이 있는 곳으로 달려갔다. 어밀리아는 통화를 하면서도 라일리를 주의 깊게 지켜보며 중간중간 "어머나. 착하게 잘 노네"라는 말로 딸의 행동을 북돋워주었다. 통화가 끝나고 같이 매직펜을 치울 때도 어밀리아는 전화 통화를 하는 동안 얌전히 잘 지내준 딸의 행동을 칭찬해주었다.

형제를 지나치게 질투해요

문제의 특징

아이들은 자신이 우주의 중심이라고 여기므로 자신이 원할 때는 사람들의 온전한 관심을 얻어야 한다고 믿는다. 바로 이런 자기중심적 인생관이 형제간의 질투를 일으킨다. 아이들은 엄마나 아빠의 관심이 갓 태어난 아기나 다른 형제, 또는 상대 배우자에게 쏠려 있어서 자신이 원할 때에 관심을 받지 못하면 곧잘 질투의 화신으로 돌변한다. 질투에 사로잡혀 부루퉁해 있거나 훼방을 놓거나 소리를 지르기도 하고, 형제를 때리고 장난감을 부수고 짜증을 내는 등의 행동으로 더 많은 관심을 얻으려 기를 쓰기도 한다. 그것이 정당한 질투이든 아니든, 아이의 질투는 당신의 마음을 찢어지게 한다. 아이가 질투를 보일 때는 오히려 그 상황을 훈육하기에 좋은 순간으로 삼으면서 아이가 원하는 관심도 주고 아이가 동생을 질투하는 대신 형제끼리 돕는 법도 알려주자(339쪽 '형제끼리 사이좋게 지내지 않아 걱정이에요' 참조).

문제 예방법

하나. 아이도 같이 끼워준다

예를 들어 동생의 기저귀를 갈아줄 때 큰아이에게 새 기저귀를 가져다 달라거나, 로션을 들고 있어달라거나, 아기를 재밌게 해달라고 부탁하면서 육아를 거들게 한다. 당신이 남편을 안아주는 모습을 보고 아이가 질투하면 아이도 같이 안아준다.

둘. 양보하는 행동을 칭찬해준다

당신의 관심이 늘 자신에게 향할 수 없다는 것을 아이가 받아들이면 무언가를 타인과 나누려는 아이의 의지를 칭찬해준다.

"동생한테 엄마를 양보하기도 하고 정말 착하네. 욕심부리지 않아줘서 고마워."

셋. 아이가 자신을 특별한 존재라고 느끼게 해준다

어린 동생에게만 선물이 들어올 경우에는 큰아이가 질투의 화신으로 변하는 것을 저지하는 차원에서 선물을 풀어서 동생에게 보여주는 일을 도와달라고 부탁한다. 또, 친구와 친척들에게 아이의 선물을 가져올 때는 모든 아이의 선물을 두루두루 챙겨와달라고 권고하며 큰아이가 자신이 특별한 존재라는 느낌을 잃지 않게 해주자.

넷. 형제에게 골고루 관심을 주도록 애쓴다

당신은 이 아이 저 아이에게 얼마나 관심을 주었는지 그 시간을 일일이 기록하지는 않겠지만 질투쟁이 아이는 그 시간을 꼬치꼬치 마음속에 기록할 것이다. 그런 아이의 심리에 주의하면서 가령 첫째 아이와 이야기를 나눈 후라면 둘째 아이에게도 관심을 가져주는 식으로 행동해서 아이들이 부모의 관심을 끌기 위해 못된 짓을 하지 않도록 최대한 도와주자.

문제 해결법: 바람직한 행동

하나. 공감을 보여준다

아이가 질투심을 불태우면 아이에게 그 마음을 이해한다고 말해줘라.

"엄마가 동생을 돌봐주는 걸 보람이가 싫어하는 건 알지만 잘 참아줄 거라고 믿어. 엄마가 동생을 다 봐줄 때까지 혼자 블록 쌓기를 하고 있을래? 동생이 울음을 그치면 그때 엄마가 우리 보람이랑 놀아줄게."

둘. 다른 활동거리를 만들어준다

일단 아이의 심리를 이해해야 한다. 당신이 배우자와 오붓하게 시간을 보내려 할 때 아이는 혼자 버려진 듯한 기분에 질투를 느낄지도 모른다. 이때는 당신이 아이에게 온전한 관심을 줄 준비가 될 때까지 아이에게 건설적인 활동거리를 만들어준다.

"아빠랑 엄마가 잠깐 할 이야기가 있으니까 알람이 울릴 때까지 장난감 가지고 놀고 있으렴. 이야기 다 끝나면 엄마가 우리 보람이랑 놀아줄게."

셋. 당신의 시간을 체크한다

아이는 자신과 시간을 얼마나 보내주는지를 기준으로 부모의 사랑을 가늠하려 한다. 당신이 아이에게 동화책을 읽어주고, 질문에 대답해주고, 밥을 같이 먹고, 놀아주는 등 아이와 함께 보내는 시간이 얼마나 되는지 생각해보자. 아이가 당신의 사랑 속에서 안정감을 느끼면 당신이 누구와 있든 질투 지수는 높이 올라가지 않는다. 자신이 당신에게 가장 중요한 존재라는 것을 알기 때문이다. 그러므로 아이에게 사랑한다는 말을 자주 해주고 당신과 아이만의 특별한 놀이 시간을 가지며 아이 한 명 한 명과 유대감을 키워라. 이런 식으로 모든 아이가 자신을 소중하고 중요한 존재로 느끼게 해주자.

넷. 아이의 질투심을 긍정적으로 활용한다

자신이 우선순위에서 밀려났다고 느껴 아이가 질투심을 불태울 때는 오히려 그 순간을 형제나 다른 사람들에게 도움을 줄 기회로 이용하자.

"엄마랑 놀고 싶은 보람이 마음은 알지만 지금 엄마는 오빠를 축구 연습장에 데려다줘야 해. 연습장에 가서 이 오렌지를 오빠 친구들에게 나누어주려고 하는데 보람이도 이리 와서 봉투에 오렌지 담는 것 좀 도와줘. 너도 하나 먹어도 되고."

문제 해결법: 바람직하지 않은 행동

하나. 아이를 다른 사람과 비교하면 안 된다
"너도 네 동생처럼 말을 잘 들으면 얼마나 좋을까."
"너는 왜 큰누나처럼 귀엽게 굴지를 못하니?"
이런 비교는 아이가 당신의 기대에 부응하지 못해 부끄럽다는 말이나 다름없다. 또, 다른 가족보다 사랑스럽지 못하다는 의미로 아이에게 전달되면서 아이 안에 잠들어 있는 질투의 화신을 깨우기에 딱 좋다.

둘. 벌을 주면 안 된다
아이가 당신의 관심을 독차지하고 싶어서 소란을 피워도 벌을 주면 안 된다. 그래봤자 아이의 소외감만 더 키워주는 셈이다. 그럴 때는 벌을 줄 것이 아니라 올바른 처신법을 알려준다.

"엄마랑 못 놀아서 짜증이 나는 모양이구나. 그럼 우리 이렇게 하자. 엄마가 동생이랑 놀아주다가 휴대전화가 울리면 보람이한테 가서 책을 읽어줄게. 그리고 다음번에는 우리 보람이랑 먼저 놀아줄게."

• 사례로 들여다보기 •

질투의 화신이었던 아이가
어른스러워졌어요

그레이스는 자신에게 곧 동생이 생길 거라는 이야기를 듣고 아주 신이 났다. 새 놀이 친구가 생긴다는 생각에 기뻐하며 새 장난감이 생기는 것처럼 들떠 있었다. 그래서 그레이스의 부모는 딸이 동생의 존재를 받아들이는 데 별문제가 없을 줄 알았다. 하지만 이 생각은 오산이었다!

둘째 제이든이 태어나 집에 온 후로 처음 며칠은 모든 것이 순조로웠다. 할머니가 와 계셔서 그레이스가 관심을 듬뿍 받은 덕분이었다. 그레이스는 동생이 이상하게 생긴 것 같다고, 가끔 안 좋은 냄새가 나고, 또 자기가 원했던 놀이 상대가 아니라 실망이라는 식으로 말하기는 했지만 이내 "아기랑 계속 지내다 보면 괜찮아질 것 같아요. 좀 더 두고 볼게요"라고 말해 부부는 마음을 놓았다.

그런데 할머니가 댁으로 돌아가시자 그레이스는 엄마가 동생만 예뻐하는 것 같아 속이 상했다. 그레이스는 다시 '이 집안에서 가장 소중한 아이'가 되어야겠다고 마음먹었다. 처음에는 칭얼대며 우는소리를 내다가 그렇게 해도 엄마가 자기랑 놀아주지 않자 이번에는 부루퉁하게 있어보았다. 하지만 역시 아무도 자신에게 관심을 가져주는 것 같지 않자 그레이스는 엄마 아빠의 말을 무시하기 시작했다. 장난감을 치우지도, 이를 닦지도 않았다. 엄마는 이런 딸의 변화에 참다못해 화를 냈다.

"그레이스, 너 대체 왜 이러니?"

그날 저녁, 아빠 샘이 집에 돌아와 그날 있었던 일을 듣고 나서 말했다.

"우리 딸이 질투의 화신이 되었네. 장모님이 이런 일이 생길지 모른다고 각오

하라고 하셨는데 정말이었어."

부부는 아기 제이든을 돌보는 일에 그레이스를 참여시키기로 계획을 짰다. 그레이스는 엄마의 꼬마 조수가 되어 동생의 기저귀를 갈거나 젖을 먹이는 일을 옆에서 열심히 거들어주었다. 엄마가 동생에게 젖을 먹이면서 동화책을 읽어줄 수 있게 옆에서 책을 들고 있어주기도 했다.

그러던 어느 날, 할머니가 집에 찾아오셨다. 할머니는 제이든의 선물만이 아니라 그레이스에게도 작은 선물을 가져다주셨고 그레이스는 동생의 선물을 풀어서 할머니가 어떤 선물을 가져오셨는지 아기에게 보여주었다. 엄마가 제이든을 안아주고 있을 때 할머니는 그레이스와 많이 놀아주면서 그레이스가 소외된 기분이 들지 않게 해주었다.

마치 기적이 일어난 듯했다. 질투의 화신은 온데간데없이 사라졌고 그레이스는 훨씬 사랑스러운 아이가 되었다. 부부는 딸아이가 가족과 누나로서의 중요한 책임감을 받아들이기 위해서는 어른의 공감이 필요하다는 것을 이제야 깨달았다.

아이가 거짓말을 배웠어요

문제의 특징

아이들은 환상과 현실이 뒤섞인 흥미로운 세계에서 산다. 그 세계는 만화, 산타클로스, 사악한 마법사, 날아다니는 망토 등 온갖 공상이 난무한다. 아이들은 이 세계를 바탕으로 이야기를 하는데 아이들이 지어내는 이야기에는 대개 두려움의 대상이 담겨 있다.

"엄마, 내 방에 괴물이 있어요! 구해줘요!"

예를 들어 아이가 밤중에 이렇게 소리를 지르면 어둠이 무섭다는 말을 아이 나름의 방식으로 표현한 것이다. 아이들은 거의 모든 것을 사실이라고 믿는다. 뻔한 거짓말도 정말 믿고 싶으면 아이에게는 사실이 되어버리는 것이다.

거짓말은 겨우 날 수 있게 된 어린 새가 날개를 펴며 부모의 통제를 밀어내는 것처럼 아이가 자립을 향해 걸음을 떼고 있다는 또 하나의 신호다. 이때 부모는 어떻게 해줘야 할까? 부모는 아이의 거짓말 취향을 파악하고 아이에게 진실을 말하는 편이 좋다는 점을 납득시켜야 한다. 당신이 진실을 중요하게 여긴다는 사실을 알면 아이도 정직함을 더 중요시하게 된다. 당신 자신이 아이가 신뢰할 만한 어른이라면 아이는 선뜻 진실을 말하려 할 것이다.

문제 예방법

하나. 진실을 말하도록 자극을 준다

나쁜 일이든 좋은 일이든 아이가 진실을 말할 때는 칭찬을 해준다. 그러면 아이가 진실인 것과 진실이 아닌 것의 차이를 차츰 이해하는 데 도움이 된다.

둘. 진실을 말하는 모범을 보여준다

아이가 저녁을 먹기 전에 과자를 달라고 하면 당신은 "저녁 먹기 전에 과자 먹으면 안 돼"라고 사실대로 말하는 대신 "집에 과자가 하나도 없는데"라고 말하고 싶어질지 모른다. 하지만 이렇게 말하는 것은 하기 싫은 일을 피하고 싶을 때는 거짓말을 해도 괜찮다고 아이에게 말해주는 셈이다. 아이도 과자가 어디에 있는지 아는 상황에서 거짓말은 하지 말자. 그냥 이렇게 말하면 된다.

"그래, 지금 과자가 먹고 싶구나. 하지만 지금은 안 되고 저녁을 다 먹으면 보람이가 먹고 싶어 하는 과자를 줄게."

셋. 아이의 거짓말 취향을 알아둔다

거짓말에는 여러 가지 유형이 있다. 누구나 익히 아는 가장 평범한 유형은 곤란한 상황에서 벗어나기 위한 거짓말이다. "마지막 남은 쿠키 내가 안 먹었어요" 같은 식의 거짓말 말이다. 보다 자극적인 유형의 거짓말은 하기 싫은 일을 피하기 위한 것이다. 예를 들어 아이가 양치질을 하지 않고서 "정말이에요, 엄마. 나 이 닦았어요"라고 말하는 식이다. 하지만 아이들에게 언제나 인기 있고 훨씬 번드르르한 거짓말 유형은 "나는 날마다 타고 다니는 말이 세 마리나 있어. 정말이야!"라는 식으로 다른 사람들에게 깊은 인상을 주려고 급조해내는 것이다.

넷. 공감을 보여준다

아이가 하는 거짓말의 유형을 파악하고 그에 따라 반응해준다. 가령 아이가 자기 방 벽에 크레용으로 낙서를 해놓고서 하지 않았다는 뻔한 거짓말을 하면 이렇게 말한다.

"벌을 받고 싶지 않아서 거짓말하는 건 알겠는데 낙서를 한 것보다 보람이가 거짓말을 해서 엄마는 더 실망이야. 언제든 사실대로 말하면 함께 문제를 해결할 수 있어."

아이는 당신이 자신의 마음을 헤아려주리라는 것을 알면 벌을 감수하고 진실을 말할 것이다.

다섯. 정직함의 사례를 찾아본다

정직함의 본보기가 될 만한 사람들이나 사건의 예를 찾아본다. 아이에게 이런 예를 강조하면 정직함이 중요하다는 메시지를 각인시킬 수 있다. 아이가 정직하게 행동할 때는 잊지 말고 칭찬해준다.

문제 해결법: 바람직한 행동

하나. 거짓말이 어떤 손해를 가져다주는지를 알려준다

아이가 거짓말을 한 것을 눈치채면 거짓말을 하는 것은 다른 사람에게도 피해를 줄 뿐 아니라 아이 자신에게도 손해가 된다는 점을 알려준다.

"사실대로 말해주었으면 좋았을 텐데. 엄마는 이제 보람이 말을 믿을 수가 없어서 슬퍼. 이제부터는 사실을 말하도록 노력하자. 엄마가 보람이 말을 믿어줄 수 있게 말이야."

둘. 거짓말과 정직함의 차이를 설명해준다

어린아이들은 거짓말을 할 때 자신이 지금 거짓말을 하고 있다고 늘 인지하는 것은 아니다. 자기 딴에는 진실이라고 생각해서 거짓말을 하는 경우도 있으니 아이에게 현실과 공상을 구별해주자.

"우리 보람이가 친구의 관심을 끌고 싶어서 그런 말을 한 건 알겠는데, 집에 달마시안이 백 한 마리나 있다는 것은 사실이 아니야. 우리 집에는 '밍키'라는 이름의 개 한 마리밖에 없잖아? 보람이가 정말 좋아하는 착한 밍키 말이야."

셋. 아이가 책임을 받아들이게 해준다

늘어놓은 장난감을 치우라고 시켰을 때 아이는 그 일이 하기 싫어서 이미 다 치웠다고 거짓말을 할 수도 있다. 아이의 말이 거짓말인지 아닌지 확인하기 위해서 이렇게 말해보자.

"우리 보람이가 말을 잘 들어서 엄마가 기분이 좋네. 가서 얼마나 잘 정리해놨는지 봐야겠는데."

"안 돼요, 엄마. 아직 안 치웠어요."

아이가 이렇게 말하면 그것은 거짓말을 했다는 확실한 증거다. 아이가 거짓말을 한 것이 확인되면 이렇게 말해준다.

"시킨 일을 하지 않았는데 다 마쳤다고 거짓말을 했구나. 장난감을 치우기도 싫고 엄마를 실망시키기도 싫었던 보람이 마음은 알겠는데, 엄마 말도 잘 듣고 사실만 말해야지. 자, 가서 장난감 치우자. 보람이가 장난감을 치우는 동안 옆에서 엄마가 잘하는지 지켜봐줄게."

넷. 사실대로 말하는 연습을 시킨다

아이가 거짓말을 하면 그것은 아이에게 사실대로 말하는 연습이 필요하다는 신호다. 이렇게 말해주자.

"텔레비전 껐는지 엄마가 물어봤는데 보람이는 사실대로 대답하지 않았구나. 지금부터 엄마랑 사실대로 말하는 연습을 해보자. 그럴 때는 이렇게 말하면 돼. '네, 엄마. 이 프로그램만 보고 끌게요.' 자, 한번 따라 해봐."

다섯. 아이와 공상 놀이를 한다

아이가 사실과 허구를 구별하도록 돕기 위해서 아이가 이야기를 지어내서 말할 시간을 따로 만들어준다. 그런 다음 아이에게 실제로 일어난 일에 대해서만 말하게 하는 '진실의 시간'을 만들어 대조해준다. 아이가 뻔히 사실이 아닌 이야기를 하거든 이렇게 말해준다.

"방금 보람이가 말한 건 재미있는 상상 속 이야기야. 이번에는 정말로 있었던 이야기를 해봐."

문제 해결법: 바람직하지 않은 행동

하나. 아이를 궁지에 몰아서는 안 된다

아이가 잘못을 저질렀다는 걸 알면서 이미 대답이 뻔한 질문을 하며 아이를 더 궁지에 몰아서는 안 된다. 사실대로 말하고 벌을 받을지, 아니면 계속 거짓말을 하고 벌을 피할지를 고민하며 쩔쩔매도록 아이를 압박하지 말자.

둘. 벌을 주면 안 된다

아이가 지금 거짓말을 하고 있다는 사실을 눈치챘더라도 거짓말을 했다며 벌을 주면 안 된다. 벌을 줄 것이 아니라 잘못을 저지른 책임을 지도록 가르친다. 예를 들어 아이가 벽에 낙서를 해놓고서는 안 했다고 거짓말을 한다면 이런 식으로 말해주자.

"벽이 지저분해져서 안 되겠네. 같이 벽을 청소하는 법을 배워보자. 엄마가 세제를 가져올 테니까 우리 보람이는 키친타월을 가져와. 그리고 다음부터는 벽에 낙서를 했다고 사실대로 말하자. 그래야 문제를 바로잡을 수 있는 거야."

셋. 부모가 거짓말을 하면 안 된다

사람들에게 깊은 인상을 심어주고 싶거나 결과를 책임지기 싫어서, 하기 싫은 일을 회피하기 위해 아이 앞에서 이야기를 과장하거나 지어내면 안 된다.

넷. 과잉 반응을 보이면 안 된다

아이에게 거짓말을 해서는 안 된다고 입이 아프게 말했는데도 아이는 또 거짓말을 할 수 있다. 그럴 때에도 당신은 절대 화를 터뜨리면 안 된다. 그럴수록 아이는 당신이 화를 낼까 봐 오히려 사실대로 말하기를 꺼릴 뿐이다.

다섯. 아이를 거짓말쟁이로 낙인찍으면 안 된다

아이를 거짓말쟁로 낙인찍어 말이 씨가 되게 해서는 안 된다. 거짓말쟁이라고 불리는 아이는 '자신의 행동이 곧 자신'이라고 믿게 된다. 하지만 아이의 행동과 아이 자체는 늘 별개다. 부모라면 아이의 행동이 마음에 들지 않더라도 언제나 아이를 무조건적으로 사랑해줘야 한다.

여섯. 거짓말을 감정적으로 받아들이면 안 된다

때로 아이는 어린이집에서 있었던 일을 과장해서 말할 수도 있다. 말도 안 되는 소리로 당신을 화나게 하려고 일부러 그러는 것이 아니다. 아이 입장에서는 뱀이 우리에서 나올까 봐 너무 무서웠던 나머지 정말로 뱀이 우리에서 나왔다고 믿을 수도 있다. 아이의 이야기에 귀 기울여 들어주고 나서 이렇게 말해주자.

"재미있는 이야기네. 뱀이 우리에서 나와 돌아다니면 엄마도 정말 무서울 것 같아. 엄마가 선생님한테 뱀을 우리에 안전하게 가두어달라고 말해줄까?"

일곱. 거짓말을 너무 꼬치꼬치 지적하면 안 된다

아이가 거짓말을 한다고 해서 지나치게 지적하면 거짓말만 더 강조하는 셈이다. 당신은 아이에게 사실대로 말하는 법을 가르치려는 것이니 거짓말을 지적하는 대신 사실대로 말하라고 아이를 타이르자.

• 사례로 들여다보기 •

거짓말쟁이 아이가
진실을 말하게 되었어요

이제 네 살인 라이언 커크는 거짓말을 밥 먹듯이 해서 부모의 애를 태웠다. 라이언은 어린이집에 갔다 오면 엄마 줄리에게 어떤 사람이 어린이집에 침입해서 어린이집 안의 모든 사람을 인질로 삼았다느니, 선생님이 해고를 당했다느니, 친구 애덤이 어린이집에 조랑말을 데려왔다느니 하는 황당한 이야기를 늘어놓았다. 날마다 새로운 이야기를 어찌나 잘도 지어내는지 줄리는 라이언의 공상이 감당할 수 없는 지경에 이른 것 같아 걱정스럽기까지 했다.

아빠인 로런스도 아들의 황당한 거짓말을 들은 게 한두 번이 아니었다. 얼마 전에는 주방에서 주스가 엎질러진 것을 보고 아들에게 물었다가 기가 막힌 대답을 들었다. 누가 집에 들어와서 물건을 훔치다가 바닥에 주스를 엎지른 게 틀림없다고 대답한 것이다. 로런스는 정말 어이가 없었다.

"아들, 바닥에 엎질러진 주스가 지금 네가 마시고 있는 컵 안의 주스랑 똑같은데 그건 어떻게 설명할래? 아빠한테 거짓말하지 마!"

라이언이 아무 대답을 못 하자 로런스는 아들에게 진정의 시간을 보내게 하며 사실대로 말하는 것의 중요성에 대해 생각해보라고 했다. 하지만 줄리와 로런스는 이런 방법으로는 아들에게 진실을 말하는 법을 가르치기 힘들겠다는 사실을 금세 깨달았다. 라이언이 거짓말로 진정의 시간을 벗어나려고 들었기 때문이다. 부부는 아들을 사랑했고 무슨 일이 있어도 아들을 사랑하는 자신들의 마음이 변치 않으리라는 사실을 아이에게 알려주고 싶었다. 또, 아들이 자신들에게 예쁘게 보이거나 궁지에서 빠져나가기 위해서 거짓말을 하지 않아도 되는데 아들이 그 사실도 모르는 것 같아 안타까웠다. 두 사람은 어린아이들의 세상이란 환상과 현실이 어지럽게 뒤섞인 곳이라는 점을 알고 있었고 아이에게 사실과 허구를 구별하도록 가르치면 문제를 해결할 수 있을 것 같다는 결론에 이르렀다. 그래서 전략을 바꾸기로 했다.

"오늘은 어린이집에서 무슨 일이 있었어?"

다음 날, 라이언이 어린이집에서 나와 차에 타자 줄리가 말했다.

라이언이 입을 떼었다.

"오늘은 정말 굉장했어요. 미식축구팀이 와서 미식축구 규칙을 가르쳐줬어요. 그런데 중간에 조시가 다쳐서 구급차를 불러야 했는데요……."

듣다 못한 줄리가 끼어들어 탄성을 터뜨렸다.

"어머나! 정말 재미있었겠다. 그런데 그 이야기 말이야. 네가 어린이집에서 일어났으면 좋겠다고 바라는 일이야, 아니면 정말로 있었던 일이야?"

"어…… 일어났으면 좋겠다고 생각한 일이에요. 어린이집이 더 재미있었으면 좋겠어요."

"라이언, 정말 재미있는 이야기였지만 엄마는 어린이집에서 진짜 있었던 얘기를 듣고 싶어. 네가 하루를 신나게 보낸 것처럼 엄마에게 보여주기 위해서 이야기를 지어내지 않아도 돼. 엄마는 네가 어떤 놀이를 했는지, 간식 시간에 누구 옆에 앉았는지, 샤론 선생님이 어떤 이야기를 들려주었는지, 그런 이야기들을 듣고 싶어. 엄마한테 좋은 생각이 있는데 들어봐. 네가 이야기 짓기를 좋아하니까

'공상의 시간'을 가지면서 만든 이야기를 엄마한테 들려주다가 그다음에는 '진실의 시간'을 가지면서 하루 동안 실제로 있었던 일을 이야기해주는 거야. 어떠니?"

곧 라이언은 이렇게 말하는 습관을 들이게 되었다.

"공상의 시간이에요, 엄마."

라이언은 공상 속에서 지어낸 어린이집에서의 이야기를 시작하면서 엄마와 함께 깔깔 웃곤 했다. 엄마는 공상의 시간이 너무 재미있다고 호응해주었다.

"자, 이제는 진실의 시간이야, 라이언."

잠시 후 줄리가 이렇게 말하면 라이언은 그날 있었던 평범한 사건들을 이야기했다. 줄리는 라이언에게 진실의 시간 동안 들은 이야기도 정말 재미있다고 말해주었다. 이렇게 해서 로런스와 줄리는 세 가지 목표를 이룰 수 있었다. 아들에게 정직함의 교훈을 가르쳤고, 사실대로 말하기의 중요성을 가르쳤으며, 갓 싹튼 아들의 창의력을 응원해주었다.

아이 입이 너무 짧아 걱정이에요

문제의 특징

혹시 아이가 한시도 가만히 있지 않고 이리저리 돌아다니는 바람에 억지로 밥을 먹이느라 애를 먹고 있는가? 아이로서는 자신의 세상을 탐색하느라 너무 바빠 먹는 데 쓰는 시간이 아까워서 그러는 것일지도 모른다. 결론부터 말하자면 아이가 밥을 잘 먹지 않아도 너무 야단을 떨지 말라는 이야기다. 게다가 아이들은 종종 입맛이 없을 때가 있게 마련이므로 이것을 병과 혼동하면 안 된다. 하지만 아이가 어딘가가 아파서 밥을 못 먹는 것 같다면 전문가의 도움을 받기를 권한다.

문제 예방법

하나. 부모가 식사를 거르지 않는다
부모가 식사를 거르면 아이는 자신도 밥을 먹지 않아도 괜찮을 거라는 생각을 하게 된다.

둘. 외모에 집착하지 않는다
당신이 몸에 집착하는 모습을 보이면 아이조차 무분별하게 몸무게를 의식한다.

셋. 나이와 몸무게에 따라 적당한 음식의 양을 알아둔다
아이에게 필요한 구체적 영양분에 대해 알아보고 싶다면 보건 전문가에게 상담을 받아보기를 바란다.[11]

문제 해결법: 바람직한 행동

하나. 조금씩 자주 먹인다
당신은 아이에게 하루에 세끼만 먹이고 싶을지 모르지만 끼니와 끼니 사이의 네 시간 이상 동안 음식을 담아두기에 아이의 위는 너무 작다. 아이가 먹고 싶어 하는 만큼 자주 먹이되 양을 제한한다. 간식을 줄 때는 앞으로 식사 시간이 얼마나 남았는지 계산해보고 양질의 영양분을 섭취하기 위한 최적의 음식만 챙겨주도록 한다. 이렇게 말해주자.

"배가 고프면 언제든 말해. 그러면 땅콩버터를 바른 셀러리나 치즈를 얹은 사과를 줄게."

아이가 배가 고프다고 말하면 앞으로 식사 시간이 얼마나 남았는지에 따라 적당한 음식을 챙겨준다.

둘. 아이에게 뭘 먹을지 고르게 해준다

당신의 감독하에 간식이나 점심 메뉴를 아이에게 고르게 해준다. 자기가 먹을 음식에 대해 어느 정도 통제감을 느끼면 아이는 음식을 더 즐겁게 먹는다. 한 번에 두 가지 음식만 제시해서 아이가 의사 결정에 버거움을 느끼지 않게 해주고 아이가 음식을 고르고 나면 칭찬해준다.

"오렌지를 골랐네. 잘했어. 오렌지는 정말 맛있는 간식이야."

셋. 여러 음식을 골고루 먹게 한다

아이들은 바른 식습관을 배워야 한다. 음식을 골고루 먹는 것도 이에

---

11 아동이 섭취해야 할 영양분에 대한 권장 가이드라인을 더 자세히 알아보고 싶다면 식품의약안전처에서 제공하는 다음 두 페이지를 방문해보기를 권한다.
http://www.foodnara.go.kr/kidmenu/index.do
http://www.foodnara.go.kr/foodlife/index.do?nMenuCode=13&

이외 제리 와이코프와 바버라 유넬이 방문해보기를 권하는 웹 페이지는 다음과 같다.
http://www.mayoclinic.org/healthy-lifestyle/infant-and-toddler-health/in-depth/pottytraining/art-20045230?reDate=25042016

해당한다. 아이에게 영양가 높은 음식의 다양한 맛, 질감, 빛깔, 냄새를 접하게 해준다. 단, 아이들의 입맛은 시시각각 변하니 어떤 음식을 지난주에 맛있게 먹었더라도 오늘 그 음식을 먹기 싫어할 수 있다.

넷. 직접 야채를 키워본다

집에 작은 텃밭을 마련할 공간이 있거나 큰 화분을 들여놓을 수 있다면 몇 가지 야채를 키워보기를 권한다. 아이들에게 직접 먹을거리를 키워보게 하면 평상시에 먹기 싫어하는 음식도 선뜻 먹어보려 할 것이다.

다섯. 아이의 본능에 내맡긴다

정상적이고 건강한 아이는 본능에 따라 음식을 골라 먹게 되어 있으며, 소아과 의사들도 인정하듯 그런 본능 덕분에 아이는 적절한 영양분을 섭취하게 되어 있다. 하지만 아이가 이렇게 균형 잡힌 식습관을 선택하려면 건강에 좋은 다양한 음식이 준비되어 있어야만 한다. 아이의 건강에 경고등이 켜지지 않도록 월요일부터 일요일까지 아이가 먹은 것들을 기록하면서 미리미리 영양분 있는 음식을 챙겨둔다.

여섯. 규칙적인 식사 시간을 정한다

아이는 배가 고픈 시점이 당신과 같지 않기 때문에 식사 시간이 되면 밖에 나가 놀거나 나름의 예술 작품을 마무리하고 싶어 하기 일쑤다. 아이가 배고파하는 시간이 언제인지 확인하면서 아이의 배꼽시계

패턴을 알아두자. 아이의 식사 시간을 당신에게 맞추도록 훈련시켜도 좋고 당신이 아이의 식사 시간에 맞추어 움직여도 된다. 가족이 즐겁게 대화를 나누며 식사할 때 정서적으로나 신체적으로 가장 좋다.

일곱. 식사 자리에서의 규칙을 정한다

아이의 연령에 맞추어 적당한 시간 동안 식탁에서 당신과 대화를 나누도록 유도한다.

"휴대전화 알람이 언제 저녁 식사가 끝나는지 알려줄 거야. 알람이 울리기 전까지는 우리 모두 식탁에 앉아 있어야 해. 그게 규칙이야. 다 먹었다고 말하면 네 그릇은 치워줄게."

계속 밥을 먹지 않아도 가족 전원이 식탁에 그대로 앉아 있어야 하는데 이 점이 바로 이 규칙의 핵심이다. 식사 시간은 육체적 허기만이 아니라 '사회적 허기'도 채워주는 시간이다.

문제 해결법: 바람직하지 않은 행동

하나. 음식을 먹는 대신 무엇을 해주겠다고 달래면 안 된다

아이가 밥을 잘 먹지 않을 때 이 음식을 다 먹으면 뭘 해주겠다는 식으로 사정하면 안 된다. 그렇게 되면 식사 시간은 당신의 관심을 끌기 위한 아이의 놀이 시간이 되어버리며 당신은 아이에게 끌려다닐 수밖에 없다.

둘. 짜증을 내면 안 된다

아이가 밥을 안 먹는다며 관심을 보여주면 아이는 밥을 먹는 것보다 밥을 안 먹는 것을 훨씬 재미있어하게 된다.

셋. 과잉 반응하면 안 된다

아이가 밥을 먹기 싫어해도 부모는 별 관심을 보이지 않아야 한다. 그래야 식사 시간이 힘겨루기 시간이 되지 않는다.

• 사례로 들여다보기 •

밥 먹기 싫어하던 아이가
음식을 좋아하게 되었어요

오언 롤런드는 일곱 살이 되더니 식욕이 뚝 떨어졌다. 엄마인 릴리언과 아빠인 레오는 아들이 왜 그러는지 알 수가 없었다. 소아과 의사도 마찬가지였다. 오언의 몸을 진찰했지만 아무 문제도 발견되지 않았다. 어느 날 저녁, 릴리언이 콩 하나만 먹으라고 사정을 하자 오언은 식탁에서 그릇을 밀어 떨어뜨리며 소리를 질렀다.

"싫어. 안 먹어요!"

아빠 레오는 식사 시간마다 이런 전쟁이 반복되자 자신이 나서야겠다고 결심했다.

"자, 오언, 아빠 말 잘 들어. 마카로니를 더 먹지 않을 거면 의자에서 내려가."

레오는 으름장을 놓으며 아들에게 단호하게 말했다. 하지만 오언이 정말로 의자에서 일어날 줄은 예상치 못했다. 레오는 버럭 소리를 질렀다.

"오언, 의자에서 일어나지 마! 밤새 그렇게 앉아 있기 싫으면 당장 의자에 앉아서 저녁 먹어."

레오는 갑자기 규칙을 바꾸며 아들을 혼란스럽게 만들었다.

그날 밤, 부부는 오언을 잠자리에 눕힌 후 아들을 위해 다른 방법을 찾아보자고 의논했다. 부부는 어린 아들이 밥을 먹지 않는다고 해서 아이에게 소리를 지르고 싶지는 않았다. 그저 가족에게 식사 시간이 얼마나 중요한지 알았기 때문에 그전처럼 이야기하고 노래하며 재미있게 밥을 먹고 싶었다. 그래서 다음 날 저녁 식사 때 부부는 오언이 밥을 먹든 말든 신경 쓰지 않는 척했다.

"오늘 유치원에서 뭐 했어, 오언?"

릴리언은 남편에게 브로콜리를 건네며 오언에게 말을 걸었다. 오언은 생기를 보이며 어린이집에서 자신이 오늘 깃발을 드는 사람으로 뽑힌 이야기를 들려주었다. 그렇게 신나서 이야기하는 중간에 오언은 자신도 모르게 포크로 으깬 감자를 한 입 떠먹었다.

"우리 아들이 깃발을 들다니. 아주 멋졌겠구나."

릴리언은 아들을 칭찬해주며 이어 말했다.

"그리고 으깬 감자를 좋아해서 다행이야."

부부는 식사하는 동안 아들에게 감자를 좀 더 먹어보라고 강요하지 않으려 꾹 참았다.

다음 날 아침, 부부는 전날 성공적이었던 저녁 식사에 대해 이야기하며 앞으로도 그런 식으로 식사 시간을 꾸려가기로 했다. 또, 오언의 담당 의사가 해주었던 말을 떠올리기도 했다.

"오언의 상태는 정상이지만 홀쭉한 체격으로 미루어볼 때 식사량이 적은 아이일 수도 있으니 하루에 세 번 이상 자주 음식을 먹이는 게 맞을 수도 있습니다."

평소 릴리언은 낮에도 저녁 식사에 대해 걱정하곤 했는데 이제는 그 시간에 오언이 먹을 재미있는 당근 보트나 치즈와 건포도를 이용한 얼굴 모양 간식을 만들었다. 오언은 저녁에는 여전히 몇 입밖에 먹지 않았지만 낮에는 음식에 관심을 보이며 예전보다 많이 먹게 되었다. 롤런드 부부는 오언이 뭔가를 먹는 순간에 감사했고 아들에게 배가 고픈지 안 고픈지를 물으며 아들의 의사를 배려해주 었다.

음식을 가지고 장난을 쳐요

문제의 특징

아이들은 먹기 싫은 음식을 여기저기에 묻히면서 곧잘 장난을 친다. 그러다 보면 당신 손과 아이 손은 물론 바닥과 식탁까지 금세 엉망진창이 된다. 아이들은 꼬마 과학자라도 된 듯 때때로 음식을 가지고 이렇게 저렇게 실험해보며 무슨 일이 일어나는지 지켜보는 것을 재미있어한다. 아이들에게는 주방 바닥을 대구루루 굴러가는 땅콩, 바닥에 떨어져 예쁜 눈송이처럼 변하는 으깬 감자를 보는 일이 마냥 즐겁다. 우유도 빼놓을 수 없다! 우유야말로 아이들이 집을 난장판으로 만들어놓기 좋은 재료이다.

이렇게 아이가 먹을 것을 입으로 가져가지 않고 장난을 치기 시작하면 아이가 말을 하든 못하든 그것은 대체로 이제 먹을 만큼 먹었다는 신호다. 아이가 먹을 것을 무기나 장난감으로 삼으면 곧바로 음식을 빼앗는다. 아이가 아직 배고픈 상태이더라도 빼앗는다. 그래야 음식은 가지고 노는 것이 아니라는 점을 아이가 배우게 된다.

문제 예방법

하나. 부모가 먹을 것으로 장난을 치지 않는다
당신이 이야기를 하면서 남은 음식으로 장난을 치면 아이는 당신을 따라 할 것이다.

둘. 음식을 한입 크기로 준비해서 준다
음식을 줄 때는 난장판이 벌어질 가능성을 줄이기 위해 아이가 쉽게 집고 씹을 만한 한입 크기로 잘라준다.

셋. 공용 음식은 아이의 손이 닿지 않는 거리에 둔다
다 같이 조금씩 덜어 먹는 음식은 아이가 직접 덜어 먹고 싶은 마음이 들지 못하도록 멀찍이 놓는다.

넷. 중립적 시간에 아이에게 식사 예절을 가르친다
식당이나 집에서 식사할 때 당신이 아이에게 기대하는 행동이 무엇인지 미리 알려줘라. 이런 예절을 가르치기에 가장 좋은 시간은 실제로 밥을 먹을 때가 아닌 그 외의 시간이다. 아이와 자주 '다과 파티'를 가지면서 아이에게 숟가락 사용법, 자기 그릇에 음식을 담는 법, 다 먹었다고 말하는 요령 등을 알려주면 좋다. 아이에게 이렇게 말해준다.

"휴대전화 알람이 울리면 자리에서 일어나도 돼. 그만 먹고 싶을 때는 엄마한테 말하렴. 그럼 네 그릇을 치워줄게."

다섯. 밥을 먹으며 아이에게 말을 건다

식사를 하며 아이와 이야기를 나누면 아이는 음식으로 장난을 치는 등 다른 방법으로 당신의 관심을 끌려 들지 않는다.

문제 해결법: 바람직한 행동

하나. 먹을 것으로 장난칠 경우를 대비한 규칙을 가르친다

음식으로 장난을 치면 그릇을 치울 것이며 식탁에 어질러놓은 것을 아이가 직접 치워야 한다고 차분하게 일러준다. 예를 들어 아이가 우유를 가지고 장난을 치다가 식탁에 쏟으면 이렇게 말하자.

"식탁을 이렇게 어질러놨으니 안 되겠다. 규칙 알지? 이제 어질러놓은 것을 우리 보람이가 직접 치워야 해. 자, 이 키친타월로 닦으면 돼. 어떻게 닦는지 엄마가 알려줄 테니까 잘 봐."

둘. 아이가 식사 예절을 지킬 때는 칭찬해준다

아이가 식탁에서 음식으로 장난을 치지 않을 때는 식사 예절을 잘 지켰다며 칭찬해준다.

"옳지, 그렇게 포크로 스파게티를 휘젓지 않고 먹는 거야. 잘했어."

셋. 아이가 음식으로 장난을 치면 다 먹었는지 물어본다

가령 아이가 고깃덩어리를 조각내고 있으면 음식으로 장난을 치는 것이라고 곧바로 단정하지 말고 다 먹은 건지 물어본다.

문제 해결법: 바람직하지 않은 행동

하나. 냉정함을 잃으면 안 된다

아이가 음식으로 장난치는 모습을 보고 비위가 상하더라도 화를 내서는 안 된다. 당신의 분노는 아이의 식사 시간에 짜릿함을 더해주는 양념이 될 수도 있다. 아이는 좋은 방향이든 나쁜 방향이든 자신이 세상에 영향을 미치고 있다는 점을 깨달으면 기뻐한다.

둘. 음식으로 장난치는 것이
어른의 관심을 끄는 방법이 되게 놔두어서는 안 된다

아이가 다른 사람에게 폐를 끼치지도 않고 거북하지 않을 정도로 음식을 가지고 장난을 치면 그냥 무시해도 좋다. 예를 들어 콩으로 웃는 얼굴 모양을 만들면 모른 척해주고, 다른 사람에게 음식을 던지면 그 행동을 그만두게 한다.

셋. 져주면 안 된다

아이가 음식으로 장난을 쳐서 음식을 치워버릴 때는 아이가 음식을 돌려달라고 소리를 질러도 돌려주면 안 된다. 음식으로 장난을 치면 즉시 음식을 치우기로 규칙을 정했으니 이를 지키는 모습을 보여준다.

• 사례로 들여다보기 •

전쟁 같던 식사 시간이 평화로워졌어요

닉이 그릇 주위에 음식을 지저분하게 묻히고 씹던 것을 뱉어내기 시작한 이후로 랭너스 씨네 식사 시간은 난장판이 되었다. 부부는 아들의 지저분한 놀이에 비위가 상해 그만하라고 소리를 질렀다.

"누가 음식으로 장난치래!"

"한 번만 더 그러면 식탁에 못 앉게 할 줄 알아."

엄마가 이렇게 으름장을 놓아도 닉은 콩을 포크 아래에 넣고 굴리기에 바빴다. 식탁에 못 앉아 있게 하겠다는 으름장은 아무런 효과가 없었다.

고민 끝에 부부는 닉에게 음식을 억지로 다 먹도록 강요하지 않기로 했다. 배가 부르면 남은 음식으로 장난만 칠 뿐이니 그편이 나았다. 부부는 아이가 언제쯤 배불러 하는지 차츰 감이 잡혔다. 아이가 장난기 가득한 눈빛을 띠며 프렌치프라이와 강낭콩을 가지고 놀 새로운 방법을 찾기 시작하면 부부는 얼른 아이의 그릇을 치웠다. 낮에는 잠깐씩 짬을 내서 아들에게 "이제 다 먹었어요"라고 말하는 연습을 시키고, 아이가 식탁에서 잘못했을 경우의 규칙도 미리 정해두어 닉이 옥수수로 식탁을 어지르려 했을 때 아들에게 소리를 지르는 대신 차분하게 규칙을 다시 일러주었다.

"음식을 어질러놓을 때마다 네가 치워야 해."

엄마 아빠가 별 관심을 가져주지 않으며 닉에게 어질러놓은 것을 직접 치우게 하자 3일째 되던 날 아이는 이렇게 말했다.

"이제 다 먹었어요."

엄마 아빠는 아들에게 뽀뽀를 하며 칭찬했다.

"'이제 그만 먹을래요'라고 말해줘서 고마워, 닉. 저녁 다 먹은 거 알았으니까 가서 트럭 장난감 가지고 놀아도 돼."

방을 어지르기만 하고 치우지 않아요

문제의 특징

꼬맹이들은 어지럽히기 대장들이다! 깔끔한 부모들에게는 안타까운 일이지만 아이들은 자기가 어질러놓은 것을 신경 쓰지 않는다. 하지만 아이들이 일부러 집을 난장판으로 만드는 것은 아니다. 단지 어질러놓고 나서 자기가 치워야 한다는 것을 의식하지 못할 뿐이다. 그러니 아이가 어릴수록 스스로 정리하는 습관을 들여주어야 한다. 부모의 도움을 받더라도 어질러놓은 장본인이 직접 치워야 한다고 알려주되 정리 규칙을 완벽하게 따르기를 기대하면 안 된다. 아이가 치우기 놀이에서 조금이라도 노력하는 모습을 보이면 칭찬해주자. 정리 정돈을 강요하기보다는 격려해주는 것이 좋다.

문제 예방법

하나. 정리 정돈의 모범을 보여준다

요리 후에 주방을 치우지 않거나, 샤워 후에 수건을 제대로 걸어놓지 않거나, 씻고 나서 옷을 치우지 않으면 집을 어지럽히는 본보기를 아이에게 보여주는 셈이다. 당신이 정리 정돈을 중시하는 성격이 아니라 하더라도 아이에게 좋은 습관을 들여주기 위해 당신부터 깔끔하게 정리하도록 노력해야 한다.

둘. 바로바로 치우게 한다

다 놀고 나면 아이에게 바로 장난감을 치우도록 해서 놀이를 몇 번씩 전환하더라도 주변이 덜 어질러지도록 한다. 어릴 때부터 물건을 치우는 습관을 들이게 해서 깔끔하고 체계 잡힌 어른으로 자라도록 격려해주자.

셋. 구체적인 정리 요령을 가르친다

아이에게 장난감이나 다른 놀잇거리를 담아둘 만한 적당한 크기의 상자와 용기를 준다. 물건을 용기 안에 잘 정리해 넣는 요령을 설명하고 용기를 어디에 둘지도 알려준다. 그래야 당신이 물건을 치우라고 시킬 때 아이는 어떻게 해야 할지를 떠올린다.

넷. 최대한 구체적으로 알려준다

아이에게 그냥 방을 정리하라고만 말하지 말고 "색깔 막대는 긴 통에, 블록은 상자에 담자"라는 식으로 정확히 어떻게 행동하면 좋겠는지 알려준다. 아이가 지시를 잘 따르도록 가급적 간단하게 말한다.

다섯. 적절한 청소 도구를 챙겨준다

어질러진 것을 치울 때 아이가 혼자 알아서 청소 도구를 가져오기를 기대하면 안 된다. 예를 들어 식탁을 닦게 할 때는 행주를 챙겨줘라. 아이가 정리를 마치면 청소하느라 애쓴 것을 꼭 칭찬해준다.

여섯. 어지르며 놀 수 있는 장소를 지정해준다

아이가 점토, 매직펜, 크레용처럼 집 안을 더럽힐 수 있는 놀잇거리를 가지고 놀 때는 적절한 장소에서만 놀게 해서 잠재적 사고를 예방한다. 아이가 거실 카펫에서 물감을 가지고 놀게 내버려두고서는 아이가 카펫을 망치지 않게 조심하기를 기대해서는 안 된다.

문제 해결법: 바람직한 행동

하나. 할머니식 육아법을 활용한다

아이가 집을 어질러놓고 나서 안 치우겠다고 반항하면 이렇게 말하면 된다.

"그래, 블록을 치우기 싫구나. 그런데 블록을 다 치우면 밖에 나가서 놀게 해주려고 했는데, 싫어?"

이제 막 자기 몸을 마음대로 움직이게 된 아이일지라도 어설프게나마 정리를 도울 수는 있다. 아이가 당신만큼 완벽하게 정리할 수는 없겠지만 최선을 다하게 유도하면서 서서히 더 어려운 일을 처리할 수 있도록 단련시켜줘야 한다.

둘. 함께 정리한다

때로 물건을 정리하는 일이 아이에게 물리적으로 버거운 경우가 더러 있다. 이럴 때 부모가 애정 어린 태도로 아이와 같이 치워주면 아이에게 분담과 협력을 통해 사람과 좋은 관계를 쌓도록 이끌어줄 수 있다. 분담과 협력은 어릴 때 배워두면 유익한 교훈이다. 또, 엄마나 아빠가 정리하는 모습을 보여주면 아이의 정리 욕구를 더 불러일으킨다.

셋. 시계와 시합하기 놀이를 한다

휴대전화와 시합을 시키며 정리를 유도하면 아이에게는 정리가 재미있는 놀이가 된다. 이렇게 말해주자.

"휴대전화가 울리기 전에 장난감을 다 치우면 다른 장난감을 꺼내서 놀게 해줄게."

휴대전화가 울리기 전에 아이가 정리를 끝내면 잘했다고 칭찬해주고 약속을 지킨다.

넷. 아이의 노력을 칭찬해준다

칭찬을 활용해서 아이가 혼자서 정리하도록 격려한다. 예를 들어 아이가 크레용을 치웠다면 어떻게 잘했는지를 구체적으로 칭찬해준다.

"빨간색 크레용을 바구니에 가져다 넣다니, 정말 잘했어. 방 치우는 거 도와줘서 고마워."

문제 해결법: 바람직하지 않은 행동

하나. 완벽하기를 기대하면 안 된다

아이는 혼자 정리하는 연습을 갓 시작한 상태이니 정리 상태가 완벽하기를 기대하면 안 된다. 지금은 당신 마음에 안 들 수 있지만 시간이 지나면 점점 나아지게 마련이다.

둘. 벌을 주면 안 된다

아이가 집을 어질러놓았다고 벌을 주어도 아이가 배워야 할 정리 기술을 가르치는 데는 도움이 안 된다.

셋. 아이가 알아서 놀이 옷으로 갈아입기를 기대하면 안 된다

아이는 좋은 옷을 아껴 입어야 한다는 것을 알지 못하니 옷이 지저분해질 만한 놀잇거리를 할 때는 부모가 나서서 아이에게 낡은 옷을 입혀준다(원한다면 옷을 뒤집어 입혀도 좋다).

• 사례로 들여다보기 •

정리 정돈을 싫어하던 아이가 깔끔해졌어요

존과 맨디 부부는 부모로서 웬만한 일에는 다 익숙해졌지만 여섯 살배기 쌍둥이 하퍼와 해나가 매일같이 집을 난장판으로 만들어놓는 것만큼은 적응이 안 되었다.

"다 놀고 나서 장난감을 치워야 착한 아이지?"

맨디가 이렇게 쌍둥이를 타일렀지만 이 방법이 통하지 않자 맨디는 소리를 지르면서 벌로 딸들을 방에서 못 나오게 했다. 하지만 이런 벌은 맨디 자신에게 벌을 주는 것 같았다. 곧 딸들이 방을 난장판으로 만들어놓았기 때문이다.

그러던 중 맨디는 딸들이 집 밖에 새로 설치한 그네에서 노는 것을 좋아한다는 사실을 깨닫고 할머니식 육아법을 활용해 문제를 해결해보기로 했다. 그네를 조건 없이는 탈 수 없는 특별한 놀잇거리로 바꾸기로 한 것이다.

어느 날, 맨디는 딸들이 색깔 막대 끼우기와 소꿉놀이를 하다가 정리도 하지 않고 밖에 나가서 놀고 싶어 하는 것을 눈치챘다. 맨디는 이때다 싶어 할머니식 육아법을 적용해 이렇게 제안했다.

"지금부터 너희는 새로운 규칙을 지켜야 해. 나가서 놀고 싶지? 그럼 하퍼는 소꿉놀이 세트를 정리하고 해나는 색깔 막대를 치워야 그네를 타도록 허락할 거야. 엄마도 치우는 것을 도와줄게."

두 딸은 서로를 쳐다보았다. 장난감을 정리하기는 싫었지만 그네는 정말 타고 싶은 표정들이었다. 맨디는 색깔 막대 정리법을 알려주기 위해 병에 막대를 담게 도와주었다. 또, 하퍼가 소꿉놀이 도구들을 제자리에 넣을 수 있게 장난감 자루를 열어주며 소꿉놀이 세트를 어떻게 정리하는 것인지를 확실히 알게 해주었다. 딸들이 장난감을 정리하기 시작하자 맨디는 딸들에게 정리하려고 노력해줘서 정말 기쁘다고 말해주었다.

"정리해줘서 고마워. 그렇지, 잘하네. 해나는 막대를 병에 잘 담고 있어. 하퍼는 그 작은 자루 안에 소꿉놀이 세트를 정말 잘 담네."

맨디는 진심으로 뿌듯해하며 두 딸을 한 명씩 안아주었다. 잠시 후, 두 아이는 밖으로 뛰어나갔고 이제 엄마는 아이들이 어질러놓은 것을 치우는 대신 점심을 준비하게 되었다. 몇 주 동안 맨디는 할머니식 육아법을 이용해 아이들의 동기를 자극해주었고 아이들은 한 장난감을 치운 뒤 다른 장난감을 꺼내면 정리가 더 빨라질 뿐 아니라 엄마에게 칭찬도 많이 받는다는 사실을 깨닫게 되었다.

아이가 소란스러워서
함께 외출하기가 꺼려져요

문제의 특징

아이들은 천성적으로 시끄러운 존재이며 대체로 집이 아닌 다른 곳에서는 조용히 있어야 한다는 의식이 부족하다. 예배 시간에 시끄럽게 떠들고, 도서관에서 소리를 지르고, 아파트 아래층 이웃이 괴로울 정도로 방방 뛰며 춤추고 노래하는 것은 아이들에게는 흔한 일이다. 아이에게 설교를 하고 으름장을 놓아도 아이들은 집중력이 짧고 천성적으로 에너지가 넘치기 때문에 조용히 있지 못한다. 따라서 당신은 아이에게 조용히 해야 할 장소들을 가르쳐주되 당신이 일러주지 않아도 아이가 조용히 해야 하는 곳들을 빠짐없이 기억하기를 기대해서는 안 된다.

문제 예방법

하나. 아이가 견딜 만한 곳에만 데리고 다닌다

아이들은 본래 소음 제조기나 다름없으니 아이가 조용히 있기 규칙을 따를 만한 상태라는 확신이 들기 전에는 조용히 있어야 하는 곳에 아이를 데려가지 않는다. 예를 들어 당신이 엄숙한 행사에 초대받았다면 아이가 시끄럽게 떠들지 모른다는 점을 미리 염두에 두어야 한다.

둘. 조용히 해야 하는 장소에는 잠깐만 있다가 온다

조용히 해야 하는 장소에 오랫동안 있는 일은 어른인 당신에게도 지루할 것이다. 그러니 세 살짜리 아이의 관점에서는 5분도 견딜 수 없을지 모른다. 조용히 해야 하는 곳에는 가급적 잠깐만 있다가 오도록 계획하자.

문제 해결법: 바람직한 행동

하나. 규칙을 정한다

조용히 해야 하는 곳에 갈 때는 아이에게 엄마 옆에 잘 붙어 있어야 하고, 엄마 말을 잘 들어야 하며, 소곤소곤 말하기가 규칙이라고 일러준다.

둘. 조용히 하는 연습을 한다

도서관에 가기 전에는 아이에게 다음처럼 말해 규칙을 상기시켜준다.

"잊지 마. 도서관은 조용한 곳이야. 도서관에 가면 조용조용 말해야 해. 지금 여기가 도서관이라고 치고 손가락을 입술에 가져다 대고 조용히 행동해보자."

셋. 조용히 해야 하는 곳에서 나온다

조용히 말하기 규칙을 상기시켜주었는데도 아이가 규칙을 자꾸 어기면 아이에게 연습이 더 필요하다는 것을 인정한다.

"보람이가 조용히 있지 못해서 안 되겠다. 이제 여기에서 나가자."

아이가 순간적으로 투정을 부릴지 모르지만 당신은 말한 대로 그곳에서 나와야 한다. 집에 돌아와서는 조용한 곳에서 어떻게 행동해야 하는지를 아이에게 연습시킨다.

넷. 집에서 합죽이놀이를 한다

휴대전화 알람을 3분으로 맞춰놓고 이렇게 말한다.

"벨이 울릴 때까지 얼마나 조용히 있을 수 있는지 보자."

아이가 놀이를 시작하면 작은 목소리로 아이를 칭찬해준다.

"우리 보람이가 조용히 있기를 아주 잘하네."

아이가 조용히 있을 수 있을 것 같다는 확신이 들 때까지 제한 시간을 조금씩 늘린다.

다섯. 조용히 하는 모범을 보인다

아이에게 바라는 행동이 있다면 부모가 먼저 그런 행동의 본보기를 자주 보여주어야 한다. 예를 들어 집에 있을 때 항상 조용한 목소리로 말하도록 노력하자. 당신이 조용조용 말하면 아이가 더 주의 깊게 듣게 마련이다.

여섯. 조용히 놀 수 있는 활동거리를 준비해준다

아이가 얼마간 조용히 있기를 바랄 때는 조용히 할 수 있는 활동거리를 준비해줘야 한다. 그림책, 펜과 종이, 태블릿 PC 등 교육적이면서 아이가 관심을 쏟을 만한 활동거리를 고르고 시끄러운 활동거리는 운동장에 나가 놀 때를 위해 아껴두자.

문제 해결법: 바람직하지 않은 행동

하나. 소리를 지르면 안 된다

아무리 짜증이 나더라도 아이에게 소리를 지르면 안 된다. 소리를 지르는 행위는 아이에게 적절한 행동을 가르치는 데 소용도 없을 뿐 아니라 아이에게 바라는 행동과 정반대의 본보기를 보여주는 셈이다.

둘. 아이가 감당하지 못할 장소에 데려가면 안 된다

아이가 조용히 있기 힘들어한다는 것을 뻔히 알면서 조용히 해야 하는 장소에 아이를 데려가서 아이를 힘들게 해서는 안 된다. 아이가 조용히 하기 규칙을 따를 수 있다는 판단이 서기 전에는 조용히 해야 하는 곳에 데려가지 않도록 애쓰자.

· 사례로 들여다보기 ·

에너지 넘치던 아이가
조용히 하는 법을 배웠어요

여섯 살배기 루커스는 넘치는 에너지를 발산하지 못해 안달이었다. 루커스는 아파트에서 살았는데 뛰어다니고, 방방 뛰고, 소리 지르는 통에 아래층 사람들이 시끄럽다고 항의하는 일이 한두 번이 아니었다. 엄마 로라는 이웃들 생각에 걱정이 이만저만이 아니었고 아이를 자꾸 야단치게 되었다. 루커스에게 시끄럽게 굴면 맴매하겠다고 으름장을 놓기도 했지만 어린 아들을 때리는 것은 내키지 않았다. 결국 진정의 시간만이 로라가 기댈 유일한 수단이 되었고 루커스는 작은 의자에 앉아 알람이 울리기를 기다리는 시간이 점점 늘어났다. 로라는 집에서 대체로 아이를 조용히 시킬 수 있게 되어 만족스러웠지만 또 한편으로 루커스에게 자꾸만 진정의 시간을 가지게 하는 것이 아들에게는 물론 모자 관계에도 좋은 영향을 줄 리 없다는 것을 알고 있었다.

결국 로라는 새로운 전략을 써보기로 했다. 실내에서 조용히 있는 것에 대한 상으로서, 또 조용히 있는 동안 쌓인 에너지를 풀 배출구로서 야외 활동을 활용해볼 계획이었다. 그래서 어느 토요일, 루커스가 방방 뛰며 운동장에 나가게 해달라고 조르자 로라는 마침 좋은 기회다 싶어 그 구상을 실행에 옮겼다. 로라는 "엄마가 설거지를 하는 동안 조용히 있으면 같이 운동장에 나갈게"라고 말했다. 그리고는 휴대전화 알람을 30분에 맞춰놓고 루커스가 기다리면서 할 만한 조용한 활동거리를 고르게 해주었다. 루커스는 블록을 골랐다.

로라는 주방을 치우면서 루커스에게 조용히 잘 놀고 있다며 칭찬해주었다. 그런데 15분쯤 지났을 때 루커스가 소파 위에서 뛰어내리며 쌓아 올린 블록을 무너

뜨렸다.

"루커스, 아직 알람이 안 울렸는데 시끄럽게 하면 어떻게 해. 처음부터 다시 시작해야겠다. 블록 말고 다른 장난감을 골라봐."

로라는 알람을 30분으로 다시 맞춰놓았고 루커스는 블록 카탈로그를 보면서 기다리겠다고 했다. 루커스는 자주 주방으로 와서 엄마에게 카탈로그에 있는 블록 세트에 대해 물었지만 뛰지 않고 조심조심 걸어 다녀서 칭찬을 들었다.

루커스는 조용히 하기 놀이에서 이겨 운동장에 나가는 상을 받았다. 로라는 집에 있을 때 알람을 더 자주 활용하기로 마음먹으며 아들과 함께할 수 있는 조용한 활동거리를 목록으로 만들어놓았다. 또, 저녁 시간에는 루커스가 잠자리에 들 때까지 대부분의 시간을 같이 놀아주다가 아이가 잠이 들면 그 후에 집안일을 하기로 했다.

아이가 당최 말을 듣지 않아요

문제의 특징

아이들은 한계를 시험하는 것을 좋아한다. 좋아해도 너무 좋아한 나머지 유년기 동안 마주치는 모든 어른의 인내력을 테스트한다. 이런저런 호기심도 많다. 엄마 아빠가 경고로 한 말을 정말로 지킬지 말지, 규칙이 어느 정도까지 늘어날지, 정말로 따라야 하는 지시는 얼마나 엄한지 등 궁금한 게 한둘이 아니다.

아이를 둘러싼 양육팀 전원은 아이의 모든 탐구 활동에 일관적인 결과를 얻게 해주어야 한다. 즉, 한 번 말한 바는 어른이 그대로 실천해 보여주어야 한다. 그래야 아이가 어른들을 더 신뢰하게 된다. 당신이 규칙을 정하고 실행하는 것이 아이에게는 독재적으로 여겨질 수도 있지만 아무리 반항을 한다 해도 아이는 당신이 정한 규칙과 한계 안에서 더 안전함을 느끼며 자란다.

문제 예방법

하나. 아이가 한 번에 몇 개의 지시를 따를 수 있는지 파악한다

발달 단계에 따라 아이가 한 번에 따를 수 있는 지시의 개수는 한정되어 있다. 아이의 한계를 알아보기 위해 처음에는 간단하게 하나의 지시를 주고 두 개, 세 개로 점차 늘려나간다. 예를 들어 세 가지를 한 번에 지시할 때는 이렇게 말한다.

"책 집어서 탁자에 올려놓고 엄마 옆에 앉아줄래?"

세 개의 지시를 순서대로 빠짐없이 따를 경우 아이가 지시를 세 개까지는 기억할 수 있는 것으로 판단하면 된다. 아이의 한계를 확인한 다음 더 복잡한 지시를 내릴 때는 아이의 나이에 어울리는 지시인지를 생각해보고 그렇지 않으면 아이가 더 자랄 때까지 기다려준다.

둘. 아이 혼자 가능한 한 많은 것들을 하게 해준다

아이는 자신의 리듬에 맞춰 자신의 삶을 하나부터 열까지 다 통제하고 싶어 하기 때문에 매 순간 선택할 기회를 얻으려 기를 쓴다. 아이에게 의사 결정력과 자신감을 키울 기회를 주자. 아이는 자신감을 가질수록 다른 사람에게 지시를 받는 것에 거부감을 덜 느낀다.

셋. 불필요한 규칙은 피한다

규칙을 아이에게 각인시키기 전에 그 규칙이 꼭 필요한 것인지 따져본다. 자립성을 키우는 데에는 가능한 한 많은 자유가 필요하기 때문이다.

문제 해결법: 바람직한 행동

하나. 간단하고 명확하게 지시한다

아이가 당신의 지시를 더 쉽게 따를 수 있도록 아이에게 바라는 바를 가능한 한 분명하게 알려준다. 이때는 아이의 행동을 꾸짖지 말고 권고 조로 말한다. "혼자 알아서 장난감을 치우라고 그렇게 이야기했는데 왜 자꾸 까먹는 거야?"라는 식의 꾸지람은 삼가고 "이제 장난감 집어서 저 상자에 넣어줄래?"라는 식으로 말해주자.

둘. 아이가 지시대로 따르면 칭찬해준다

아이가 지시대로 따르면 잘했다고 칭찬해준다.
"바닥에 어질러놓은 매직펜을 모두 치워줘서 고마워."
이런 말을 들으면 아이는 뿌듯함을 느끼는 것은 물론 당신이 칭찬하는 모습을 본보기로 삼아 다른 사람의 노력을 인정하며 고마움을 표현하는 요령도 덤으로 배우게 된다.

셋. 시계와 시합하기 놀이를 한다

휴대전화의 알람을 1분 뒤로 맞춰놓은 다음 아이에게 이렇게 말한다.

"휴대전화가 울리기 전에 우리 보람이가 장난감을 다 치울 수 있는지 시합해보자! 자, 준비, 시작!"

이런 '놀이'는 아이가 하던 일을 멈추고 당신이 원하는 일을 하게끔 동기를 자극해준다.

넷. 중간중간 아이를 칭찬해준다

아이가 당신이 시킨 일을 완수해갈 때 옆에서 응원을 해준다.

"아이고, 잘하네. 혼자서 장난감을 치울 줄도 알고."

다섯. 할머니식 육아법을 활용한다

당신이 시킨 일을 잘 마치면 아이가 하고 싶은 걸 하게 해주겠다고 제안할 때 아이들은 지시를 더 잘 따르는 경향이 있다. 이런 식으로 말해주자.

"저 책들을 치우면 우리 같이 나가서 그네 타자. 엄마가 밀어줄게."

"손 씻고 오면 맛있는 점심 줄게."

여섯. 아이가 지시를 잘 따르도록 연습시킨다

아이가 당신의 지시대로 따르지 않으면 아이가 그 말을 따를 능력이 없어서 그런 것인지 아니면 의지가 없어서인지 살펴본다. 당신의 지시를 따를 능력이 있는데 아이가 그냥 반항하는 것 같다면 이렇게 말한다.

"엄마 말을 듣지 않았네. 안 되겠다. 연습을 좀 해야겠다."

다섯 번 정도 아이를 연습시킨 후 아이에게 혼자서 지시를 따를 기회를 줘본다. 그래도 여전히 반항한다면 이렇게 말한다.

"연습을 더 해야 할 것 같은데. 연습을 마치면 장난감 가지고 놀게 해줄게."

문제 해결법: 바람직하지 않은 행동

하나. 아이가 반항한다고 물러서면 안 된다

이렇게 생각하며 자기 자신을 다잡자.

'내가 시키는 대로 아이가 하기 싫어하는 건 알지만 나는 경험이 더 많은 어른이니까 아이에게 뭐가 가장 좋은지 잘 알잖아. 내가 분명한 지시로 가르쳐줘야 아이가 나중에 혼자서도 알아서 할 수 있어.'

둘. 지시를 따르지 않는다는 이유로 벌을 주면 안 된다

지시를 따르지 않는다고 아이에게 벌을 줄 것이 아니라 어떻게 해야 하는지를 가르쳐준다. 그러면 당신이 아이에게 스트레스의 원인이 되지 않고 아이가 지시를 따를 줄 알도록 이끌어줄 수 있다.

· 사례로 들여다보기 ·

말 안 듣던 아이가
지시를 잘 따르게 되었어요

다섯 살인 에번은 알파벳과 숫자를 떼었고 이제는 좋아하는 책에서 단어들을 소리 내어 발음하기 시작했다. 하지만 엄마가 가장 바라는 한 가지 일만은 잘하지 못했다. 바로 지시 따르기였다. 에번의 엄마는 날마다 아들에게 간단한 지시를 말해주었다.

"에번, 장난감 치우고 더러워진 네 옷을 바구니에 좀 넣어줘."

"여기 소파에 앉아서 신발 신어."

에번은 엄마가 첫 번째 지시한 일을 중간쯤 하다가 곧 뭘 해야 할지 잊어버리고는 딴 데로 가서 장난감 트럭을 만지작거리거나 형이 뭘 하는지 보기 일쑤였다.

"도대체 몇 번을 말해줘야 알아듣겠니? 말을 하면 제대로 들어! 엄마가 무슨 말을 했는지 기억도 못 하잖니!"

짜증이 난 엄마는 자주 소리를 질렀다. 그러던 어느 날 에번이 이렇게 소리를 질렀다.

"그 많은 걸 다 어떻게 하라고요!"

엄마는 아들의 말을 진지하게 받아들여 곰곰이 생각해보았다. 그래서 아들에게 무언가를 시킬 때는 한 가지만 말하기로 하고 에번이 그 지시를 따를 수 있는지 살펴보았다.

"에번, 네 신발 좀 가져다줘."

에번이 곧바로 신발을 가져왔고 엄마는 손뼉을 치며 기뻐했다.

"엄마가 시킨 일을 잘해줘서 정말 고마워!"

잠시 후, 엄마는 에번에게 코트를 입으라고 시켰다. 에번이 시킨 대로 하자 엄마는 잘했다고 또 한 번 칭찬해주었다. 엄마는 이제 알 것 같았다. 으름장을 놓고 소리를 지르기보다 시키는 일의 가짓수를 제한하는 것이 더 효과적이었다. 에번의 감정에 귀 기울여주는 것이 긍정적인 관계를 쌓는 데 중요하다는 사실도 깨달았다. 에번의 엄마는 지시의 수를 서서히 늘리면서 한 번에 세 가지 일을 시키기 전에 아들이 한 번에 두 가지를 해낼 수 있을 때까지 기다렸다. 이렇게 명확한 말로 지시하며 할머니식 육아법도 함께 활용한 덕분에 말을 안 듣던 에번과의 승강이를 잘 해결할 수 있었다.

식탐이 많아 걱정이에요

문제의 특징

텔레비전이나 영화를 보면 유독 식욕이 넘치는 아이들이 있다. 그런 아이는 자기가 왜 필요한 양보다 더 많이 먹고 싶어 하는지 인식하지 못할지 모른다. 과식은 그 자체가 문제가 아니라 어떤 문제의 증상이기 때문에 아이가 걸신들린 듯 먹는 이유를 찾아봐야 한다. 그 이유에는 습관, 정서적 위안, 따분함, 흉내 내기, 관심받고 싶은 욕망 등을 꼽을 수 있다. 당신은 아이가 과식에 의지하지 않고 욕구와 바람을 올바르게 채울 방법을 찾아줘야 한다. 그럼에도 불구하고 아이가 지속해서 과식을 한다면 전문가의 도움을 구하길 권한다. 또, 의학적으로 근거가 없는 다이어트는 시키면 안 된다.

문제 예방법

하나. 부모가 음식에 대해 건강한 태도를 보여준다

당신이 음식을 대하는 태도는 전염성이 있다. 가령 당신이 다이어트를 해야겠다거나 너무 살이 쪘다고 투덜거리면 아이는 음식을 맛있고 건강에 좋은 것이 아니라 무시무시한 존재로 인식하게 된다. 음식을 맞서 방어해야 할 적으로 간주하는 것이다.

문제 해결의 핵심은 '절제'이다. 행동뿐 아니라 말도 절제하자. 아동의 섭식 장애가 대폭 늘어난 것도 어느 정도는 다이어트와 마른 체형에 집착하는 문화 탓이다.

둘. 아이에게 적절한 음식의 양을 알아본다

아이에게 필요한 영양 정보를 구체적으로 알고 싶다면 보건 전문가에게 상담받기를 권한다.

셋. 건강에 좋은 음식을 챙겨준다

과식을 하는 아이 가까이에 패스트푸드를 두지 않는다. 그래야 아이가 유혹에 흔들릴 일이 없다. 아이를 달랠 미끼나 상으로 패스트푸드를 활용해서도 안 된다.

넷. 아이의 식습관을 살펴준다

아이는 너무 어려서 자신이 뭘 먹어야 하고 뭘 먹으면 안 되는지를 모르기 때문에 건강한 식습관을 들이도록 당신이 도와주어야 한다. 건강한 식습관은 일찍 들일수록 좋다.

다섯. 먹어도 되는 시간과 방법, 장소를 가르친다

주방이나 식탁에서만 음식을 먹게 한다. 천천히 먹게 하고, 음식은 냉장고에서 꺼내 바로 먹는 게 아니라 접시나 그릇에 담아 먹게 한다. 음식을 오래 씹게 하면 과식할 가능성이 낮아진다. 적절한 양의 음식을 섭취하면 배가 부르다는 메시지가 뇌에 전달되기 때문이다. 이런 메시지가 전달되려면 대략 20분 정도가 걸린다.

문제 해결법: 바람직한 행동

하나. 먹는 것 말고 다른 즐거운 활동거리를 마련해준다

먹는 것 외에 아이가 좋아하는 활동거리가 뭔지 알아두었다가 아이에게 충분히 음식을 먹인 후 이런 활동을 해보라고 권한다.

둘. 틈틈이 영양가 있는 간식을 챙겨준다

때를 잘 맞춰서 간식을 챙겨주면 아이가 너무 허기져서 식사 시간에 걸신들린 듯이 밥을 먹는 일을 예방할 수 있다.

셋. 아이가 과식을 할 때 유심히 지켜본다

아이가 과식을 하는 이유를 찾아본다. 지루하거나 화가 나거나 슬퍼서인지, 다른 사람이 먹는 것을 보고 식욕이 돌아서인지, 아니면 당신의 관심을 끌고 싶어서 먹을 것에 몰두하는 것인지 그 원인을 살펴본다. 먹을 것을 주는 대신 이야기를 나누거나 놀아주는 방식으로 아이의 감정을 풀어준다.

넷. 부모의 식습관을 돌아본다

부모가 영양가는 없고 칼로리만 높은 패스트푸드를 온종일 입에 달고 살면 아이도 똑같은 성향을 가지게 된다.

다섯. 아이가 음식을 현명하게 골라 먹으면 칭찬해준다

아이가 바람직한 음식을 먹게 격려하면서 아이의 음식 기호를 잡아준다. 가령 아이가 오렌지를 집어 들 때마다 이렇게 말해준다.
"오렌지는 몸에 좋은 간식이야. 잘 골랐어."

여섯. 운동을 하도록 격려한다

과체중 아동 중 상당수는 정상 체중 아동보다 많이 먹지 않는다. 그저 운동으로 충분히 칼로리를 소모하지 않을 뿐이다. 겨울에는 실내에서 할 수 있는 운동을 시키자. 여름에는 수영, 걷기, 농구, 축구 같은 운동이 좋다. 이런 운동들은 모두 아이의 신체 발달에 유익할 뿐 아니라 긴장을 풀고, 신선한 공기를 마시고, 근육 협응력과 힘을 기르는 데도 좋다. 아이가 운동을 한결 재미있게 할 수 있도록 담당 소아과 의사에게 상담을 받는 것도 괜찮다.

일곱. 아이에게 긍정적인 관심을 가져준다

아이가 만든 작품, 아이가 고른 옷, 아이가 장난감을 정리한 방식 등을 칭찬해주며 음식과 상관없는 것들 쪽으로 긍정적인 관심을 보여준다.

문제 해결법: 바람직하지 않은 행동

하나. 아이에게 상으로 먹을 것을 주면 안 된다

아이에게 선물이나 상으로 먹을 것을 주면 안 된다. 먹는 것이 허기를 채워주는 것 이상의 의미를 가지게 해줄 위험이 있다.

둘. 아이가 과식을 하고 싶어 할 때 져주면 안 된다

예를 들어 아이가 핫도그를 벌써 두 개나 먹어놓고 하나만 더 먹게 해달라고 조른다면 상식적으로 적당한 양이 어느 정도인지 생각해 이에 따른다. 이것이 부모로서 해줘야 할 일이다.

아이가 더 먹고 싶어 한다는 이유만으로 그 순간에 음식을 꼭 줘야만 하는 건 아니다. 허기를 채우는 것이 중요한 문제임을 유의하며 이렇게 말해주자.

"두 개 먹었으면 이제 충분할 것 같은데. 잠깐 놀다가 그때도 먹고 싶으면 다시 이야기해보자."

이런 식으로 하면 아이에게 특정 음식의 적당한 양이 어느 정도인지 인식하도록 가르치는 동시에 아이의 욕구와 바람을 존중해줄 수 있다.

셋. 아이가 짜증을 부릴 때 군것질거리를 주면 안 된다

아이가 짜증을 부릴 때 달래주려고 군것질거리를 주어버릇하면 아이는 차츰 음식을 신체적이 아닌 감정적 영양분으로 생각할 수도 있다.

넷. 텔레비전을 보면서 습관적으로 음식을 먹게 하면 안 된다

아이의 텔레비전 시청을 제한해야 하는 이유는 여러 가지이지만(390쪽 '자꾸만 텔레비전을 보여달라고 졸라요' 참조), 텔레비전 광고가 아이에게 음식을 연상하도록 메시지를 퍼붓는다는 점도 그 이유 중 하나다. 가능하다면 아이가 좋아하는 프로그램은 녹화해서 보여주고 광고는 빨리 돌린다.

다섯. 간식으로 패스트푸드를 주면 안 된다

아이에게 패스트푸드를 간식과 식사로 계속 먹게 해주면 아이는 그 음식에 맛을 들이게 된다. 음식 기호는 학습되는 것이지 선천적인 것이 아니다.

여섯. 과체중이라고 아이를 놀리면 안 된다

'뚱보'라는 식으로 아이를 놀리면 과식 문제를 해결하는 데에는 도움이 안 된다. 너무 많이 먹고, 너무 빨리 먹고, 건강에 안 좋은 음식을 먹은 결과로 '뚱보'가 되는 것이 아니라 '뚱보'를 자기의 정체성으로 인식하게 된다.

• 사례로 들여다보기 •
식탐 많던 아이가 절제를 배웠어요

이제 네 살이 된 올리비아는 유치원과 가족 사이에서 먹보로 통했다. 올리비아는 먹을 것이 눈에 보였다 하면 먹기에 바빴다. 먹어도 먹어도 배가 차지 않는 아이처럼 먹어댔다.

"올리비아, 쿠키 좀 그만 먹어. 방금 평생 먹을 만큼 먹어놓고도 또 먹니!"

엄마인 에바는 딸이 쿠키 병에 손을 집어넣는 것을 볼 때마다 소리를 질렀다. 하지만 화를 내도, 세발자전거를 못 타게 치우겠다고 으름장을 놓아도 올리비아는 남아 있는 음식을 다 먹어치워야 직성이 풀리는 것 같았다. 에바는 담당 소아과 의사를 만나 올리비아의 식습관을 어떻게 바꿔주면 좋을지 상담했고 의사는 올리비아에게 특별히 맞춘 식단과 음식 조리법을 권해주었다. 또, 올리비아처럼 빨리 먹는 아이의 경우에는 배가 부르다는 신호가 뇌에 뒤늦게 전달된다고도 설명해주었다.

다음 날, 올리비아는 권장된 양의 오트밀을 걸신들린 듯이 먹고 나서 엄마에게 더 달라고 했다. 에바는 화내거나 딸을 놀리지 않고 말했다.

"우리 딸이 오트밀을 맛있게 먹어서 엄마가 기분이 좋네. 오트밀은 내일 아침에 또 먹기로 하고 우리 이제 새로 산 책 읽자."

에바는 올리비아에게 준 음식이 영양상 적당량이며 곧 아이의 뇌에 배가 부르다는 신호가 전달될 것임을 알았다. 그 덕분에 올리비아가 오트밀을 더 달라고 졸라도 단호하게 거절할 수 있었다. 딸아이에게 적당한 섭취량이 어느 정도인지 알고 있었기 때문에 매끼 오트밀을 챙겨주기도 더 쉬웠다.

식사 때면 부부는 딸에게 말도 걸고, 딸이 걸신들린 듯 음식을 먹지 않고 천천히 먹을 땐 칭찬도 해주었다. 또, 쿠키를 끊게 하고 맛도 좋고 양양가도 더 높은 새로운 음식에 맛을 들이게 해주었다. 에바는 올리비아가 건강에 좋은 음식을 고를 때마다 이렇게 칭찬해주었다.
"간식으로 당근을 골랐네. 잘했어."

무슨 말을 해도 싫다고만 대답해요

문제의 특징

"싫어!"

"안 해!"

"안 돼!"

갓 걸음을 뗀 아이들이 가장 많이 하는 말이다. 왜냐하면 그것이 엄마 아빠가 가장 많이 쓰는 말이기 때문이다. 실제로 엄마 아빠는 아이가 적절하지 못한 행동을 할 때 아이를 통제하기 위해 이런 말을 많이 쓴다. 걸음마를 갓 뗀 아이들은 호기심에 이것저것 만지고 기어오르는데 이때 엄마 아빠들은 흔히 "안 돼", "안 돼! 그거 만지지 마!", "안 돼! 그거 열지 마!", "안 돼! 하지 마!", "안 돼, 안 돼!"라고 말한다.

꼬맹이들은 엄마 아빠의 그 말이 통제력을 행사하는 강력한 수단이 될 수도 있음을 금방 깨우친다.

문제 예방법

하나. 아이의 성격을 파악해라

아이가 원하고 바라는 것을 파악하면 아이의 "싫어!"라는 말이 정말로 싫다는 의미인지, 사실은 좋다거나 혹은 다른 것을 원한다는 의미인지를 구별하게 된다. 다시 말해 뭔가를 지시할 때마다 아이가 싫다고 말해도 아이의 말을 그대로 받아들이면 안 된다.

둘. "예", "아니요"식 답을 유도하는 질문은 피한다

아이가 "싫어"라고 대답할 수 있는 질문을 피한다. 예를 들어 주스를 마시고 싶으냐고 묻지 말고 주스를 얼마나 마시고 싶으냐고 묻는다. 아이를 차에 타게 하고 싶을 때는 "차에 안 탈 거야?"라고 말하지 말고 "이제 차에 타자"라는 식으로 말한 후에 같이 타라!

셋. 부모가 "안 돼"라는 말 대신 다른 말을 사용한다

아이가 툭하면 싫다고 말하지 못하게 유도하려면 그 말을 쓸 기회를 주지 않는 동시에 당신에게 안 된다는 말을 듣는 횟수도 최소화하는 것이 최선이다. 예를 들어 아이를 말릴 때 "안 돼"라는 말 대신 "그만해"라고 말한다.

넷. 아이의 행동 방향을 다른 쪽으로 돌려준다

당신이 아이에게 안 된다고 말하는 것은 대체로 아이가 어떤 행동을 그만하기를 바라기 때문이다. 그러니 당신이 그만하기를 바라는 그 행동 대신 할 만한 다른 행동을 아이에게 가르쳐주자. 아이가 화분에서 식물을 파내려 하면 안 된다고 말하지 말고 이렇게 말한다.

"화분 그만 파고 대신 인형놀이 하자."

이렇게 행동 방향을 돌려주면 아이는 행동을 전환할 뿐 아니라 "싫어요"라는 말을 내뱉지도 않을 것이다.

문제 해결법: 바람직한 행동

하나. 아이의 "싫어!"를 말 그대로 해석하지 않는다

아이가 싫다고 한 말이 무슨 뜻인지 확실하지 않을 때는 "좋다"라는 뜻으로 가정한다. 가령 아이가 방금 싫다고 대답했던 주스를 실제로도 먹으려 하지 않으면 그건 정말로 싫은 것이다. 이런 것은 아이를 대하다 보면 자연스럽게 구별하게 된다.

둘. 상황을 차근차근 설명해준다

당신이 요구한 대로 아이가 따라야 하는 경우라 해도 아이에게는 싫다고 말할 권리가 있다. 당신이 아이에게 어떤 일을 하라고 요구했을 때 아이가 싫다고 말한다면 아이에게 상황을 차근차근 일러준다. 예를 들어 이런 식이다.

"그래, 크레용을 치우기가 싫구나. 크레용을 치우면 매직펜 가지고 놀게 해줄게."

그러면 아이는 당신이 자기 말을 들어주고 자기의 감정을 배려해주고 있음을 알게 된다. 그리고 어른이 여전히 자기에게 크레용을 치우기를 요구하고 있다는 것도 알게 된다.

문제 해결법: 바람직하지 않은 행동

하나. 싫다고 말하는 버릇을 우습게 생각하면 안 된다

걸핏하면 싫다고 말하는 아이의 버릇을 우습게 생각하거나 관심을 가져주면 당신의 반응을 끌어내기 위해 아이에게 그 말을 더 자주 하도록 부추기는 격이다.

둘. 화내면 안 된다

어린 시절의 이 '싫어요' 단계는 정상적 발달 단계이며 곧 지나간다는 사실을 잊으면 안 된다. 당신이 화를 낼 경우, 아이는 싫다고 말하면 어른이 관심을 가져준다는 것을 인지하게 마련이다. 아이가 바라는 것은 바로 관심이라는 점에 유의하자.

• 사례로 들여다보기 •

"싫어"라는 말을 입에 달고 살던 아이가 달라졌어요

이제 20개월이 된 네이선이 가장 자주 하는 말은 바로 "싫어"와 "안 돼"였다. 어린 네이선에게 뭐든 물어보기만 하면 싫다고 대답해서 엄마 아빠는 아들의 정신 상태에 문제가 있는 게 아닐까 염려스러울 지경이었다.

"싫다는 말 말고 다른 말 좀 하면 안 되니?"

이렇게 물어보았을 때도 어김없이 똑같은 대답이 돌아왔다. 부부는 자신들부터 그런 부정적인 말을 사용하지 않으면서 그것이 네이선의 어휘력에 영향을 주는지 살펴보기로 했다. 네이선이 쿠키를 달라고 조를 때마다 예전에는 "지금은 안 돼"라고 말하기 일쑤였지만 이제부터 부부는 다르게 말하기 시작했다.

"그래, 알았어. 저녁 먹고 나서 줄게."

이런 말은 사실상 안 된다는 의미였는데도 네이선은 여기에 부정적인 반응을 보이지 않았다. 그러기는커녕 엄마 아빠의 약속을 받아들인 후 저녁을 먹자마자 쿠키를 먹었다. 네이선의 엄마 아빠가 "안 돼" 대신 "알았어"로 바꾸어 말하자 네이선은 "네"라고 대답하는 때가 점점 많아졌다. 또, 그렇게 대답하면 엄마 아빠에게 포옹과 칭찬을 받았다.

"목욕하고 싶으냐는 물음에 '네'라고 이야기해줘서 고마워."

이제 네이선은 이런 칭찬도 자주 들었다. 네이선은 "네"라고 대답해서 칭찬을 듣는 것과 정비례해 "싫어요"라고 대답하는 일이 점점 줄어들었고 부부는 그런 아들을 보며 흐뭇해했다.

또, 부부는 질문을 할 때 "예", "아니요"라는 대답을 유도하지 않도록 노력했다. 예를 들어 저녁을 먹으면서 마실 것을 같이 먹고 싶으냐고 묻는 대신 부부는 이렇게 물었다.

"사과 주스 마실래, 우유 마실래?"

네이선은 둘 중 하나를 선뜻 골랐다. 부부는 이런 노력 덕분에 네이선의 부정적 태도를 별 고통 없이 고쳐주었고 집안 분위기도 보다 긍정적으로 바뀌게 되었다.

아이와 비행기에 탈 일이 걱정이에요

문제의 특징

할머니 할아버지 댁에 가거나 가족 휴가를 떠나기 위해 아이들을 데리고 비행기를 타는 일은 부모 입장에서는 굉장한 걱정거리다. 한시도 가만히 있지 못하는 아이를 비행시간 동안 좁은 좌석에 가두어 놓기가 어디 쉬운 일인가? 비행기를 타는 일 자체도 그렇고, 비행기 안에서 낯선 사람들을 만나는 일도 어린아이에게는 지나친 부담거리이다. 이런 이유로 아이는 울음을 터뜨릴 수도 있고, 또 영원히 끝날 것 같지 않은 비행시간 동안 안전띠를 차고 앉아 있어야 하는 것이 싫어서 떼를 쓰기도 십상이다.

이뿐 아니다. 비행기를 타기 전부터 칭얼대고 버둥거리는 꼬맹이를 데려가려면 준비물도 챙겨야 한다. 또, 탑승 전에 보안 검사, 탑승 대기, 탑승 줄, 기내용 수하물을 챙기기까지 이것저것 신경 쓰다 보면 비행기 여행은 정말 버거울 수 있다. 어쨌든 아이를 데리고 비행기를 꼭 타야 한다면 애정 어린 마음으로 다음의 제안을 따라보기를 권한다.

문제 예방법

하나. 오락거리를 챙겨 간다

어린아이를 비좁은 비행기 안에 붙잡아놓으려면 여러 가지 오락거리가 필요하다. 그러니 책, 작은 장난감, 미니 퍼즐, 태블릿 PC같이 여행에 가져가기 편리한 오락거리를 가능한 한 많이 챙겨 간다.

둘. 여행을 떠나기 전에 연습을 시켜준다

아이가 처음 비행기에 타보는 경우라면 비행 중에 치르게 될 모든 일을 미리 연습해두는 편이 좋다. 식탁 의자를 비행기 좌석으로, 문가를 금속 탐지기 통로로, 주방 조리대를 개인 소지품 엑스레이 검사 컨베이어로 삼아서 연습을 시켜보자. 탑승 절차를 거쳐 자리에 앉는 연습을 시키면 적어도 아이가 앞으로 겪게 될 일에 부분적으로나마 준비를 시켜줄 수 있다.

셋. 여행의 규칙을 정한다

외출 시 규칙을 정한 것처럼 비행기 여행 시 간단한 규칙을 정해 아이의 행동에 한계를 정해준다. 어디 가지 않고 부모 가까이에 붙어 있기, 부모가 지시하는 말을 귀 기울여 듣기, 부모 손잡고 있기, 안전띠 풀지 않기, 태블릿 PC는 10분 이상 쓰지 않기 등 아이에게 규칙을 정해주자.

넷. 아이의 짐은 아이가 가지고 있게 한다

아이들은 어른 흉내를 내길 좋아해서 장난감과 놀잇거리가 담긴 캐리어를 끌게 해주면 어른과 동등한 여행자가 된 기분을 느끼게 해줄 수 있다. 그러면 그 기분에 걸맞게 더 어른스러운 행동을 보이도록 아이를 부추길 수도 있다.

다섯. 카시트를 활용한다

항공사에서는 안전상의 이유로 승객이 유아용 카시트를 가지고 탑승하기를 권장하고 있다. 유아용 카시트는 안전할 뿐 아니라 아이에게 친숙한 물건이고, 또 비행기 좌석에서 무릎 벨트를 매고 낮게 앉아 있는 것보다 더 편하다. 자동차를 타고 갈 때의 규칙에 아이가 길들여져 있을 테니 비행 동안 안전띠를 풀지 않을 가능성도 더 높다.

여섯. 야간 비행을 이용한다

아이가 비행 중 거의 잠을 자도록 야간 비행을 이용한다. 이 경우에도 아이를 유아용 카시트에 앉히면 아이가 더 편안하게 잘 수 있다.

문제 해결법: 바람직한 행동

하나. 공감을 보여준다

아이가 투정을 보이려는 듯한 기미가 보이면 하던 일을 멈추고 차분하게 말을 걸어준다.

"우리 보람이가 오래 앉아 있기 싫어하는 걸 알지만 그게 규칙이야. 조종사 아저씨가 말해주면 그때 일어나야 해. 우리 보람이는 잘 참아낼 거야. 참을성이 아주 많으니까."

둘. 걷게 한다

탑승 대기 구역을 돌아다니면서 비행기를 타기 전부터 너무 오래 앉아 있지 않도록 한다. 비행 중에는 가능하다면 통로를 걷게 해서 아이의 다리를 바쁘게 해준다.

셋. 재미있는 활동거리를 준다

아이가 가만히 있지 못하고 버둥거리면 그런 경우를 대비해 챙겨온 재미있는 활동거리를 준다.

"오래 앉아 있어서 지루하지? 책 그만 읽고 싶으면 15분 동안 태블릿 PC로 놀아도 돼. 네가 좋아하는 그 게임 재미있잖아."

넷. 칭찬해준다

여행 중에는 아이에게 잘한다고 자주 칭찬해준다.

"정말 얌전히 잘 앉아 있네."

"퍼즐 가지고 잘 놀아줘서 고마워."

문제 해결법: 바람직하지 않은 행동

하나. 침착함을 잃으면 안 된다

아이는 당신의 기분을 눈치채게 마련이므로 계속 자기 자신을 다잡는다.

'괜찮아. 난 잘할 수 있어. 이까짓 일이 뭐 별거야?'

이런 긍정적인 혼잣말은 당신의 불안감을 줄여주어 아이가 겁먹지 않게 해준다.

둘. 상으로 먹을 것을 주면 안 된다

아이가 비행기 안에서나 탑승 대기 중에 가만히 있지 못하고 들썩거려도 먹을 것을 이용해 비행기 타기 규칙을 따르게 하면 안 된다. 먹을 것을 상으로 삼으면 아이가 음식에 지나치게 관심을 가지게 되어 군것질거리를 얻어내려고 적절하지 못한 행동을 할지도 모른다. 먹을 것 대신 할머니식 육아법을 활용해서 아이의 동기를 자극하고 상으로는 재미있는 놀잇거리를 주자.

"자리에 얌전히 앉아 있으면 엄마랑 작은 목소리로 같이 노래 부르게 해줄게!"

셋. 으름장을 놓으면 안 된다

으름장을 놓으면 아이에게 해로운 반응이 일어나도록 유도할 뿐이다. 당신이 화가 나 있는 것에 아이는 불안해할 테니 말이다.

"얌전하게 굴지 않으면 그냥 집으로 가버릴 줄 알아."

이런 식으로 말해봤자 아이에게 적절한 행동은 가르쳐주지 못한다. 정말로 비행기 표를 취소할 마음이 있더라도 다르지 않다. 게다가 이런 말은 아이에게 애정과 격려가 아닌 스트레스를 주게 된다. 칭찬과 놀잇거리를 상으로 활용하면서 아이에게 애정을 주고 격려해주는 부모가 되어주자(아이가 비행 중에 울음보를 터뜨려서 그칠 생각을 안 하거나 짜증을 터뜨린 경우에는 365쪽 '툭하면 떼를 써서 걱정이에요' 참조).

• 사례로 들여다보기 •

우리 아이가 비행기에서
얌전히 있는 법을 배웠어요

에마는 이제 세 살이 된 똑똑하고 씩씩한 여자아이다. 에마의 할머니 할아버지는 손녀가 너무 보고 싶어 딸아이인 엘리에게 햇볕 따뜻한 남부로 놀러 오라며 비행기 표를 끊어주겠다고 했다. 엘리는 부모님을 보고 싶기도 하고 매서운 겨울 날씨에 질려 있던 참에 따뜻한 곳에서 일주일쯤 머물다 오고 싶기도 했지만 에마를 데리고 비행기를 타려니 엄두가 안 났다. 그런 데다 남편 와이엇은 일 때문에 함께 갈 수가 없는 상황이라 엘리 혼자 에마를 데리고 가야 했다.

엘리는 비행기를 탈 생각에 일주일 동안 걱정을 했지만 결국 부모님의 제안을 받아들이기로 했다.

"세 시간의 비행 동안 일어날 만한 최악의 상황은 뭘까?"

어린 딸을 데리고 비행기를 타는 일이 어떨지 감을 잡아보기 위해 엘리와 와이엇은 친구들에게 경험담을 물었는데 부부는 불안감만 잔뜩 떠안고 말았다. 통제가 안 되는 아이, 소리소리 질러대는 부모, 까다로운 승객, 좋아하는 장난감 분실 등의 이야기들뿐이었으니 그럴 만도 했다. 엘리는 여행을 취소하기 직전까지 갔다가 자기 자신을 다잡았다.

'나는 더 힘한 상황도 다뤄보았잖아. 이 정도는 해낼 수 있어.'

부부는 에마가 비행기를 기분 좋게 타고 가는 데 필요할 만한 것들을 하나둘 챙기기 시작했다. 엄마가 친구에게 아주 귀여운 캐리어를 빌려 왔더니 에마는 며칠 동안 집에서 그 캐리어를 끌고 돌아다니며 '할미·할비 집'에 가져가고 싶은 것들을 채워 넣었다. 또, 날마다 의자들을 한 줄로 쭉 늘어놓고는 비행기에 타고 있는 연습도 했다.

    비행기 탑승 당일, 와이엇은 소중한 아내와 딸을 공항까지 데려다주었다. 에마는 보안 검사를 거쳐 탑승 대기 구역에 들어갈 때 지키기로 정한 규칙을 잘 따르며 엄마를 애먹이지 않았다. 모녀는 캐리어를 끌면서 공항 터미널을 이리저리 둘러보다 마침내 탑승 시간이 되어 비행기에 올랐다. 엘리가 에마의 카시트를 비행기 좌석에 부착해주자 딸은 그 위로 올라가 앉았다. 비행 중에 엘리는 딸이 지루해하면 새로운 장난감과 책, 게임을 건네주었다. 목적지에 도착할 무렵 에마는 낮잠까지 자고 난 뒤라 컨디션도 좋았다. 엘리도 기분 좋게 와서 마음이 편했다. 여기까지 오는 동안 일어났던 최악의 일은 엘리의 지나친 상상이 빚어낸 일, 즉 여행을 시작하기도 전에 일주일씩이나 걱정에 사로잡혀 있었던 일뿐이었다.

무조건 자기가 하겠다고 고집을 부려요

문제의 특징

"내가 할래요!"

이 말은 어린아이를 키우는 부모들이 아이의 두 번째 생일 무렵에 흔히 듣게 될 말이다. 아이의 이런 자립 선언은 집안의 규칙을 어기지 않는 한도 내에서 아이에게 여러 기술을 숙달하게 도울 수 있는 귀중한 기회다. 그러니 온갖 인내심을 쥐어짜서 아이의 실수를 꾹 참아주고, 아이가 귀중한 자립의 기술을 배우고 있음을 떠올리며 귀찮더라도 그 실수의 뒤처리를 해주자.

문제 예방법

하나. 아이가 혼자서도 할 수 있다고 생각해준다

아이의 기술 수준이 어떻게 달라지는지 놓치지 않고 살펴본다. 아이를 도와주거나 대신 무언가를 해주기 전에 아이에게 먼저 시도해볼 기회를 주면서 아이의 현재 능력을 과소평가하지 않는다.

둘. 아이가 감당할 수 있을 만한 옷을 사준다

가령 아이가 배변 훈련 중이라면 쉽게 올리고 내릴 수 있는 옷을 사준다. 상의는 머리 위로 끼워 입는 디자인으로, 입을 때 어깨가 꽉 끼지 않는 옷으로 사준다. 단추를 채워야 하는 옷은 피한다.

셋. 옷들은 미리 코디해서 아이의 손이 닿는 곳에 보관해둔다

잘 어울리는 옷들끼리 코디해서 정리해 아이가 코디 감각을 키우도록 도와준다. 옷은 아이의 손이 쉽게 닿을 만한 보관함이나 서랍에 넣어둔다.

넷. 아이가 좌절에 빠지지 않게 미리 챙겨준다

아이가 가능한 한 쉽게 일을 해내도록 옆에서 챙겨준다. 예를 들어 아이가 옷을 다 입거나 벗기 전에 미리 바지의 단추를 풀어주거나 코트의 지퍼 끝을 채워준다.

문제 해결법: 바람직한 행동

하나. 시계와 시합하기 놀이를 한다

아이에게 어떤 일을 마치기까지 시간 여유가 얼마나 있는지 알려준다. 이렇게 하면 시간에 쫓겨 아이가 하던 일을 당신이 대신 해주게 되더라도 아이가 일을 잘 해내지 못해서가 아니라는 인식을 심어줄 수 있다. 아이에게 그 일을 하도록 허용해줄 수 있는 시간만큼 휴대전화 알람을 맞춰놓고 이렇게 말해준다.

"알람이 울리기 전에 옷을 다 입을 수 있는지 해보자."

이러면 아이가 시간에 맞추어 일을 마치는 감각을 배우는 데도 유용하며 당신과 아이 사이에 힘겨루기가 벌어질 여지도 줄어든다. 그 일을 하라고 지시하는 것은 당신이 아니라 바로 휴대전화 알람이니 말이다.

둘. 같이 해보자고 넌지시 말한다

아이는 자기가 어떤 일을 왜 잘 못하는지 이해하지 못한다. 지금은 잘 못해도 나중에는 마침내 할 수 있게 된다는 것도 잘 이해하지 못한다. 그러니 같이 해보자고 넌지시 말한 뒤 아이가 할 수 있을 만한 부분은 혼자 하도록 놔두고 그 나머지를 당신이 해준다. 예를 들어 갓 신발 신기를 배우기 시작한 아이에게는 이렇게 말해주면 된다.

"너는 양말을 잡고 있어. 엄마가 신발을 발에 끼워줄게."

셋. 노력을 소중히 여겨준다

부모는 아이의 처음이자 가장 중요한 선생님으로서 아이에게 여러 가지 일을 시도해보도록 격려해주어야 한다. 예를 들어 이렇게 말해주자.

"티셔츠 잘 입었네. 정말 잘했어. 자, 그럼 엄마가 그림이 앞으로 오게 티셔츠를 좀 돌려줄게."

넷. 차분함과 인내심을 최대한 잃지 않는다

"바지 내가 입을래요."

"내가 문 열래요."

"서랍 내가 열래요."

이렇게 아이가 뭐든 다 해보려 들 때는 다음을 명심한다. 아이는 자립성을 주장하는 것이지 고집을 부리는 게 아니다. 당신도 아이가 혼자 이것저것 할 줄 알게 되기를 바라지 않는가? 그냥 아이가 해보게 해주되 아이가 당신처럼 빠르거나 정확하게 하지 못한다고 해서 짜증 내지 않는다. 짜증을 낼 것이 아니라 아이가 자립성을 갖추는 첫걸음을 떼고 있다는 사실을 기뻐하고 주도성을 발휘하는 아이를 자랑스러워하자.

다섯. 자립성을 기르도록 최대한 허용해준다

아이가 혼자서 많은 것을 해보게 허용해주면서 아이의 타고난 호기심을 좌절시키지 않는다. 예를 들어 아이에게 신발을 신겨줄 때 아이가 다른 쪽 신발을 자기가 신어보겠다고 하면 하고 싶은 대로 하게 둔다.

여섯. 아이에게 부탁하는 요령을 알려준다

예의 바르게 부탁할 줄 아이로 키우려면 정중하게 부탁하는 요령을 알려준다.

"예의 바르게 부탁하면 블록 가지고 놀게 해줄게."

그런 다음 '예의 바르게'가 어떤 의미인지 일러준다. 예를 들어 포크를 달라고 할 때는 "포크 좀 주세요"라고 말하도록 가르친다.

문제 해결법: 바람직하지 않은 행동

하나. 아이가 실수를 해도 벌을 주면 안 된다

아이가 자립성을 키우는 과정에서는 중간중간 가벼운 사고가 생기게 마련이다. 아이가 혼자 우유를 따르려다 뜻하지 않게 우유를 엎지른다면 다음번에는 더 조심해서 따르게 도와준다. 아이가 단번에 잘 해내기를 기대하면 안 된다.

둘. 아이의 노력을 꾸짖지 않는다

아이의 실수를 지적하지 않는다. 아이가 양말을 뒤집어 신으면 그냥 이렇게 말해주자.

"다른 쪽 발에는 부드러운 쪽이 안으로 가게 신어보자, 알았지?"

셋. 아이가 당신을 거부했다고 생각하면 안 된다

아이가 당신의 도움을 고맙게 여기지 않는다고 해서 상처받으면 안 된다. 혼자 힘으로 해보려는 아이에게 당신의 도움은 자칫 훼방으로 인지될 수도 있다.

"내가 문 열래요."

아이가 이렇게 말하면 하고 싶은 대로 하게 놔둔다. 아이 역시 당신이 더 빠르고 더 쉽게 할 수 있다는 사실을 알지만 아이는 기술을 배우고 싶어 하고, 또 배워야만 한다. 스스로 해보려는 아이의 노력을 소중히 여겨주자.

• 사례로 들여다보기 •

혼자 하겠다고 고집을 부리던 아이가 스스로 하는 법과 협력하는 법을 배웠어요

이자벨은 태어나 첫 3년 동안 엄마 세라가 하나부터 열까지 다 해주는 인생을 살았다. 그런데 갑자기 '자립병'이 생겨서 엄마가 자기 대신 해주는 것을 무조건 싫어하게 되었다. 엄마는 딸의 이런 변화가 혼란스럽고 당황스러웠다.

"이렇게 꾸물거릴 시간 없어. 엄마가 해줄게, 이자벨! 넌 아직 어려서 혼자서 못 입어."

등원 시간에 늦었는데 이자벨이 혼자 코트를 입겠다고 고집을 피울 때마다 엄마는 이렇게 말했다. 엄마는 해주겠다고 하고 딸은 싫다고 우기는 이런 승강이가 차츰 줄어들게 된 것은 세라가 뭔가를 깨달은 이후부터였다. 자꾸 그런 식으로 하다가는 딸아이가 뭐든 혼자 하려는 모습을 세라 자신이 싫어하게 될 것 같았다. 어느 날 아침, 어린이집에 가려고 옷을 입고 있는 이자벨을 옆에서 가만히 지켜보고 있었는데 딸이 처음으로 코트를 입는 데 성공했다.

"잘했어. 코트 잘 입었네. 어린이집에 갈 준비도 빨리 마쳤고! 정말 장하다, 우리 딸!"

그러자 이자벨은 엄마가 지퍼를 채워주는 데도 반항하지 않고 가만히 있었다. 몇 주 만에 처음 있는 일이었다. 차를 타고 어린이집에 가면서 세라는 딸이 지금 자립성을 키워가는 중임을 깨달았다. 그 후로 세라는 자립성을 키우려는 딸의 노력을 계속 칭찬해주었다. 또, 무슨 일이든 이자벨이 최대한 쉽게 해낼 수 있도록 옆에서 챙겨주었고, 필요할 경우에는 모녀가 서로 힘을 합치기도 했다.

무슨 물건이든
다 자기 거라고 우겨요

문제의 특징

"내 거야!"

아이들이 자신의 영역권을 내세울 때 흔히 하는 말이다. 이 세 글자가 일으키는 야단법석을 생각하면 안타까운 노릇이지만 아이들의 이런 소유욕은 발달 단계상 함께 나눌 준비가 되기 전까지는 사라지지 않는다. 그래도 아이에게 이 세상의 기브 앤드 테이크 법칙을 일관성 있게 가르치면 일단은 집안의 평화의 토대를 닦는 데 도움이 된다. 집에서 이런 나눔의 법칙을 시행해보되 인내심을 가지자. 아이가 그 법칙을 처음부터 제대로 따르기를 기대하지 말고 당신의 개입 없이도 남과 함께 나눌 줄 알게 될 때까지 참고 기다려줘야 한다.

문제 예방법

하나. 장난감 몇 개를 확실한 아이의 물건으로 정해준다

"내 거야!"

툭하면 이렇게 말하면서 자기 물건에 지나치게 집착하는 버릇을 바로잡아주려면 우선 아이에게 물건을 소유할 기회를 주어야 한다. 아이가 좋아하는 장난감이나 이불은 손님이 놀러 오면 같이 가지고 놀아야 할 수도 있으므로 미리 따로 치워두자.

둘. 친구들과 어떻게 물건을 나누는지 모범을 보인다

세상에는 아이의 물건을 같이 쓰고 싶어 하는 사람이 있음을 알려주고 중립적 시간에 당신이 친구들과 물건을 어떻게 나눠 쓰는지 아이에게 구체적으로 말해준다.

"민수 엄마가 오늘 가위를 빌려 갔어."

"앞집 아저씨가 오늘 잔디 깎는 기계를 빌려 갔어."

셋. 아이가 친구에게 무언가를 나누어줄 때마다 칭찬한다

아이가 친구에게 장난감을 가지고 놀게 해줄 때마다 칭찬해준다.

"친구한테 블록을 같이 가지고 놀자고 하니 엄마가 기분이 좋네."

넷. 형제 각자의 장난감에 표식을 붙여준다

쌍둥이나 나이 차가 별로 없는 형제를 키운다면 딸의 곰 인형이 언니나 오빠의 곰 인형과 혼동되지 않도록 모든 곰 인형에 명찰을 붙이거나 실 등을 달아 아이가 자기 인형을 확실히 알게 도와준다.

다섯. 나눔 규칙을 정한다

친구들이 집에 놀러 오기로 했다면 그 전에 아이에게 장난감을 여럿이 같이 가지고 놀 때의 규칙을 알려준다.

"보람이가 장난감을 바닥에 내려놓으면 다른 친구가 그 장난감을 가지고 놀아도 되는 거야. 보람이 손에 들고 있는 장난감은 보람이가 계속 가지고 놀아도 되고."

여섯. 친구 집에 가면 다른 사람과 물건을 나누어 사용하는 법을 더 잘 배울 수 있다는 점을 이해한다

아이가 다른 집에 놀러 가면 그 집에 있는 장난감이나 물건은 애초에 독점이 불가능한 물건이기 때문에 소유권을 주장하는 성향을 누그러뜨릴 수 있다.

일곱. 소유권을 주장하는 행위는 발달 단계상 자연스러운 행동임을 인지한다

남과 물건을 나누는 행동은 서둘러 가르친다고 해서 아이가 바로 배울 수 있는 게 아니다.

문제 해결법: 바람직한 행동

하나. 아이가 노는 것을 지켜봐준다

아이가 친구들과 놀 때는 가까이에서 관심 있게 지켜본다. 그래야 다툼이 벌어져도 당신이 나서서 도와줄 수 있다. 이런 다툼을 아이 혼자 해결하기에는 아이가 너무 어리기 때문에 당신이 도와주어야 한다.

둘. 휴대전화 알람을 맞춰놓는다

두 아이가 하나의 장난감을 두고 서로 "내 거야!"라고 악을 쓸 때는 기브 앤 테이크 식의 나누기 방법을 알려준다. 한 아이에게 지금부터 휴대전화의 알람을 맞춰놓을 테니 알람이 울리면 다른 아이가 그 장난감을 가지고 놀게 해주어야 한다고 말해준다. 두 아이가 그 장난감에 싫증을 느낄 때까지 이런 식으로 알람을 계속 활용한다.

셋. 장난감에게 진정의 시간을 가지게 한다

한 아이가 특정 장난감을 독차지하고 노는 통에 문제가 생기면 그 장난감을 그 자리에서 치운다. 그 장난감이 아이들 손에 닿지 않는 곳에 있으면 어떤 문제도 일어날 수가 없다. 아이들에게는 이렇게 말한다.

"이 장난감이 문제구나. 얘한테 진정의 시간을 가지게 해야겠다."

장난감을 다시 가져다주었는데 아이들이 여전히 그 장난감을 두고 싸울 경우에는 다시 장난감을 치운다. 장난감을 같이 가지고 놀지 않으면 아무도 그 장난감을 가지고 놀지 못한다는 점을 아이에게 인지시킨다.

문제 해결법: 바람직하지 않은 행동

하나. 화내면 안 된다

발달 단계상 준비가 되어야 비로소 아이가 나눔 규칙을 배우게 된다는 사실을 잊으면 안 된다. 물건을 사람들과 함께 사용하는 것은 당신이 억지로 가르친다고 아이가 배울 수 있는 게 아니다. 아이가 물건을 나누어 쓰는 모습을 보이면 바로 그때 준비가 된 것이다!

둘. 함께 나누지 않는다는 이유로 벌주면 안 된다

아이가 함께 나누기를 잘 못할 때는 아이를 벌주지 말고 말썽의 원인이 되는 장난감을 치운다. 이러면 아이가 아니라 장난감을 혼내는 셈이 된다.

• 사례로 들여다보기 •

"내 거야"만 외치던 아이가 친구들과 나누는 법을 배웠어요

네 살배기 리엄에게 '함께 나누기'란 '친구 제이슨이 놀러 오면 자기 마음대로 장난감을 가지고 놀지 못하는 것'을 의미했다.

"자, 리엄. 친구랑 같이 가지고 놀자."

리엄의 엄마 노라가 이렇게 말하면 리엄은 어김없이 자기 장난감을 움켜쥐고 "내 거야!"라고 말하기 일쑤였고, 그러면 노라는 아들을 타일렀다.

"친구랑 같이 가지고 놀아야지!"

그러던 어느 날, 노라는 그만 소리를 지르고 말았다.

"같이 가지고 놀지 않으면 그 장난감을 전부 불쌍한 애들한테 가져다줄 줄 알아. 걔들한테 가져다주면 정말 좋아할걸."

그 말에 리엄은 울면서 장난감을 손에서 놓았다. 그날 밤, 노라는 리엄을 재운 후 남편에게 푸념했다.

"리엄은 함께 나누는 법을 모른다니까."

그런데 이 짧은 말이 문제를 새로운 관점으로 바라보게 해주었다. 부부는 리엄에게 나눔의 진정한 의미를 가르쳐야겠다는 생각이 퍼뜩 들었다. 그래서 다음번에 리엄의 사촌들이 놀러 오자 노라는 아들을 따로 불러서 말했다.

"지금부터 우리는 새로운 나눔 법칙을 따라야 해. 우리 집에서는 다른 사람이 손에 들고 있는 장난감을 제외하면 누구든 아무 장난감이나 가지고 놀 수 있어. 대신 너나 마이크나 알렉시스가 어떤 장난감을 잡고 있으면 아무도 그것을 빼앗으면 안 돼. 또, 너희 모두 한 번에 한 개의 장난감을 가지고 놀아야 해."

노라는 이렇게 말하며 리엄에게 좋아하는 장난감 하나는 다른 곳에 몰래 치워놓아도 된다고 허락해주었다. 그 뒤 몇 시간 동안 노라는 긴장 속에서 아들을 지켜보았다. 리엄은 약속대로 장난감을 하나씩만 집으면서 사촌들에게 마음대로 장난감을 고르게 해주었다.

"장난감을 같이 가지고 놀다니, 정말 기특하네."

아들이 사촌들과 노는 모습을 유심히 살펴보던 노라가 칭찬해주었다. 하지만 노라가 점심을 준비하러 큰마음 먹고 자리를 뜨자마자 그 익숙한 "내 거야!" 소리가 들렸다. 노라가 얼른 돌아와보니 알렉시스와 리엄이 얼마 전에 새로 산 트림하는 인형의 무릎을 붙잡고 서로 잡아당기고 있었다.

"이 장난감이 너희를 싸우게 했구나. 이 녀석한테 진정의 시간을 가지게 해야겠다."

노라가 침착하게 말했다. 아이들은 트림 인형이 진정의 의자에 올라가는 모습을 믿을 수 없다는 표정으로 빤히 쳐다보았다. 2분 후 노라가 그 인형을 아이들에게 다시 가져다주었더니 아이들은 그 인형은 까맣게 잊은 채 블록에 빠져 있었다.

몇 주가 지나는 사이에 아이들은 서로 사이좋게 놀게 되었고 평화 회복을 위해 장난감이 진정의 시간을 보내는 시간도 점점 줄어들었다. 이런 발전은 무엇보다도 '자기 장난감'이 '다른 아이들의 장난감'이 될 수 있게 리엄이 마음을 연 덕분이었다.

수줍음 많은 아이,
이대로 괜찮을까요?

문제의 특징

당신이 마트에서 딸과 쇼핑을 즐기다가 이웃을 만났다고 상상해보자. 이웃이 "안녕?" 하며 딸아이에게 짧은 인사를 건네자 갑자기 아이가 당신의 다리를 움켜잡고는 아무 대답도 못 한다. 당신은 갑자기 수줍어하는 딸을 이해할 수 없다.

실제로 어른이 인사하면 갑자기 얼어버리는 아이 때문에 당황스러워하는 부모들이 많다. 거침없는 호기심으로 세상에 다가가는 아이들이 있는가 하면 호기심을 꾹 억누르며 조심조심 다가가는 아이도 있다. 두 성향은 모두 정상이며 각각 타고난 천성일 뿐이다. 다시 말해 수줍음은 본질적인 것으로 그 자체로는 문제가 되지 않는다. 하지만 그 수줍음이 너무 심해서 아이가 친구를 사귀거나 집 밖에서의 사교 활동에 참여하지 못할 정도라면 문제가 된다. 사회에서 맞닥뜨릴 만한 상황을 놀이로 만들어 연습을 시키면 아이가 수줍음을 줄이고 자신감을 키우는 데 도움이 된다.

문제 예방법

하나. 현실적 기대치와 목표를 갖는다

아이의 발달 단계와 성격을 감안했을 때 당신이 아이에게 기대하는 모습이 비현실적인 것은 아닌지 생각해본다. 예를 들어 세 살짜리 아이가 친구의 생일 파티에 갈 준비를 하지 않는다고 해보자. 그 자리에 아이를 억지로 참석하게 해봤자 아이는 그 뒤로 사교활동에 더욱 심한 두려움만 갖게 될지 모른다.

둘. 아이의 수줍은 기질을 인정해준다

아이들은 저마다 다른 기질을 가지고 태어난다. 친화력 좋고 외향적인 아이가 있는가 하면 조심스럽고 소심한 아이도 있고, 또 이 둘 사이를 왔다 갔다 하는 아이도 있다. 당신의 기대에 걸맞게 굴지 않는다는 이유로 수줍음 많은 아이를 문제아라 치부하지 말고 수줍음을 아이의 고유 기질로 인정하자.

셋. 아이를 칭찬해준다

아이와 이야기하다가 아이가 한 어떤 말을 구체적으로 짚어내서 칭찬해준다. 예를 들어 이런 식으로 말해주면 된다.

"그래, 네 말이 맞아. 그 강아지는 정말 특이한 흰색 발을 가지고 있더라."

넷. 훌륭한 롤 모델이 되어준다

당신이 사람들과 어울리는 모습을 아이에게 많이 보여준다. 또, 아이와 여러 가지 역할 놀이를 하면서 상황에 따라 어떻게 말해야 하는지 가르친다.

"누가 '요즘 어떻게 지내세요?' 하고 물으면 엄마는 보통 이렇게 대답해. '네, 좋아요. 잘 지내시죠?'"

문제 해결법: 바람직한 행동

하나. 이해해주고 공감해준다

아이가 사람들 앞에서 수줍음을 타면 이렇게 말해준다.

"그 기분 엄마도 알아. 엄마도 가끔 다른 사람들을 만나고 싶지 않거든."

명심하기 바란다. 속으로는 '무슨 애가 저렇게 수줍음이 많을까' 하는 생각이 들더라도 그런 상황에 과잉 반응해봤자 아이의 수줍음 행동을 더 부추길 뿐이다. 아이를 수줍음 많은 아이로 각인시키는 격이기 때문이다. 아이는 사람들과 어울릴 준비가 되면 알아서 어울리게 되어 있다.

둘. 질문에 대답하는 연습을 시킨다

사람들이 아이에게 질문을 했는데 아이가 갑자기 수줍음 모드로 바뀌면 그것은 방금 들은 질문에 어떻게 대답해야 할지 가르쳐달라는 신호일지 모른다. 아이가 차에 타고 있거나 욕조 안에서 놀고 있을 때 연습을 시켜주자.

"누가 '이름이 뭐야?' 하고 물으면 '제 이름은 보람이에요'라고 말하면 돼. 그러면 사람들이 네가 누구인지 알게 돼. 자, 연습해보자. 이름이 뭐냐고 물으면 어떻게 대답한다고?"

아이가 "제 이름은 보람이에요"라는 대답을 자동으로 할 때까지 날마다 여러 번 연습시킨다.

셋. 가족, 친구들과 같이 대화하는 연습을 시킨다

어른들이 이야기할 때 아이에게 말을 걸어 대화에 낄 기회를 만들어준다.

"오늘 저녁에 피자 먹을까?"

"아빠한테 오늘 동물원에 다녀왔던 이야기 좀 해드려."

자녀를 두 명 이상 두었다면 한 아이씩 돌아가며 대화에 끼게 하면서 아이 한 명 한 명의 이름을 부르며 저마다의 에피소드를 물어본다.

넷. 필요하다면 전문가의 도움을 구한다

수줍음이 심해서 아이의 행복에 걸림돌이 되고 아이가 사회 활동에도 제대로 끼지 못할 정도라면 전문가의 도움을 받아보기를 권한다.

문제 해결법: 바람직하지 않은 행동

하나. 망신이나 창피를 주면 안 된다

'애가 왜 저렇게 숫기가 없을까? 창피해죽겠네.'

속으로 이런 생각이 들더라도 "너 때문에 추석을 다 망쳤어", "바보처럼 굴지 좀 마!" 같은 말로 아이에게 창피를 주거나 야단을 치면 안 된다. 이런 말은 아이가 사람들과 어울리는 일을 더 불편하게 만들 수 있으며 오히려 사람들과 어울리는 일에 더 자신을 잃게 내몬다.

둘. 사과를 하면 안 된다

다른 사람들에게 아이가 수줍음이 많아서 그런다거나 원래 말을 잘 안 하는 애라 그런다는 식으로 아이의 행동에 대해 사과하는 행위는 아이가 다른 사람들을 더 두려워하도록 부추길 뿐이다.

셋. 애걸하면 안 된다

다정하게 말을 거는 아줌마에게 대답을 좀 하라고 아이에게 애걸이라도 하고 싶어 못 견디겠더라도 참아야 한다. 괜히 아이의 과묵함만 키워 대답을 더 안 하도록 부추기기 십상이다.

넷. 낙인을 찍으면 안 된다
민망한 마음에 가족과 친구들 앞에서 아이가 숫기가 없어서 그런다고 말하면 아이가 실제로 그렇게 될 확률은 더 높아진다. 게다가 앞으로 달라지려 노력하려던 아이의 용기를 꺾어놓을 수도 있다.

• 사례로 들여다보기 •

수줍음 많던 아이가
사교적으로 변했어요

가브리엘은 아기 때부터 수줍음이 많았다. 낯선 사람이 가까이에 오면 고개를 돌리거나 엄마의 어깨에 얼굴을 묻기 일쑤였다. 아빠 마이클도 어릴 때 수줍음이 많았는데 가브리엘의 할머니 말로는 마이클은 중학생이 될 때까지 가족 말고는 아무하고도 말을 하지 않았단다!

가브리엘의 엄마 마리아는 아들이 수줍음을 떨쳐버리기를 기대했다. 하지만 마리아가 붙여준 별명처럼 '소심쟁이' 가브리엘은 여섯 살이 되어도 외향적으로 바뀔 기미가 보이지 않았다. 마이클은 아들이 잘 모르는 사람과 말을 해야 하는 상황에서 느끼는 고통을 이해했다. 그래서 아들을 도와주기 위한 계획을 짰다. 우선 "예", "아니요"의 단답형으로 대답하지 못할 만한 질문들을 자주 하면서 아들을 대화에 끌어들였다.

"오늘 점심으로 뭐 먹었어?"

"오늘은 유치원에서 뭐 하고 놀았어?"

또, 가브리엘이 한두 단어 이상으로 대답을 하면 아빠는 이렇게 아들을 북돋워주었다.

"가브리엘, 대답을 잘해줘서 고맙다."

"운동장에서 비행기를 가지고 놀았다는 그 얘기는 정말 재미있구나."

아빠는 가브리엘에게 사람들을 만나 인사하는 연습도 시켰다. 길거리에서 우연히 서로 마주쳤다고 가장해 가브리엘이 이렇게 말을 거는 식이었다.

"안녕하세요?"

그러면 아빠 마이클이 대답했다.
"그래. 고맙구나. 잘 지내니?"
아빠와 아들은 이렇게 말을 주거니 받거니 하다가 같이 깔깔 웃기도 했다.
마침내 가브리엘은 잘 모르는 사람들과 더 편하게 어울리기 시작했고 예의 바르다는 칭찬도 듣게 되었다. 부부는 아들이 사람들과 어울리는 모습을 보게 되자 감격스러웠다. 부부는 앞으로 아들에게 어떤 낙인도 찍지 않기로 약속했다.

형제끼리 사이좋게 지내지 않아 걱정이에요

문제의 특징

　가족 관계를 망가뜨리는 여러 가지 요인 중 형제들끼리의 다툼을 빼놓을 수 없다. 아이들은 자신들의 가장 중요한 세상인 가족 안에서의 최고 지위를 놓고 형제들끼리 걸핏하면 승강이를 벌인다. 형제간의 경쟁은 인간의 본성 중 하나이기는 하지만 아이들 각자에게 자신이 특별한 존재임을 알게 해주면 형제간 경쟁의 빈도를 줄일 수 있다. 또, 형제간 경쟁을 최소화시키기 위해서는 당신이 형제들끼리 사이좋게 지내는 것을 중요시한다는 점을 아이들에게 알려주어야 한다. 모든 자식을 공평하게 잘 돌보며 자식들이 필요로 할 때 힘이 되어주는 것이 당신의 역할임을 아이들에게 확실하게 이해시키자.

문제 예방법

하나. 동생이 태어나기 전에 큰아이에게 마음의 준비를 시킨다

큰아이에게 새로 태어난 아기와 어떻게 함께 살아가게 될지를 미리 일러준다. 앞으로 가족의 일과가 어떻게 달라지고 아이가 어떻게 육아를 거들어주어야 할지를 이야기해주면 자신이 동생을 사랑하고 돌봐주는 중요한 존재라는 점을 아이에게 이해시킬 수 있다.

둘. 갓난아이가 깨어 있을 때도 부모가 큰아이와 놀아준다

갓난아이의 등장으로 인한 형제간 경쟁을 줄이기 위해서는 갓난아이가 잠을 잘 때뿐 아니라 깨어 있을 때도 부모가 큰아이와 놀아주어야 한다. 그러면 큰아이로서는 아기가 안 보일 때만 당신이 자기에게 관심을 가져준다는 생각을 가질 일이 없다. 갓난아이가 뭘 하는 중이든 상관없이 큰아이와 놀아주면 큰아이는 이렇게 생각하게 된다.

'동생이 옆에 있을 때도 없을 때도 나는 엄마한테 관심을 받고 있어. 그러니까 동생은 나쁘지 않아!'

셋. 현실적인 기대를 갖는다

큰아이가 동생에게 다정다감한 애정을 쏟아주기를 기대하면 안 된다. 갓난아이보다는 나이가 많다고 해도 큰아이에게는 여전히 개별적 관심이 많이 필요하다.

넷. 모든 아이와 단둘만의 시간을 가져준다

돌봐줄 아이가 여섯 명이나 되더라도 모든 아이와 단둘만의 시간을 가지려고 노력한다(둘이 같이 목욕을 하거나, 산책을 하거나, 마트를 다녀오는 식이 좋다). 이렇게 하면 모든 아이에게 당신의 관심을 골고루 쏟아줄 수 있으며, 집에서 다 같이 붙어 지내며 왁자지껄 떠드는 와중에는 드러나지 않는 문제점을 놓치지 않고 헤아릴 수 있다. 쌍둥이 형제나 비슷한 또래의 형제가 있을 경우에는 아이별로 자랑거리 게시판을 만들어준다. 각자의 특별 공간에 창작품을 전시해주면서 모든 아이가 관심을 받고 있다고 느끼게 해준다.

문제 해결법: 바람직한 행동

하나. 휴대전화 알람을 이용해 아이들 각자에게 관심을 준다

아이들이 엄마 아빠의 온전한 관심을 받으려고 서로 승강이를 벌이면 휴대전화 알람을 활용해 아이들에게 순서대로 관심을 가져준다. 이렇게 하면 아이들은 관심을 받을 순서가 공평하게 올 것임을 알게 되므로 자잘한 다툼을 줄일 수 있다.

둘. 양자택일을 권한다

승강이가 걷잡을 수 없이 번지게 놔두면 아이들에게 사이좋게 지내는 요령을 가르쳐주지 못한다. 다툼이 벌어지도록 내버려두지 말고 사이좋게 지내며 재미있게 놀든지, 아니면 사이좋게 지내지 않으며 재미있게 놀지 못하게 되든지 둘 중 하나를 선택하게 한다.

"서로 사이좋게 지내면서 계속 놀래? 아니면 각자 진정의 의자에 가서 어떻게 하면 사이좋게 지낼 수 있을지 생각하고 있을래?"

아이들에게 결정을 내리는 습관을 들이게 해주면 아이들은 삶에 대한 통제감을 느끼는 동시에 스스로 바른 결정을 내리는 법도 터득하게 된다.

셋. '사이좋게 지내기'의 의미를 정해준다

아이들이 같이 잘 놀 때는 아이의 행동을 구체적으로 짚어서 칭찬해준다. 그래야 당신이 사이좋게 지내라고 말할 때 아이들이 그 말의 의미를 제대로 이해한다.

"잘했어. 그렇게 함께 나누어 가지면서 같이 노는 거야. 너희가 사이좋게 지내니까 정말 좋다."

문제 해결법: 바람직하지 않은 행동

하나. 아이의 고자질에 반응하면 안 된다

아이들은 부모의 마음속에서 더 높은 자리를 차지하기 위해 고자질을 한다. 이때는 "서로 사이좋게 지내지 않아서 엄마가 속상해"라고 대꾸하며 고자질을 못 들은 척한다. 형제가 위험스러운 일을 벌이려

한다는 고자질을 들으면 일단은 그 일을 중단시키고 고자질은 못 들은 척한다.

둘. 한 아이가 다른 아이를 고자질하게 만들면 안 된다

형제가 잘못을 하면 즉시 와서 알려달라고 아이들에게 시키지 않는다. 그런 일을 시키는 것은 아이에게 사이좋게 지내라고 가르치기 위한 좋은 지도법이 아니다. 아이에게 감시자 역할을 맡길 것이 아니라 어른이 직접 옆에서 아이들을 지켜봐줘야 한다.

셋. 아이들끼리 싸워도 화를 내면 안 된다

아이들은 한집에 살다 보면 어느 정도 경쟁을 하게 마련이다. 그것이 인간의 본성이므로 아이들이 사이좋게 지내면 상을 주고 경쟁심이 싸움으로 번지게 방치하지 않으면서 마찰을 최소화시킨다.

넷. 뒤끝을 남기지 않는다

다툼이 해결되고 난 이후에는 아이들이 서로 원수처럼 싸웠던 일을 들추어내지 않는다. 과거의 일은 깨끗이 잊어버리고 아이들에게도 그 일을 잊도록 도와준다.

• 사례로 들여다보기 •

마주치기만 하면
싸우던 아이들이 온순해졌어요

여섯 살배기 제이슨과 네 살배기 여동생 줄리는 툭하면 싸웠다. 집안은 시끄럽고, 결정해야 할 것도 많고, 끊임없이 아이들 뒤치다꺼리해줘야 하는 일상에 부부는 버거움을 느꼈다. 아들 제이슨은 오로지 동생을 놀리고 꼬집는 일에만 관심이 있는 것 같았다. 동생이 엄마 아빠의 시간과 관심을 너무 많이 빼앗아간다는 생각이 들 때면 제이슨은 어김없이 동생을 못살게 굴었다. 벌을 주겠다고 부모가 으름장을 놓아도 제이슨은 눈 하나 깜짝하지 않았다.

어느 날, 엄마 그레이스는 제이슨이 동생에게 잘해주는 모습을 목격했다. 동생이 집 앞의 빙판길을 건널 때 넘어지지 않게 제이슨이 도와준 것이다. 그레이스는 동생을 챙기는 아들의 모습이 기특해서 이렇게 말해주었다.

"착하기도 하지. 동생이 다치지 않게 챙겨줄 줄도 알고. 우리 아들 정말 기특하네."

부부는 아들의 착한 짓에 칭찬을 듬뿍 해주며 그런 행동을 더 격려해주기로 했다. 새로운 방법을 실행할 기회가 찾아온 건 그날 오후였다. 도서관에 다녀와서 남매가 책을 가지고 다투고 있었다. 누가 먼저 싸움을 걸었는지 판단이 안 서는 상황에서 그레이스는 이렇게 말했다.

"안 되겠다. 누가 먼저 책을 뺏으려고 했는지 모르겠지만 오늘 차 안에서처럼 사이좋게 있을래, 아니면 따로따로 진정의 시간을 가질래?"

하지만 두 아이 모두 그레이스의 말은 들은 체도 안 하고 계속 책을 서로 끌어당기며 싸워댔다.

"그래. 좋아. 둘 다 진정의 시간을 갖겠다는 이야기네."

줄리와 제이슨은 진정의 시간 내내 거의 악을 쓰다가 제 풀에 지쳐 조용해졌다. 그레이스가 남매에게 이제 일어나도 된다고 허락하자 아이들은 표정이 달라졌다. 이제 두 아이는 서로 원수라기보다 동지처럼 굴기 시작했고 그레이스는 아이들이 화를 터뜨렸을 때 자신도 덩달아 화를 내지 않기를 잘했다고 생각했다.

이후, 부부는 아이들이 사이좋게 지내는 모습을 보면 착하다는 칭찬을 자주 해주었다. 또, 서로 싸웠던 일을 잘 들추지 않는 한편 일관성 있게 진정의 시간을 활용하면서 두 아이를 떨어뜨려놓는 동시에 싸우면 어떻게 되는지도 각인시켜 주었다.

아이가 다른 사람의 물건을
막 가져와요

문제의 특징

누군가가 그렇지 않다고 말해주기 전까지 어린아이는 세상의 모든 물건이 자기 것이라 생각하므로 허락 없이 다른 사람의 물건을 가져오면 안 된다는 것은 빨리 가르칠수록 좋다. 아이가 남의 물건을 가져올 때마다 옳고 그름을 분간할 수 있도록 잘못에 대한 책임을 지운다.

문제 예방법

하나. 규칙을 정한다

뭔가 가지고 싶은 것이 있을 때는 당신에게 이야기하라고 아이에게 일러준다. 공공장소나 다른 사람들의 집에서 가져와도 되는 것과 안 되는 것의 기준을 정해놓고 밖에 나가기 전에 아이에게 규칙을 다시 한 번 상기시킨다. 다음과 같이 기본 규칙을 일러주면 좋다.

"물건을 집기 전에는 엄마한테 이 물건을 집어도 되느냐고 꼭 물어봐야 해."

문제 해결법: 바람직한 행동

하나. 훔치지 않고 물건을 얻는 방법을 일러준다

아이는 자기가 가지고 싶은 물건을 왜 마음대로 들고 오면 안 되는지 이해하지 못한다. 아이에게 옳고 그른 행동의 기준을 알려주자.

"마트에서 껌을 집을 때는 엄마한테 먼저 물어봐야 해. 그리고 엄마가 집어도 괜찮다고 하면 계산을 마칠 때까지 뜯지 말고 잘 들고 있으렴"

둘. 물건을 훔친다는 말의 의미를 알려준다

아이에게 빌리는 것과 훔치는 것의 차이를 그런 행동의 결과들과 함께 이해시킨다. 그래야 당신이 "물건을 훔치면 안 돼"라고 말했을 때 그 말뜻을 알아듣는다. 훔치는 것은 허락 없이 물건을 가져오는 것이고, 빌리는 것은 먼저 허락을 구한 후에 물건을 가져왔다가 다시 돌려주는 것임을 구분시켜주자.

셋. 훔친 물건을 다시 가져다 놓게 한다

마음대로 들고 온 물건은 아이가 직접 다시 가져다 놓도록 규칙을 정한다. 필요하다면 당신이 도와주어도 좋다.

넷. 아이가 물건을 훔치면 대가를 치르게 한다

아이가 물건을 훔친 대가를 깨닫게 해주는 차원에서 집 안의 잡일을 시키거나 아이가 아끼는 물건 하나를 내놓게 하는 식으로 도둑질한 허물을 씻게 해준다.

"보람이 것이 아닌 물건을 가져오면 어떻게 해. 그건 잘못한 일이니까 보람이 물건에서 하나를 내놓아야 해."

아이가 내놓은 물건은 잘 보관해두었다가 몇 달쯤 지나서 착한 일을 한 상으로 아이에게 돌려준다.

다섯. 진정의 시간을 가지게 한다

아이가 자기 것이 아닌 물건을 가져오면 규칙을 어겼으니 혼자 아무것도 하지 말고 반성하라고 시킨다.

"이렇게 네 것이 아닌 물건을 가져오면 엄마가 속상해. 지금부터 진정의 시간을 갖도록 해."

문제 해결법: 바람직하지 않은 행동

하나. 지난 일을 들추어내면 안 된다

아이가 물건을 훔쳤던 일을 들추어내지 않는다. 과거를 들추어봤자 아이에게 잘못한 일만 떠올리게 할 뿐 앞으로 실수하지 않도록 가르치는 데는 도움이 안 된다.

둘. 아이를 낙인찍으면 안 된다

아이를 "도둑"이라고 부르면 안 된다. 그러면 아이가 그 별명에 따라 행동하기 십상이다.

셋. 아이에게 이 물건을 훔쳤는지를 물어보면 안 된다

그런 걸 물어보면 아이에게 거짓말을 하도록 부추길 뿐이다. 아이는 혼자 이렇게 생각하기 쉽다.

'엄마가 화낼 텐데. 엄마가 속상하지 않게 거짓말을 할까?'

넷. 아이의 몸을 뒤져보기를 주저하면 안 된다

아이가 물건을 훔친 것 같다는 의심이 들면 아이의 몸을 뒤져서 확인해보고 꼭 그에 대한 책임을 지운다.

"보람이 것이 아닌 물건을 가져오면 어떻게 해. 훔친 물건은 제자리에 가져다 놓고 반성하는 의미에서 보람이 물건 하나를 내놓도록 해."

• 사례로 들여다보기 •

아이가 남의 물건을 가져오면 안 된다는 규칙을 배웠어요

샌디와 더그 부부는 지금껏 법을 어겨서 감옥에 가본 적이 없었고 다섯 살배기 아들 로건도 자신들처럼 살기를 바랐다. 하지만 가족이 함께 쇼핑을 나가면 아들이 자꾸 껌, 사탕, 장난감 등 자기 마음에 드는 것들을 훔치는 바람에 부부는 애가 탔다.

"도둑질은 나쁜 일이라는 것도 몰라?"

샌디는 아들이 물건을 훔치려는 걸 눈치챌 때면 버럭 소리를 질렀다. 아들의 손을 찰싹 때리며 나쁜 아이라고 꾸짖기도 했지만 그 방법도 소용이 없었다. 이제는 아들을 데리고 볼일을 보러 나가기가 점점 겁이 날 지경이었다. 아들의 나쁜 손버릇 때문에 망신을 당할까 봐, 또 아들에게 벌을 주면서 서로 마음을 다칠까 봐 조마조마했다.

로건으로서는 부모님이 왜 자기를 혼내는지 어리둥절했다. 자기 것이 아닌 물건을 가져오는 게 왜 나쁜지 이해를 못 했다. 그래서 부부는 아들이 알아들을 만한 쉬운 말로 차근차근 설명해주기로 했다. 아빠가 말을 꺼냈다.

"로건, 돈을 내지 않은 물건은 가져오면 안 되는 거야. 아빠가 사도 된다고 하면 그 물건을 들고 있다가 돈을 줘야 해. 그럼 우리 연습해볼까?"

로건은 아빠가 시킨 대로 따르며 즐거워했다. 이 물건을 사도 되느냐고 물으면 엄마 아빠가 규칙을 지켜서 잘 지켰다고 칭찬해주면서 껌을 사주었기 때문이다. 하지만 부부는 로건이 고른 것을 무조건 다 사주지는 않았다. 가게에서 연습을 하던 중 로건이 엄마에게 묻지도 않고 초코바 모양 장난감을 가져오려 하자 샌디는 규칙에 따라 그 장난감을 가지고 오지 못하게 했다.

"이 장난감을 허락도 없이 가져왔으니까 집에 가서 네 장난감 하나를 엄마한테 내놓아야 해. 그리고 이 장난감은 원래 자리에 다시 가져다 놓고."

샌디는 아들에게 말하며 같이 진열장으로 되돌아 걸어갔다. 로건은 싫다고 반항했지만 샌디는 아들 손에서 장난감을 빼앗았다.

"이 장난감을 가지고 싶으면 규칙을 지켜야 해. 먼저 엄마 아빠에게 이 물건을 사도 되는지 물어보고 물건을 잘 들고 있기. 돈을 주지 않은 물건은 가져오면 안 돼."

몇 주 후. 샌디는 로건이 착한 일을 했을 때 규칙을 잘 지켰다고 칭찬해주며 압수했던 장난감을 돌려주었다.

아이가 낯선 사람을 따라가요

문제의 특징

"낯선 사람하고는 이야기하면 안 돼."

수많은 엄마 아빠가 아이에게 이렇게 주의를 준다. 하지만 낯선 사람을 주의하라는 것은 이 말 한마디로 끝날 일이 아니다. 아이가 혼자 돌아다닐 만큼 자라기 전에 아이를 돌봐주는 팀원 모두는 아이에게 낯선 사람을 조심하도록 확실하게 주의를 주어야 한다. 아이들은 가족, 친구, 아는 사람들과 어울리는 법을 배워야 하는 것과 마찬가지로 당신이 없을 때 낯선 사람을 만나면 어떻게 행동해야 하는지도 배워야 한다.

당신이 함께 있을 때는 모르는 사람들에게도 싹싹하게 대하라고 아이에게 가르치며 낯선 사람에 대한 두려움을 최소화시키자. 그와 동시에 당신이 옆에 없을 때 낯선 사람이 다가오면 아이가 어떻게 해야 하는지도 가르치자. 당신이 옆에 있을 때와 없을 때 각각 어떻게 행동해야 할지를 아이가 알고 있으면 당신도 아이도 더 마음이 놓일 것이다.

공원이나 운동장에 있을 때는 반드시 아이에게서 눈을 떼지 않는다. 휴대전화나 다른 IT 기기 화면에 한눈을 팔면 안 된다! 사실 어른의 감독 없이 아이들을 혼자 두어서는 안 되지만 아이들은 낯선 사람들과 어떻게 어울리고, 또 어떻게 피하는지를 분명히 배워야 한다.

문제 예방법

하나. 규칙을 정해 알려준다

아이에게 낯선 사람들과 어울리는 기본 규칙을 알려준다.

"엄마가 우리 보람이 옆에 있을 때는 모르는 사람들한테 싹싹하게 이야기해도 돼. 하지만 엄마가 옆에 없을 때는 모르는 사람이 가까이 와도 이야기하지 마. 그런 사람을 '낯선 사람'이라고 하는 거야. 낯선 사람이 자기랑 같이 어디에 가자면서 뭘 주겠다고 꾀면 '싫어요! 저리 가세요!' 하면서 있는 힘껏 소리를 질러. 그런 다음 가장 가까운 집으로 달려가서 벨을 누르고 무슨 일인지 이야기해."

둘. 규칙을 잘 따르도록 연습시킨다

당신을 낯선 사람이라고 가정하고 아이에게 낯선 사람을 만났을 때의 규칙대로 행동해보게 한다. 여러 가지 시나리오로 연습을 시키면서 당신이 가르쳐준 요령을 아이가 확실히 익히게 한다.

셋. 아이에게 겁을 주지 않는다

낯선 사람에 대한 두려움을 아이에게 잔뜩 심어주면 당혹감을 유발할 불씨가 될 뿐 아이는 바람직한 행동 요령을 배우지 못한다. 낯선 사람이 아이에게 다가와 말을 걸 때는 아이가 혼자 힘으로 생각해 행동해야 한다. 두려워하면 이성적으로 행동하지 못하기 쉽다.

넷. 낯선 사람이 어떤 사람인지를 가르친다

'낯선 사람'은 아이들에게는 낯선 단어이므로 그 뜻을 정확히 알려준다. 좋은 사람 같아 보이더라도 만난 적 없는 사람이라면 그 사람이 말을 걸어도 모른 척하고 달아나라고 가르친다.

문제 해결법: 바람직한 행동

하나. 바른 행동을 하면 칭찬해주면서 규칙을 상기시킨다

당신이 같이 있는 동안 아이가 낯선 사람에게 인사를 하면 이렇게 말해준다.

"싹싹하게 인사도 잘하네. 이번엔 엄마가 옆에 없을 때 낯선 사람을 만나면 어떻게 해야 하는지 규칙을 이야기해봐."

아이가 규칙을 잘 기억하면 칭찬해준다.

둘. 아이가 싹싹하게 굴도록 격려해준다

친화력 있는 아이들은 다른 사람들에게 더 호감을 산다. 그만큼 친화력을 가르치는 일도 중요하다. 하지만 싹싹하게 굴면서도 자기 자신을 안전하게 지키는 요령도 차근차근 알려줘야 한다. 예를 들어 아이가 당신과 함께 있을 때는 낯선 사람과 인사해도 좋다고 일러주면서 친화력을 키워주는 것이 좋다. 하지만 당신이 옆에 없을 때는 낯선 사람과 이야기하면 안 된다고 가르쳐야 아이의 안전을 지키는 데 도움이 된다.

셋. 낯선 사람의 경계선을 그어준다

아이들은 위험한 낯선 사람과 해가 될 것이 없는 낯선 사람을 빠르게 구별해내지 못한다. 따라서 당신이 옆에 없을 때 아이가 낯선 사람을 만날 경우를 대비해 규칙을 세워주어야 한다. 당신이 옆에 있든 없든 간에 낯선 사람에게 선물을 받거나, 낯선 사람의 차에 타거나, 낯선 사람의 잃어버린 애완동물을 찾도록 도와주는 등의 일은 해서는 안 된다고 알려준다.

문제 해결법: 바람직하지 않은 행동

하나. 사람들에 대한 두려움을 심어주면 안 된다

아이가 위험한 일을 당하지 않게 하기 위해서는 낯선 사람을 만났을 때의 대처법을 가르치되 사람들을 두려워하게 만들어서는 안 된다. 두려움은 나이를 막론하고 바른 결정을 내리지 못하게 방해가 될 뿐이다.

둘. 아이가 다른 사람들을 귀찮게 할까 봐 걱정하면 안 된다

아이가 싹싹하게 굴어서 다른 사람들을 귀찮게 할까 봐 걱정하지 말자. 혹, 낯선 사람이 아이의 인사에 답을 하지 않더라도 아이는 사람들에게 인사하는 요령을 배울 수 있다.

• 사례로 들여다보기 •

낯선 사람에게서
자신을 보호할 줄 알게 되었어요

"이제 여섯 살밖에 되지 않은 아들에게 우리가 옆에 없을 때 자기 자신을 안전하게 지키는 요령을 어떻게 가르쳐주지?"

레아와 이언은 아주 싹싹한 성격의 아들 케이든이 걱정되어 어떻게 해야 할지 고민에 빠졌다. 부부는 케이든에게 어떤 사람이 낯선 사람인지 설명해준 다음 규칙을 알려주었다.

"엄마 아빠가 옆에 없을 때는 낯선 사람과 이야기하면 안 돼."

케이든은 엄마 아빠가 시킨 대로 아주 열심히 따라 하다가 어느 순간부터 낯선 사람을 무서워하더니 엄마 아빠가 쇼핑센터나 마트에 데려갈 때마다 짜증을 부리기 시작했다. 엄마에게 낯선 사람들은 아주 나쁘고 위험한 사람들이라 인사도 하면 안 된다며 낯선 사람을 만나기 싫다고 떼를 썼다. 부부는 좋은 의도에서 가르쳐준 것이 이렇게 역효과를 낳자 당황스러웠다. 알고 보니 케이든은 엄마 아빠가 같이 있을 때 낯선 사람에게 인사하는 것과 엄마 아빠가 없을 때 낯선 사람과 인사하고 낯선 사람을 따라가는 것의 차이를 구분하지 못했다. 부부가 그 부분을 제대로 설명해주지 않은 것이다.

엄마가 아들에게 말했다.

"이제부터 너는 새로운 규칙을 따라야 해. 엄마가 같이 있을 때는 네 마음대로 아무하고나 이야기해도 돼. 하지만 엄마가 없는데 어떤 사람이 뭘 주겠다고 하거나 같이 어디에 가자고 하면 있는 힘껏 소리치면서 온 힘을 다해 도망가. 그리고 가장 가까이에 있는 집이나 상점으로 뛰어가서 그곳에 있는 어른에게 무슨 일인지 이야기해."

또, 부부는 집에서 아들과 역할 놀이를 하며 새 규칙을 연습시켰다. 엄마는 사탕을 준다며 케이든을 유혹할 낯선 사람의 역할을 맡고, 아빠는 케이든을 도와줄 상점의 어른을 연기했다. 케이든은 집에서 안전하게 연습을 하고 나더니 금세 새 규칙을 편하게 받아들였다. 엄마는 새 규칙이 아이의 몸에 밸 때까지 매주 아들에게 규칙을 상기시켰고 가르친 내용을 각인시키기 위해 자신이 같이 있을 때는 다른 사람들에게 인사하는 것도 연습시켰다.

부부는 그래도 케이든의 안전 문제에 대해 완전히 마음이 놓이지가 않았다. 그래서 이제 곧 초등학교에 들어갈 케이든에게 이따금 낯선 사람을 조심하도록 연습을 시켰다. 낯선 사람을 조심하는 행동은 때로 생명이 걸린 문제라는 점을 아들에게 이해시키고 명심시키려는 마음에서였다.

아이가 무례한 말대꾸를 해요

문제의 특징

예전에는 그렇게도 천사 같던 어린아이의 입에서 빈정거리는 등 무례한 말대답이 튀어나오면 충격과 함께 아이가 어느새 좋은 말과 나쁜 말을 가리지 않고 다른 사람의 말을 흉내 내면서 자신의 세계를 통제할 줄 알게 되었다는 사실을 깨닫게 된다. 다른 유형의 언어도 그러하듯 말대답 역시 말대답에 노출되어야만 터득할 수 있다. 따라서 아이가 무례한 말대답을 배울 만한 전자 미디어의 접촉을 제한하여 불쾌한 말을 보고 배울 기회를 최소화해야 한다.

문제 예방법

하나. 당신이 아이에게 듣고 싶은 투의 말을 쓴다
당신부터 "고마워", "부탁해", "미안해" 등의 정중한 표현을 쓴다. 그리고 당신이 모범을 보여준 말을 아이가 따라서 쓰도록 연습시킨다. 아이들은 이 세상 최고의 따라쟁이들이라는 점을 명심하자.

둘. 어떤 것이 말대답인지 구분한다
날로 다양해지는 아이의 언어 구사력에 적절히 응해주기 위해서는 아이가 지금 하는 말이 무례한 말대답인지 아니면 다른 의도로 하는 말인지를 구분해야 한다. 가령 비아냥거림, 욕, 악쓰면서 하는 대답, 반항 조의 거부는 모두 무례한 말대답에 해당한다. 반면 "하기 싫어요" 같은 말은 단순한 사실 진술일 수 있고 "안 하면 안 돼요?" 같은 질문은 의견의 표현이다. 당신이 말하는 '말대답'이란 것이 어떤 말을 가리키는지 아이에게 이해시켜주자.

셋. 친구, 미디어, 당신 자신의 말을 주의해 들어본다
당신 자신의 입에서 무심코 나오는 말들에 주의하면서 아이가 무례한 말대답에 노출되지 않게 신경 쓴다. 또래 친구들, 가족들, 텔레비전 속 인물들의 말에도 주의를 기울인다. 아이들의 귀로 들어가는 말들은 다시 아이들의 입으로 나오게 되어 있다.

문제 해결법: 바람직한 행동

하나. 말에 질리게 한다

어떤 말이든 너무 많이 사용하면 그 힘이 시들해진다. 아이의 나이를 한 살당 1분으로 환산해 그 시간 동안 그 말을 계속 반복하게 시키면 아이가 무례한 말에 질리도록 유도할 수 있다.

"그런 말을 하면 못써. 이제부터 휴대전화 알람을 맞출 거야. 알람이 울릴 때까지 그 말을 계속 반복하도록 해. 알람이 울리면 그만 말해도 돼."

아이가 그 말에 질리고 나면 감정이 격해졌을 때 그런 말을 또 쓸 가능성은 줄어든다.

둘. 말대답을 무시한다

크게 거슬리지 않는 말대답에는 가급적 관심을 보이지 않도록 애쓴다. 아이는 당신에게서 기대했던 반응을 얻지 못하면 그 말에 흥미를 잃을 것이다.

셋. 예쁘게 말하면 칭찬해준다

아이가 바람직한 말을 쓰면 칭찬해주어 당신이 어떤 말을 좋아하는지 알게 해준다.

"마치 연습한 것처럼 묻는 말에 예쁘게 대답하네. 그렇게 말해줘서 엄마는 기분이 정말 좋다."

넷. 누구에게나 정중하고 배려 있게 행동한다

집에 찾아온 손님을 대하듯 아이에게도 정중함과 배려를 보여주자. 당신의 정중한 행동은 아이에게 정중하게 행동하는 법을 가르쳐주는 거울이 될 것이며, 당신의 배려 있는 태도는 아이에게 자신이 애정 어린 어른과 살고 있다는 메시지를 전해줄 것이다.

문제 해결법: 바람직하지 않은 행동

하나. 부모가 무례하게 답하면 안 된다

아이가 무례하게 대답하는 것은 당신을 자기 뜻대로 조종하려는 한 방법이므로 당신도 덩달아 무례하게 답하면 안 된다. 아이가 무례한 말로 당신의 관심을 끄는 것을 즐길 수도 있기 때문이다. 그것은 바람직한 일이 아니다.

둘. 무례한 언사를 가르치면 안 된다

당신이 다른 사람에게 빈정거리거나 화를 내며 버럭버럭 말대답하는 모습을 보이면 결국은 아이에게 말대답하는 요령을 가르치는 꼴이다. 아이가 악을 쓰면 당신도 고함을 지르고 싶은 마음을 참기가 힘들겠지만 배려 있게 아이를 대하면서 올바르게 행동하는 법을 가르쳐주자.

셋. 무례하게 말했다고 벌을 주면 안 된다

아무리 최악의 말대답이라 해도 '말대답' 자체는 상대에게 짜증을 일으키는 정도에서 그친다. 무례하게 말한 아이를 벌로 바로잡아야 한다는 주장은 근거가 없다. 벌은 공포감만 가르칠 뿐이다.

• 사례로 들여다보기 •

버릇없이 말하던 아이가
예의 바르게 말해요

엄마인 에바가 다섯 살배기 아들 올리버에게 뭘 좀 하라고 시킬 때마다 올리버는 소리를 지르기 일쑤였다.

"싫어! 엄마 미워! 안 할 거예요!"

올리버는 말대답과 언어폭력이 이제는 아주 수준급에 올라서 엄마가 뭘 묻기만 하면 씩씩대고 악을 쓰면서 대답했다.

"누가 그딴 식으로 말하래!"

올리버의 아빠 도미니크가 이렇게 소리쳤다. 하지만 안타깝게도 도미니크의 고함은 집안에 더 큰 소란을 몰고 오곤 했다. 부부는 자신들의 비아냥거림과 고함이 아들에게 그런 식의 행동을 가르치고 있다는 사실을 깨닫고 나서 올리버의 말대답에 차분하게 반응하고, 아들이 기분 좋게 대답하면 칭찬해주기 위해 무진 애를 썼다. 그래서 어느 날, 장난감을 상자에 다시 가져다 놓으라는 지시에 올리버가 얌전하게 "네" 하고 대답했을 때 부부는 이렇게 말해주었다.

"아유, 착해라. '네'라고 기분 좋게 대답도 잘하네."

이제 부부는 화를 참는 것이 어렵지 않았다. 올리버가 악을 쓰고 버릇없이 이야기하는 일이 점점 줄었고, 간혹 말대답을 해도 부부는 못 들은 척했다. 부모는 올리버에게 정중하고 배려 있는 행동의 모범을 보여주었고 아들이 엄마 아빠를 보고 잘 따라 하면 칭찬도 해주었다. 덕분에 말대답으로 인한 소란이 잦아들었고 집안 분위기는 한결 유쾌하고 화목해졌다.

툭하면 떼를 써서 걱정이에요

문제의 특징

정상적이고 사랑스러운 아이들도 짜증이 나거나 대장 행세를 하고 싶을 때면 생떼를 잘 부리게 마련이다. 아이가 생떼를 부리든 말든 신경을 써주지 않고, 아이에게 무조건 져주지 않으면 생떼는 줄어들게 마련이다.

혹, 아이가 사람들 앞에서 생떼를 부리면 당신은 그냥 져주거나 쥐구멍에라도 숨고 싶어질 테지만 아이가 생떼 부리는 것을 그칠 때까지 인내심 있게 기다렸다가 아이가 진정된 후에는 결국 자제력을 보인 것을 칭찬해주자. 아이에게 칭찬을 해주며 힘을 주면 아이는 자신을 사랑하는 어른이 어떠한 경우에든 자기 옆에 있어준다고 생각하며 안심하게 된다.

> |주의| 아이가 습관적으로 징징대는 것은 생떼를 부리는 게 아니므로 다른 방식으로 다루어야 한다. 아이가 하루에 두세 번 이상 생떼를 부린다면 전문가의 도움을 구하기를 권한다.

문제 예방법

하나. 짜증과 화를 조절하는 법을 가르쳐준다

악쓰고 소리 지르는 것 말고 다른 방법으로 화를 조절할 수 있다는 것을 아이에게 보여준다. 당신이 실수로 휴대전화를 떨어뜨려서 화면이 깨졌다면 버럭 화를 터뜨리지 말고 아이 앞에서 이렇게 말한다.

"화는 나는데 괜찮아. 고치면 되지. 앞으로는 물건을 더 조심해서 사용해야겠어."

이런 상황이 닥치면 아이를 위한 교육 시간으로 이용해 아이에게 문제를 해결하기 위한 선택 사항들을 살피는 요령을 가르치는 동시에 자기 물건을 소중히 다루는 모범을 보여주자.

둘. 아이가 착한 일을 하면 칭찬한다

아이가 착한 일을 하면 그냥 지나치지 않는다. 예를 들어 아이가 복잡한 퍼즐을 맞추다 잘 안 될 때 짜증을 내지 않고 침착하게 도와달라고 말하면 이렇게 칭찬해준다.

"잘했어. 우리 보람이가 퍼즐을 맞추다가 화내지 않고 도와달라고 해서 기분이 좋다."

어른이 짜증과 화를 잘 조절하도록 도와주면 아이는 자신의 문제 처리 능력에 만족감을 느끼게 된다. 또, 어떻게 해야 칭찬을 받는지를 알게 되면 아이는 문제 해결 요령을 되풀이해서 사용하게 된다. 이렇게 칭찬해주자.

"문제를 차분하게 해결할 줄도 알고 우리 보람이 정말 기특하네."

셋. 공감을 보여준다

아이가 생떼를 부린다면 진정된 후에는 아이를 안아주며 짜증 나는 마음을 이해한다고 말해준다.

"일이 잘 안 풀리면 어떤 기분인지 엄마도 알아. 네가 엄마의 도움을 필요로 할 때 엄마가 옆에서 도와줄게."

넷. 놀고 있는 아이에게 관심을 가져준다

아이가 장난감을 잘 가지고 놀고 있어도 옆에서 계속 관심을 가져준다. 그러면 아이는 당신의 관심을 끌기 위해 잘 놀지 않거나 생떼를 부릴 이유가 없어진다.

다섯. 아이가 도와달라고 할 때까지 기다리지 않는다

아이가 곤란에 빠진 것 같은 기미가 포착되면 그 상황을 너무 오래 방치하지 않는다. "자, 이렇게 해보자"라고 말하며 아이에게 어떻게 해야 할지 알려준 다음 아이가 마무리하도록 한다.

문제 해결법: 바람직한 행동

하나. 아이가 생떼를 부리면 무시한다

아이가 생떼를 부릴 때는 아이에게 아무것도 해주지 않음으로써 생떼를 부리는 일이 당신의 관심을 끌거나 뭔가를 자기 뜻대로 하기에 좋은 방법이 아니라는 것을 가르친다. 거실이 쩌렁쩌렁 울리도록 아이가 목청을 높여댄다면 아이에게서 몇 걸음 떨어져 등을 돌리고 있거나, 아이를 자기 방으로 들여보내는 등 아이와 따로 떨어져 있자. 공공장소에서 아이가 생떼를 부려 남들에게 피해를 주면 좁고 단절된 곳(캄캄한 벽장 같은 곳은 제외)에 아이를 들어가게 한다. 이렇게 격리해놓은 중에는 아이에게 눈길을 주면 안 된다.

둘. 단호함을 지킨다

아이가 아무리 소리를 지르고 주먹질을 해대도 규칙을 엄하게 지키는 모습을 보여야 한다. 자기가 원하는 대로 뭐든 다 얻을 수 없다는 것을 아이에게 가르쳐주어야 아이는 그러한 상황에서의 현실적인 행동 방법을 배울 수 있다.

셋. 최대한 침착함을 잃지 않는다

이렇게 자기 자신을 다잡는다.

'이건 수선을 피울 일이 아니야. 내가 자제력을 잃지 않아야 아이에게도 자제력을 가르칠 수 있어. 지금 아이는 자기가 원하는 것을 얻으려고 나를 몰아붙이려는 것뿐이야.'

넷. 아이를 칭찬해준다

생떼의 불길이 누그러지고 연기만 피어오르는 정도의 상태가 되면 자제력을 스스로 다시 찾은 점을 꼬집어 잘했다고 곧바로 칭찬해준다. 그런 다음 아이가 좋아하는 놀이나 활동을 함께 해준다.

"이제 기분이 좀 나아져서 다행이다. 엄마는 우리 보람이를 사랑해. 하지만 우리 보람이가 소리 지르거나 악쓰는 건 싫어."

이렇게 말하면 생떼를 부린 아이의 행위 자체만 꾸짖는 것이므로 당신이 아이 자신이 아닌 생떼를 무시했다는 메시지를 전할 수 있다.

다섯. 규칙이 바뀐 이유를 일러준다

당신이 전에 사주지 않았던 장난감을 아이가 다시 사달라고 조를 경우, 이번에는 당신의 마음이 바뀌어 장난감을 사주고 싶어질 수도 있다. 이럴 때는 아이에게 전하는 메시지도 바꾸어야 한다.

"전에 여기에 왔을 때 보람이가 생떼 부렸던 거 기억나지? 이번에는 엄마 옆에 붙어서 얌전히 잘 있었으니까 장난감 사줄게."

이러면 아이는 당신의 마음이 바뀐 이유가 자신의 생떼 때문이 아니고 다른 이유 때문임을 이해하게 된다. 원한다면 당신의 마음이 바뀐 이유를 구체적으로 이야기해줘도 좋다. 특히 아이가 착하게 군 것을 이유로 댈 수 있다면 더욱 좋다.

문제 해결법: 바람직하지 않은 행동

하나. 아이가 생떼를 부릴 때는 설득하거나 타이르면 안 된다

아이가 생떼를 부릴 때 말로 설득하려 해봤자 쇠귀에 경 읽기다. 아이는 그 말에 신경도 쓰지 않는다. 아이는 쇼를 벌이는 중인 배우나 다름없다. 이럴 때 말로 타이르면 아이로서는 원하는 관객을 얻은 셈이므로 생떼만 더 심해질 뿐이다.

둘. 아이의 생떼에 져주면 안 된다

생떼를 부리는 아이를 달래기 위해 아이의 요구를 들어준다면 그것은 아이에게 원하는 게 있으면 생떼를 부리라고 가르치는 격이다. 안 된다고 한번 말하면 그 말을 끝까지 지키자! 그러지 않으면 당신은 아이에게 말한 대로 지키지 않는 어른이 될 뿐이다.

셋. 당신 자신이 화를 터뜨리면 안 된다

이런 식으로 자기 자신을 다잡자.

'내가 화를 낼 필요는 없지. 안 된다고 말했으니까 그걸로 됐어. 그

릴 만한 이유가 있어서 안 된다고 말한 거잖아.'

당신이 냉정함을 잃으면 아이는 오히려 더 흥분할 뿐이며 자제력을 배울 필요도 깨닫지 못한다.

넷. 아이에게 멸시와 창피를 주면 안 된다

생떼를 부린다는 이유만으로 아이를 나쁜 아이로 만들어서는 안 된다.

"이 못된 녀석! 아기처럼 이게 뭐하는 짓이야! 창피하지도 않니?"

이런 식으로 말하면 아이는 자존감을 잃으면서 자신은 원하는 것을 얻을 자격도 없다고 주눅이 들고 만다. 멸시도 괴롭힘의 일종임을 잊지 말자.

다섯. 지난 일을 들추면 안 된다

아이가 생떼를 부렸던 일을 추후에 들추어내면 안 된다. 그러면 생떼를 계기로 아이에게 더 관심을 주는 셈이 되어 아이가 당신의 관심을 끌기 위해 또 생떼를 부릴 여지만 준 꼴이 된다.

여섯. 아이에게 떼쓴 것에 대한 대가를 치르게 하면 안 된다

상황이 종료된 후에도 아이를 계속 무시하면 아이는 당신의 관심을 끌기 위해 다시 생떼를 부릴 것이다. 자기가 벌인 행동 때문에 사랑받지 못하고 거부당하고 있다는 메시지를 아이에게 보내서는 안 된다.

• 사례로 들여다보기 •

툭하면 떼를 쓰던 아이가
어른스러워졌어요

개빈과 케이틀린 부부는 세 살배기 딸 매디슨을 어떻게 해야 할지 걱정이었다. 저녁 먹기 전에 쿠키를 못 먹게 말릴 때마다 매디슨은 한바탕 생떼를 벌이곤 했다. 엄마 아빠가 안 된다고 말하면 "돼!"라고 악을 쓰며 아빠의 바짓가랑이를 끌어당기고 주방에서 쿵쿵 발을 구르다가 바닥에 주저앉아 발길질하고 소리소리 지르면서 온 가족이 진이 빠지도록 생떼를 부렸다. 결국 개빈과 케이틀린은 아이에게 쿠키를 주고 말았다.

부부는 자신들이 뭘 잘못하고 있는지 고민에 빠졌다. 딸아이의 요구를 거절하는 방식이 잘못된 걸까? 그 순간 부부는 퍼뜩 깨달았다. 생각해보니 매디슨은 안 된다고 말할 때 떼를 더 잘 썼다. 또, 저녁을 먹기 전에 쿠키를 먹고 싶다며 고집을 부리는 딸에게 져준 것이 오히려 딸의 나쁜 행동을 부추겼다는 사실도 알았다.

다음번에 매디슨이 또 생떼를 부리자 부부는 좋은 기회다 싶어 새로운 전략을 펼쳤다. 엄마는 딸에게 안 된다고 말하는 대신 차분하게 말했다.

"매디슨, 쿠키 먹고 싶은 거 알아. 그만 소리 지르고 저녁을 다 먹으면 쿠키를 줄게."

그래도 매디슨이 생떼를 멈추지 않자 부부는 그냥 그 자리를 피해버렸다. 부부는 악쓰는 아이를 방치하기가 힘들었지만 딸이 조용해질 때까지 기다렸다가 주방으로 돌아왔다. 매디슨은 아무도 관심을 가져주지 않자 마침내 울음을 멈추고 엄마 아빠가 말한 대로 밥을 먹기 시작했다.

아빠가 미소를 머금고 주방으로 들어오며 말했다.

"매디슨, 지금 쿠키 먹고 싶은 네 마음 아빠도 알아. 쿠키는 저녁 먹고 줄게. 소리 지르고 악쓰지 않으니까 얼마나 좋니. 이렇게 잘 참는 우리 딸을 보니까 아빠가 기분이 좋구나."

매디슨은 조용히 저녁을 먹으면서 엄마 아빠를 흐뭇하게 해주었고, 약속대로 밥을 다 먹은 후에 쿠키를 받았다.

부부는 그날 밤 매디슨의 생떼에 져주지 않고 침착함을 지킨 자신들을 뿌듯해했다. 그 후에도 부부는 딸이 생떼를 부리면 아이를 그냥 놔둔 채 다른 데로 가버렸다. 반면 딸이 요구를 거부당해도 차분하게 반응할 때는 잊지 않고 칭찬해주었다. 이제 매디슨은 생떼를 부리는 일이 점점 줄었다. 자기 성에 안 차면 이따금 울 때도 있었지만 예전에 툭하면 그랬던 것처럼 난동을 피우지는 않았다.

호기심이 많은 아이를
안전하게 키우고 싶어요

문제의 특징

이제 막 기거나 아장아장 걷게 된 아이들은 열심히 세상을 탐구하려는 경향이 있다. 하지만 자신의 생각만큼 자립성과 자기 통제력이 없기 때문에 부모가 안전하게 아이 행동에 한계를 정해주어야 한다. 아이가 안전하게 컨트롤할 수 있는 범위 이상의 자유를 허용해주는 실수를 저지르기 전에 미리미리 아이의 성장도와 책임감을 시험하며 아이의 한계를 수시로 확인한다. 평균적으로 남자아이가 여자아이에 비해 자신의 한계를 시험해보며 자유를 요구하는 시기가 빠른 편임도 명심하자.

아이들에게 호기심을 펼치며 세상을 탐험하게 해주는 것은 바람직한 일이다. 단, 이러한 행동에는 부모의 지도와 보호가 함께 따라야 한다. 아이가 집 안을 여기저기 휘젓고 다니기 시작하기 전에 집을 안전한 곳으로 만드는 일에도 신경을 쓰기 바란다(175쪽 '아이가 온 집 안을 헤집고 다녀요'와 '부록Ⅱ. 아이의 안전을 위해 점검해야 할 것들' 참조).

문제 예방법

하나. 아이 행동에 한계를 정해준다

호기심 많은 아이를 안전하게 키우고 싶다면 아이의 행동에 구체적으로 한계를 정해주어야 한다. 갓 걸음을 떼기 시작한 아이에게 주방은 위험한 구역이라고 판단된다면 아이에게 당신과 함께일 때만 주방에 들어갈 수 있다고 일러준다. 또, 이 규칙을 따르게 도와줄 다른 어른이 곁에 있다는 것도 알려준다. 어떤 장소를 출입 금지 구역으로 정하고 아이를 그곳에 못 들어가게 하면 아이는 더 들어가고 싶어지게 마련이므로 이 점을 확실하게 알려주어야 한다.

둘. 안전 조치를 취한다

가정용 세제와 기타 위험 물질을 보관하는 수납장의 문은 항상 잠가놓는다('부록Ⅱ. 아이의 안전을 위해 점검해야 할 것들' 참조).

셋. 금지된 행동을 할 수 있는 조건을 알려준다

안 된다고 하면 더 하고 싶은 심리를 배려하는 차원에서 아이에게 꾸지람 듣지 않으면서 하고 싶은 대로 할 수 있는 방법을 알려준다. 예를 들어 이렇게 말해주면 된다.

"길을 건널 때는 엄마 손을 잡아야 해."
"현관에 나가 놀 때는 엄마가 따라 나가줄 거야."

넷. 규칙을 잘 알고 있는지 물어본다

아이를 밖에 나가 놀게 해줄 때는 먼저 당신이 정해놓은 규칙을 잘 기억하고 있는지 물어본다. 아이가 기억을 못 하면 규칙을 다시 말해준다.

문제 해결법: 바람직한 행동

하나. 규칙을 잘 지키면 상을 준다

부모가 정해준 규칙을 아이가 잘 지켰을 때는 상을 주면서 앞으로도 규칙을 잘 따르도록 북돋워준다.

"다른 데 안 가고 얌전히 그네를 잘 타서 엄마가 기분이 좋네. 앞으로는 그네 타는 시간을 3분 더 늘려줄게."

물론 아이가 밖에서 놀 때는 책임감 있는 어른이 옆에서 지켜봐주어야 한다. 그렇게 옆에서 지켜봐주면 아이의 안전을 확인하는 동시에 아이와 긍정적 관계를 쌓을 수 있다.

둘. 곁에서 지켜봐준다

걸음마를 시작한 아이나 유치원생 아이는 거침없이 세상을 탐험하기 때문에 어른이 옆에서 안전한 것과 안전하지 않은 것을 구별해주어야 한다. 또, 당신이나 다른 어른이 아이가 어떻게 하는지 지켜봐야 한다. 예를 들어 아이가 집 안을 여기저기 돌아다니며 새로 얻은 이동 능력을 시험해보는 중이라면 곁에서 아이를 지도해주고 위험한 상황이 닥치지 않도록 미리 막아주어야 한다. 아이가 창문의 방충망 손잡이를 들어 올리며 흔들어대거나, 덧문을 열거나 닫다가 그 작은 손가락이 문틈에 끼어버릴 수도 있는데 이와 같은 일들은 당신이 잠깐 한눈을 판 사이에 일어나기도 한다. 아이가 탐험을 하게 두되 해도 되는 일과 하면 안 되는 일을 가르쳐주면서 돌아다니는 아이를 주의 깊게 지켜봐야 한다.

셋. 정해준 규칙을 지키지 않으면 어떻게 되는지 정해놓는다

규칙을 지키며 조심하지 않으면 놀지 못하게 하겠다고 가르친다.

"이런, 주방 차단막을 넘어뜨렸네. 이제부터 차단막 쪽에 올 때는 어떻게 해야 하는지 연습해보자."

아이가 차단막 가까이에 와서 차단막을 넘어뜨리지 않는 연습을 잘하는지 주의 깊게 지켜보다가 이렇게 말해준다.

"차단막 위로 주방의 물건들을 얌전히 쳐다보고 있으니까 좋잖아.

여기에서 저런 예쁜 색깔과 모양들을 보는 것도 정말 재미있단다."

넷. 규칙을 반드시 지킨다

아이가 규칙을 어길 때마다 규칙을 엄하게 지키게 한다. 그러면 아이는 당신이 한 번 말한 것은 그대로 지킨다는 것을 깨닫는다. 이런 식의 교육은 당신이 옆에 없어도 아이가 안전하게 행동하도록 도와준다. 자신이 어떻게 행동해야 하는지 아이가 확실히 알고 있기 때문이다.

다섯. 자주 칭찬해준다

아이가 밖에 나가 돌아다니거나 노는 모습을 지켜보면서 규칙을 지킬 때마다 칭찬해준다.

문제 해결법: 바람직하지 않은 행동

하나. 규칙을 어겼다고 아이를 때리면 안 된다

손찌검은 아이가 또다시 그런 행동을 못 하게 막는 데는 도움이 안 된다. 오히려 다음번에 당신 몰래 그 행위를 하도록 부추길 뿐이다.

둘. 당신이 정해준 한계를 넘어도 과잉 반응하면 안 된다

위험한 일이 생길까 봐 당신이 겁에 질려 소리를 지르면 아이는 당신의 스트레스를 감지하고 이는 아이의 스트레스 증가로 이어진다.

하지만 아이는 당신이 위험을 감지했기 때문에 스트레스를 받고 있음을 이해하지 못한다. 따라서 당신은 침착함을 잃지 않고 아이를 위험 상황으로부터 벗어나게 해주는 한편 당신이 걱정하는 이유도 설명해줘야 한다.

• 사례로 들여다보기 •

호기심 많은 아이가
안전하게 외출하는 법을 배웠어요

이제 일곱 살인 애슐리는 동네에서 제일 인기 있는 꼬마 아가씨였지만 이런 인기가 해밀턴 가족에게는 심각한 고민거리를 안겨주기도 했다. 어느 날, 아침을 먹는 자리에서 애슐리가 엄마에게 말했다.

"오늘 수지랑 같이 유치원에 갈 거예요. 점심을 먹은 다음에는 도나네 집에 가기로 했어요. 마리아랑 인형놀이도 할 거예요."

엄마가 애슐리에게 "네 마음대로 아무 때나 어디든 다 갈 수는 없어"라고 말하자 애슐리는 소리를 질렀다.

"왜요? 왜 안 되는데요? 난 갈 거예요! 내 마음대로 할 거예요!"

애슐리가 이런 식으로 반항을 하면 애슐리와 부모 사이에 험한 말이 오가며 승강이가 벌어지기 일쑤였다. 부부는 어린 딸을 안전하게 보호하기 위해 어디까지 자유를 허용해주고 어디쯤에서 한계를 정해주어야 할지 난감했다. 그래서 부부는 딸아이에게 자유를 주는 대신 꼭 지켜야 하는 규칙을 만들었다. 엄마와 아빠가 이런 규칙을 애슐리에게 잘 알아듣게 설명해주자 애슐리는 더 많은 자유를 누리려면 어떻게 해야 하는지 알게 되어 즐거워했다. 그리고 마침 애슐리가 글을 배우는 중이었기 때문에 엄마 아빠는 규칙을 큰 표로 적어서 애슐리가 날마다 볼 수 있게 해놓았다.

애슐리가 배워야 했던 규칙 중 하나는 저녁에 친구 집에 놀러 가서 지켜야 할 사항들이었다. 부부는 애슐리 친구의 엄마 아빠와 아는 사이라 전화를 걸어 그 집의 규칙을 들어보았다. 규칙을 확인한 결과 애슐리는 그 집의 규칙을 지킬 수 있을 것 같았고, 부부는 흡족한 마음으로 딸을 친구 집에 보내주었다. 그 전에 딸아이에게 예의 바르게 행동하는 법을 일러주었는데 이는 딸에게 자유를 최대한 달콤하게 맛보도록 해주려는 조치였다. 자유의 조건을 정하고 그에 따라 실행하면 누구나 주어진 한계와 기대치 내에서 안정감과 만족감을 느낄 수 있다는 것을 부부는 깨달았다.

아이가 배변 훈련을
어려워해요

문제의 특징

배변 훈련은 부모와 아이 사이에서 최초로 벌어지는 한바탕 의지력 싸움이다. 즉, 자신에게 당연한 일을 그만하라고 시키는 부모에 반발하는 아이의 의지와, 아이가 새로운 일을 시작하기를 바라는 부모의 의지가 충돌하는 싸움이다.

배변 훈련 중 대다수 아이는 자신을 보며 기뻐하는 부모를 통해 긍정적인 자극을 얻는다. 따라서 배변 훈련 중에 일어나는 사고를 최소화하려면 바람직하지 못한 일(팬티에 쉬하고 응가하기)보다 바람직한 일(팬티 대신 유아용 변기에 쉬하고 응가하기)에 더 관심을 가져줘야 한다. 아이가 당신의 관심과 반응을 얻기 위해 일부러 사고를 내는 일이 없도록 신경을 써주면서 아이에게 뿌듯함도 느끼게 해줘야 한다.

> | 주의 | 아이가 다섯 살이 넘어서도 배변 훈련 중에 자꾸 사고를 치면 의사에게 상담을 받아보기를 권한다. 이번 장에서는 이불에 지도를 그리는 문제는 다루지 않으려 한다. 대다수의 취학 전 아동은 단순히 발달 단계상 밤새 소변을 참는 능력이 아직 갖추어져 있지 않기 때문이다. 전문가들 대다수는 일곱 살 이상부터의 야뇨증을 전문가의 도움이 필요한 문제로 여기고 있다.

문제 예방법

하나. 배변 훈련을 할 준비가 되었는지 그 신호를 찾는다

다음과 같은 신호가 나타날 경우 아이가 배변 훈련을 할 준비가 되어 있다고 판단하면 된다.

- 아이가 소변이나 대변을 보고 있다는(또는 소변이나 대변이 마렵다는) 사실을 인지한다.
- 대소변을 보는 패턴이 규칙적이고 예측 가능해진다.
- 팬티를 내리고 어른용 변기나 유아용 변기에 앉을 수 있다.
- 배변 훈련 용어를 이해하고 간단한 지시에 따를 줄 안다.
- 변기 사용에 관심을 갖는다.

- 더러워진 기저귀를 차고 있기를 질색한다.

둘. 너무 이른 시기부터 훈련시키지 않는다

너무 이른 시기에 배변 훈련을 시키면 아이는 스스로 변기에서 대소변을 가리려 하기보다 엄마 아빠에게 더 의존하게 된다. 따라서 미처 준비가 안 된 시기에 억지로 배변 훈련을 시키면 오히려 변기 사용 요령을 터득시키는 데 시간이 더 오래 걸릴지 모른다.

셋. 변기를 사용하도록 모범을 보여준다

부모가 변기를 사용하는 모습을 보여주면서 아이가 유아용 변기에 친숙해지게 해준다.

넷. 아이가 유아용 변기를 편리하게 사용하도록 배려해준다

유아용 변기는 배변 훈련 중 사고가 터져도 쉽게 치울 수 있을 만한 곳에 둔다. 배변 훈련 초기에는 아이가 집 밖에서도 마음 편히 볼일을 볼 수 있게 유아용 변기를 가지고 다니자.

다섯. 적절한 배변 훈련 과정을 선택해서 잘 지킨다

배변 훈련에 유용한 자료들(책, 테이프, 비디오, 웹 사이트)을 찾아보고 그중에 마음에 드는 훈련법을 골라서 일관성 있게 따른다. 일관성과 인내력이 바로 성공의 열쇠다![12]

문제 해결법: 바람직한 행동

하나. 팬티에 용변을 보지 않으면 상을 준다

아이가 변기를 잘 사용할 때만이 아니라 팬티에 용변을 보지 않았을 때도 잘했다고 말해준다. 그러면 아이는 배변 훈련용 팬티를 입고 있는 와중에도 당신이 자신에게 기대하는 행동(팬티에 용변 보지 않기)을 하도록 더 많이 의식하게 된다. 아이가 배변 훈련용 팬티를 입고 있다면 대략 15분마다 이렇게 물어본다.

"팬티 어때? 축축하지 않아?"

이는 아이에게 팬티가 젖지 않았는지 확인하는 책임을 맡기는 셈으로, 이를 통해 아이는 배변 훈련 과정에 대한 통제력을 더 많이 느낀다. 팬티가 젖지 않았으면 잘했다고 말해준다.

"팬티에 볼일을 보지 않았구나! 정말 장하네."

---

[12] 배변 훈련에 대해 더 자세한 정보를 알고 싶다면 인터넷 사이트 '보건복지부 국가건강정보포털'을 참조하기를 권한다.
http://health.mw.go.kr/Main.do

이외 제리 와이코프와 바버라 유넬이 방문해보기를 권하는 웹 페이지는 다음과 같다.
http://www.mayoclinic.org/healthy-lifestyle/infant-and-toddler-health/in-depth/potty-training/art-20045230?reDate=25042016

둘. 엉뚱한 곳에 용변을 보려 하면 규칙을 상기시켜준다

아이들은 적절하지 못한 곳에 응가나 쉬를 하려 할 때가 종종 있다. 그럴 때는 규칙을 상기시켜준다.

"응가나 쉬는 유아용 변기에서 하는 거야. 자, 연습해보자."

그런 다음 변기 사용법을 연습한다.

셋. 사고가 생겨도 침착하게 반응한다

아이가 팬티에 용변을 보았다면 이렇게 말해준다.

"이런, 팬티에 쉬를 했구나. 지금부터 팬티에 쉬하지 않는 연습을 좀 하자."

그런 다음 출발 위치를 다르게 하면서 화장실에 가는 연습(팬티 내리기, 변기에 앉기, 팬티 올리기 순으로)을 열 번쯤 반복한다. 연습 중에는 아이가 소변이나 대변을 꼭 보게 할 필요는 없다. 변기를 사용하는 바른 동작을 익히게만 하면 된다.

넷. 공공장소에서는 할머니식 육아법을 활용한다

공공장소에서 아이가 평소에 자기가 쓰는 유아용 변기가 아니면 볼일을 보지 않겠다고 고집을 피울 때는 할머니식 육아법대로 해본다.

"팬티에 싸면 안 돼. 지금 네 유아용 변기는 여기에 없어서 못 써. 이 변기에 싸면 동물원에서 더 놀다 가게 해줄게."

원한다면 외출할 때 유아용 변기를 챙겨 나가도 좋다.

문제 해결법: 바람직하지 않은 행동

하나. 배변 훈련 중 사고를 쳐도 벌을 주면 안 된다

배변 문제로 아이에게 벌을 주는 것은 배변 훈련을 잘 해내지 못한 것 때문에 아이에게 관심을 가져주는 꼴이다. 아이의 배변 훈련에는 도움이 되지 않는 행동이다.

둘. 잘못된 방식으로 물으면 안 된다

"쉬(응가) 마렵지 않아?"처럼 아이가 대개 "아니요"라고 대답하는 질문은 바람직하지 못하다. "팬티 어때?"라는 식으로 물으면 아이는 당신이 바라는 바와 책임감을 더 의식하게 된다. 올바른 질문을 던져 아이가 책임감을 가지고 팬티가 젖지 않았는지 확인하게 하면서 배변 습관을 잘 들이게 해주자.

셋. 창피를 주면 안 된다

"창피한 줄 알아! 지금 네 나이가 몇인데 이런 사고를 치니."

팬티에 용변을 보지 못하게 한답시고 아이에게 이런 말을 해서는 안 된다. 아이에게 창피를 줘봤자 아이는 사고를 친 사실만 감추려 들 뿐 대소변을 가리는 요령은 제대로 배우지 못한다.

• 사례로 들여다보기 •

오줌싸개 아이가
화장실을 가리게 되었어요

어린이집이 여름 방학에 들어가자마자 케일리는 그동안 익힌 숫자와 글자도 모자라 배변 훈련으로 들인 습관까지 잊어버리기 시작했다. 케일리는 소변을 참고 참다가 팬티에 소변이 찔끔 흘러나올 지경이 되면 그제야 화장실에 갔다. 엄마가 팬티를 적셨다고 나무라면 케일리는 조금밖에 젖지 않았다고 대들었다. 엄마 클레어가 케일리를 관찰한 결과 아이는 하고 있는 일에 너무 빠져서 신호가 왔을 때 얼른 화장실로 달려가지 못하는 데다 팬티에 소변을 지리는 것을 대수롭지 않은 일로 생각하고 있다는 점을 알게 되었다.

부부는 상황을 찬찬히 분석한 끝에 작년에 했던 배변 훈련을 다시 시도하기로 했다. 부부는 케일리가 팬티를 적실 때마다 화를 내는 대신 소변을 잘 가리면 칭찬해주었다.

"팬티 좀 봐봐, 케일리. 축축해지지 않았어?"

다음 날, 아침을 먹고 나서 클레어가 물었다. 케일리가 함박웃음을 지으며 밝게 "안 축축해요"라고 대답했고 클레어는 흐뭇해했다.

"팬티에 쉬를 싸지 않아줘서 고마워. 오늘 내내 지금처럼 팬티 젖지 않게 하기다!"

클레어는 딸을 안아주며 칭찬했다.

그 뒤로 며칠 동안 클레어는 팬티가 축축해지지 않았는지 보라고 딸에게 수시로 물었고, 그때마다 딸은 축축해지지 않았다고 대답했다. 클레어는 이제 안심해도 되겠다고 마음을 놓았다. 그런데 바로 그다음 날, 케일리가 다시 팬티를 적셨다.

"쉬하러 가는 걸 까먹었구나. 화장실 가기 연습 열 번 하자."

클레어가 부루퉁해 있는 딸에게 말했다. 딸은 놀이 시간에 배변 연습을 해야 한다는 게 영 불만이라는 표정이었다. 하지만 케일리는 팬티가 젖지 않았을 때 엄마가 해주던 칭찬이 또 듣고 싶기도 했고, 또 팬티에 오줌을 싸서 화장실 가기 연습을 열 번 하는 것보다는 제때 쉬하러 가서 엄마한테 칭찬을 듣는 편이 좋다는 것을 금방 배웠다.

그 후 몇 달이 지나도록 케일리는 팬티에 오줌을 싸지 않았다. 부부는 혹시라도 케일리가 대소변 가리는 법을 또 까먹을까 봐 딸이 팬티에 오줌을 싸지 않으면 종종 칭찬을 해주었다. 딸이 팬티에 오줌을 싸더라도 화내며 속상해하기보다는 딸이 보송보송하게 팬티를 지킬 수 있도록 배변 습관을 다잡아주리라 결심했다.

자꾸만 텔레비전을
보여달라고 졸라요

문제의 특징

아이들은 텔레비전, 컴퓨터, 태블릿 PC, 스마트폰, 비디오 게임 등 점점 다양해지는 전자 미디어의 홍수 속에서 성장한다. 이런 미디어는 감성을 자극하는 이미지를 빠른 속도로 선사해주는 만큼 중독되기가 쉽다.

아이가 화면 속에 푹 빠져 있는 동안에는 집이 조용해서 좋을지 모르겠지만 다양한 조사를 통해 입증되었다시피 이런 놀이가 여러 활동 중 하나가 아닌, 아이가 화면 앞에 붙어살다시피 하는 지경이라면 경각심을 가져야 한다. 아이에게는 몸과 마음을 성장시키고, 또 비만이 되지 않도록 밖에 나가서 뛰놀 시간도 필요하다. 또, 언어 수준에 맞는 책을 읽으며 상상력도 키워야 하고, 아날로그 장난감을 가지고 창의적으로 놀면서 종합적이면서도 섬세한 운동 능력도 길러야 한다.

아이의 뇌는 생후 1년 사이에 빠르게 발달하며 화면이 아니라 사람들과 상호 작용을 나누면서 성장한다. 따라서 어린아이에게 정말로 필요한 것은 자극적인 화면이 아니라 자신을 사랑하는 어른과 대면하는 일이다. 여러 연구를 통해서도 밝혀졌지만 과도한 미디어 시청은 주의력 장애, 학습 활동 저해, 수면 및 식습관 장애, 공격성, 비만 등의 문제를 일으키기 쉽다. 게다가 미디어는 아이를 위험한 행위에 물들이는 불씨가 될 위험마저 있다.

문제 예방법

하나. 화면을 보는 시간을 제한한다

아이에게는 다른 아이나 어른과 어울리며 언어 능력을 키우는 활동과 더불어 야외 활동, 독서, 취미, 상상력을 펼쳐볼 자유 놀이도 중요하다. 그뿐 아니라 미국소아학회American Academy of Pediatrics에서 밝힌 바에 따르면 세 살 이하의 아이에게는 텔레비전을 비롯한 전자 미디어 노출을 최소한으로 제한하거나 차단해야 한다. 유아 때 텔레비전을 시청한 아이는 여덟 살 무렵에 주의력 장애에 빠질 가능성이 더 높기 때문이다. 또, 미국소아학회에 따르면 세 살 이하 아동의 경우 프로그램의 내용과 상관없이 텔레비전 시청 시간을 하루 두 시간으로 제한해야 한다. 휴대전화나 컴퓨터로 프로그램을 시청해도 텔레비전은 여전히 텔레비전임을 명심하자.

둘. 화면을 보는 장소를 정한다

아이의 방이나 밥을 먹는 공간에는 텔레비전, 컴퓨터, 비디오 게임을 가져다 놓지 않는다. 식당에서 외식을 할 때나 집에서 밥을 먹을 때도 당신과 아이 모두 휴대전화나 태블릿 PC를 사용하지 못하도록 정한다. 이렇게 하면 자꾸만 온라인에 접속하거나 화면을 들여다보고 싶은 유혹을 쉽게 줄일 수 있고 아이가 전자기기 화면에 중독될 위험도 자동으로 줄어든다.

셋. 아이와 함께 시간을 보낼 때는 화면과의 접촉을 피한다

아이와 같이 놀거나, 기저귀를 갈아주거나, 젖을 주거나, 목욕을 시키거나, 그냥 이야기를 나눌 때는 텔레비전을 끄고 휴대전화도 다른 곳에 치워둔다. 아이가 당신과 함께 재미있게 지내는 동안에는 전자 미디어에 방해를 받아서는 안 된다!

넷. 규칙을 굽히지 않는다

좋아하는 프로그램을 보여주지 않는다고 아이가 생떼를 부리더라도 규칙을 엄격하게 지킨다. 아이의 나이에 맞춘 적정한 시청 규칙도, 특정 구역 외에는 화면을 볼 수 있는 전자 기기를 가져다 놓지 않는다는 규칙도 변경해서는 안 된다. 아이가 조를 때마다 어른이 져주면 아이에게 만족을 미루는 능력과 규칙 준수의 중요성을 가르치지 못한다.

다섯. 아이의 친구가 되어준다

아이와 함께 단둘만의 시간을 보내주면 아이가 전자 미디어를 찾는 시간이 줄어줄게 마련이다. 아이들은 자신을 사랑하는 어른의 온전한 관심을 받고 싶어 한다!

문제 해결법: 바람직한 행동

하나. 창의성을 키워준다

아이가 미디어를 수동적으로 흡수하게 내버려두지 않는다. 그보다는 성을 쌓고, 자기 나름대로 게임을 만들며 놀고, 그림을 그리고, 나름의 추상 작품을 만드는 등 창의적 활동에 몰입하게 해주어 점점 자라는 몸과 마음에 활기를 불어넣어준다.

둘. 관심의 방향을 돌려준다

자기가 좋아하는 화면을 어른이 끄거나, 휴대전화나 태블릿 PC를 가지고 놀지 못하게 했다고 아이가 생떼를 부릴 때는 전자 미디어 화면의 중독성을 명심하며 잘 타이른다.

"지금은 그런 거 보는 시간이 아니야. 우리 같이 책 읽자!"

셋. 아이가 미디어를 시청할 때는 어른이 옆에서 감독한다

아이에게 전자 미디어 화면을 보여줄 때는 어른이 옆에서 화면을 함께 봐주어야 한다. 옆에 앉아서 아이가 보고 있는 내용에 대해 이야기를 나누면 아이의 언어 발달에도 도움이 되고 비판적 사고도 키워줄 수 있다.

"지금 저 아이가 뭐 때문에 기뻐하는 걸까?"

이런 식으로 이야기해주면 아이가 화면 속 인물들의 감정을 이해하거나 인과 관계를 깨닫는 데도 도움이 된다. 화면 속에서 어떤 남자아이가 다른 아이에게 놀림을 받고 있으면 다른 사람을 놀리는 것은 그 사람에게 상처를 주는 일이라고 가르치는 것도 좋다.

넷. 규칙을 다시 알려준다

아이가 전자 미디어를 보게 해달라고 조르면 규칙을 다시 알려준다.

"규칙이 뭐였지? 낮잠을 잔 뒤에만 휴대전화를 가지고 놀 수 있다고 했지?"

다섯. 할머니식 육아법을 활용한다

아이가 스마트폰이나 텔레비전을 보고 싶어 하면 할머니식 육아법을 활용해 그에 따른 대가를 치르게 한다.

"블록을 상자에 정리하면 5분 동안 태블릿 PC로 놀게 해줄게."

여섯. 휴대전화 알람을 활용한다

휴대전화 알람을 설정해 아이가 전자 미디어를 오래 보지 못하도록 시간을 제한한다. 아이가 습관적으로 미디어에 과잉 몰입하지 못하도록 휴대전화의 알람을 활용해 전원을 꺼야 할 시간을 알려준다. 아이가 몸을 움직이는 활동으로 관심을 돌리면 잘했다고 칭찬해준다.

일곱. 생떼를 부리면 무시한다

텔레비전을 안 보여준다는 이유로 아이가 주저앉아 악을 쓰면 생떼를 그칠 때까지 등을 돌리고 기다리거나 그 방에서 나온다. 가만 놔두면 아이는 당신이 한 번 말한 것은 반드시 지킨다는 것을 깨닫게 된다.

문제 해결법: 바람직하지 않은 행동

하나. 아이를 떼어놓기 위해 전자 미디어를 이용하면 안 된다

주방에서 볼일을 보려고 아이를 미디어 화면 앞에 방치하지 말고 감자 씻기나 상추 찢기 같은 나이에 걸맞은 일을 시키면서 아이에게 굽고, 익히고, 끓이는 요리의 세계를 경험하게 해준다.

둘. 져주면 안 된다

아이가 골이 나서 시끄럽게 소란을 피우면 당신은 아이가 원하는 대로 해주고 싶어질지 모른다. 하지만 그렇게 되면 당신은 아이에게 끌려다니는 셈이며, 아이에게 생떼만 부리면 뭐든 해결된다고 가르치는 격이다. 아이를 사랑하는 어른의 역할에 충실하려면 아이를 도로로 뛰어나가지 못하게 막는 것처럼 다른 행동에도 한계를 정해줄 줄 알아야 한다.

셋. 당신 자신의 감정을 조절하지 못하면 안 된다

아이가 자꾸만 이것저것 해달라고 졸라대면 감정이 폭발 직전에 이르러 냉정함을 잃기가 쉽지만 침착함을 잃지 말고 이 또한 곧 지나간다는 말로 자기 자신을 다독이면서 감정 절제의 모범을 보여주자.

넷. 으름장을 놓아서는 안 된다

아이에게 지금 당장 울음을 그치지 않으면 화를 내겠다거나, 다시는 어떤 화면도 못 보게 하겠다고 으름장을 놓으면 아이에게 스트레스와 불안감을 주게 된다. 이런 으름장은 아이의 공감 능력에 타격을 주고, 자기 절제를 어떻게 하는지를 배우지 못하게 하며, 당신은 말만 해놓고 지키지 않는 사람이 된다.

다섯. 아이에게 헤드폰을 쓰게 하면 안 된다

아이들의 귀는 쿵쿵 울리는 헤드폰의 증폭 사운드에 노출될 경우 영구적으로 청각 손상을 입을 위험이 있다. 아이가 헤드폰을 끼고 있으면 적절한 볼륨인지 어른이 체크해줄 수 없으므로 아예 헤드폰을 못 쓰게 하는 것이 최선이다.

• 사례로 들여다보기 •

텔레비전을 틀어달라고 조르던 아이가 이렇게 바뀌었어요

케일리는 아침에 일어나서 잠자리에 들 때까지 잠시라도 화면을 못 보면 안달했다.

"저거 볼래요!"

엄마 신디가 아이를 육아 도우미에게 보낼 준비를 시킬 때 케일리는 늘 이렇게 말했다. 육아 도우미에게 데려다주는 차 안에서도 케일리는 엄마에게 스마트폰을 달라며 졸랐고 자기 뜻대로 안 되면 울음을 터뜨리고 앞 좌석 등받이에 발길질을 해댔다. 집으로 데려오는 차 안에서나, 집에 온 후 저녁 내내 이런 패턴이 반복되었다. 신디는 이런 딸을 어찌해야 할지 막막했다. 딸은 육아 도우미의 집에서 텔레비전을 너무 많이 보는 듯했고, 부부도 텔레비전 시청 시간이 너무 길었다. 신디는 육아 도우미 내털리에게 전화를 걸어 그 집에서 케일리에게 텔레비전을 얼마나 보여주는지 물어보았는데 대답은 충격적이었다. 내털리는 아이들 기저귀를 갈아주거나 음식을 먹이는 동안 다른 아이들을 재미있게 해주려고 온종일 텔레비전을 틀어놓는다고 했다. 그날 저녁, 부부는 상의 끝에 새 육아 도우미를 구하든, 케일리를 어린이집에 등록시키든 둘 중 하나를 선택하기로 했다. 하지만 새 육아 도우미를 구하든 어린이집에 아이를 맡기든 간에 집에서도 뭔가 조치를 취해야 했다.

부부는 가장 먼저 전자 미디어를 보는 규칙을 정하기로 했다. 아침에 케일리가 일어나 저녁에 잠들 때까지는 텔레비전은 물론, 컴퓨터도 끄고 휴대전화는 받지 않을 생각이었다. 부부는 저녁에 케일리와 할 만한 놀잇거리도 구상했다. 물론 처음 며칠은 힘들었다. 케일리는 이것을 보여달라 저것을 보여달라 쉴 새 없이 졸라댔다.

"텔레비전 볼 거예요."

케일리가 조르면 신디나 게이브는 이렇게 대답했다.

"오늘은 텔레비전 못 봐. 그게 규칙이야."

그러면 케일리는 또 다른 걸 보여달라고 했다.

"컴퓨터 할래요."

하지만 그렇게 며칠이 지나자 케일리는 관심이 놀이 활동으로 옮겨가더니 선뜻 엄마 아빠와 놀려고 했다. 신디와 게이브는 저녁을 먹은 후에는 30분간 텔레비전 시청이 가능하다는 규칙을 새로 추가해주었다. 이때 신디나 게이브 둘 중 한 사람은 딸아이와 함께 텔레비전을 보며 시청 장면 중에서 중요한 부분을 짚어 이야기를 나누고, 또 한 사람은 저녁 먹은 것을 치우기로 했다. 또, 케일리는 텔레비전을 많이 보여주지 않는 어린이집에 들어갔고 엄마와 아빠는 자신들의 규칙대로 따라주는 이 새로운 양육팀에 감사했다.

아이가 공공장소에서
제멋대로 돌아다녀요

문제의 특징

호기심이 많은 아이는 쇼핑센터, 마트, 운동장 같은 곳에 나가면 뭘 보고 또 뭘 할지 머릿속으로 리스트를 짜느라 바쁘다. 따라서 자신이 짠 리스트를 두고 엄마 아빠의 리스트대로 행동해야 하는 상황에 부딪히면 아이들은 제멋대로 굴기 쉽다. 하지만 아이의 호기심보다 아이를 안전하게 보호하는 것이 더 중요한 만큼 아이가 아무리 반항을 해도 공공장소에서의 행동 규칙을 지키게 하자.

공공장소에 나가면 엄마 아빠 옆에 꼭 붙어 있도록 아이에게 습관을 들여준다. 적어도 아이가 달리는 차 앞이나 지나가는 사람들, 카트 앞으로 뛰어들지 않고 알아서 잘 다닐 때까지는 그래야 한다. 아이는 위험한 것과 위험하지 않은 것을 구분하지 못하므로 그 차이를 가르치는 것이 부모의 의무다.

문제 예방법

하나, 공공장소에서의 행동 규칙을 정한다

공공장소에서 지켜야 할 행동 규칙을 아이에게 알려준다.

"마트에 가면 유모차에서 내리면 안 된다."

둘. 미리 연습을 시킨다

유모차를 이용할 만한 상황이 안 된다면 외출하기 전에 따라야 할 규칙들을 아이에게 연습시킨다.

"엄마가 팔만 뻗으면 잡을 수 있을 만큼보다 멀리 떨어져 있으면 안 된다. 그럼 얼마나 떨어져 있어도 되는지 연습해볼까?"

아이가 알려준 대로 잘 따르면 칭찬해준다.

"옳지, 잘했어. 그렇게 하면 돼. 엄마 옆에서 멀리 떨어지지 않아서 고마워."

셋. 어른이 부르면 바로 돌아오도록 가르친다

마트에 갔다가 아이와 추격전을 벌이지 않기 위해서는 엄마 아빠가 부르면 바로 아이가 돌아오도록 가르쳐야 한다. 무언가를 하지 않는 중립적 시간에 아이의 손을 잡고 이렇게 말해준다.

"자, 이리 오렴."

아이가 오면 안아주면서 칭찬해준다.

"엄마 말을 잘 들어줘서 고마워."

이렇게 하루에 다섯 번쯤 연습하되 매회 점점 거리를 벌리면서 훈련한다.

"자, 이리 오렴."

아이가 방 맞은편이나 가게 맞은편에서도 부르면 올 수 있을 때까지 계속 연습시킨다.

넷. 아이가 옆에 꼭 붙어 있으면 칭찬해준다

아이가 부모 옆에 잘 붙어 있을 때마다 칭찬해주면서 얌전하게 행동하는 것에 보람을 가지게 해준다.

다섯. 아이를 쇼핑 활동에 참여시킨다

아이가 유모차에 타기를 싫어하면 쇼핑 봉투를 들거나 유모차를 밀게 해준다. 그러면 아이는 자신이 쇼핑에서 중요한 역할을 맡고 있다는 생각에 여기저기 돌아다니고 싶은 마음이 줄어들게 마련이다.

여섯. 아이의 성장 단계에 따라 규칙을 바꾼다

아이가 쇼핑센터 같은 공공장소에서 잠깐 부모와 멀리 떨어져 걷다가도 바로 엄마 아빠 옆으로 되돌아올 만큼 의젓해지면 규칙을 바꾸어서 엄마 아빠에게서 떨어져 걸어도 좋다고 허락해줘도 된다. 단, 이때는 아이에게 자유의 폭을 늘려준 이유를 알려준다. 공공장소에서 안전 규칙을 지킨 덕분에 자유의 폭이 늘어나게 되었다는 것을 아이가 알면 규칙을 준수할 때 보상이 뒤따른다는 사실을 배울 것이다.

문제 해결법: 바람직한 행동

하나. 주의를 준다
공공장소에서 엄마 아빠 옆에 꼭 붙어 있지 않으면 주의를 준다. 그래야 아이에게 당신이 바라는 행동 규칙이 무엇이고, 그 규칙을 따르지 않으면 어떻게 되는지 가르칠 수 있다. 아이가 옆에 붙어 있지 않을 때는 이렇게 말해준다.

"엄마 아빠 옆에 꼭 붙어 있어야지. 엄마 아빠 옆에서 떨어지면 안 돼. 보람이 안전을 위해 그러는 거야."

아이가 자꾸 규칙을 어길 경우에는 주의를 주고 쇼핑을 그만한다.

둘. 연습, 또 연습시킨다
쇼핑을 나가기 전에 규칙을 연습시키는 것도 중요하지만 아이가 쇼핑 중에 규칙을 어긴 경우에는 보충 연습도 필요하다.

"엄마 옆에 붙어 있으라는 규칙을 보람이가 어겨서 속상하구나. 집에 가면 연습을 좀 하면서 보람이가 잘할 수 있는지 봐야겠다."

아이들은 대체로 연습하기를 싫어하지만 부모가 바라는 행동 규칙을 가르치려면 연습이 필요하다.

문제 해결법: 바람직하지 않은 행동

하나. 압박감에 못 이겨 규칙을 변경하면 안 된다

아이가 고함을 지르고 악을 쓰더라도 공공장소에서의 행동 규칙을 변경하면 안 된다. 엄하고 일관성 있게 규칙을 지켜야 아이에게 안전 의식을 심어줄 수 있다. 규칙의 제약 때문에 종종 아이가 고함을 지르고 악을 쓴다 해도 아이는 부모가 쳐주는 안전망 덕분에 낯선 곳에서 보호받고 있다는 느낌을 얻게 마련이다.

둘. 지키지도 않을 괜한 으름장을 놓으면 안 된다

쇼핑을 계속해야 하는 상황에서 아이에게 규칙을 따르지 않으면 집에 가겠다는 으름장을 놓으면 안 된다. 괜한 말을 해봤자 당신만 아이에게 신뢰할 수 없는 사람으로 비칠 뿐이다.

셋. 장시간 쇼핑에 아이를 데려가면 안 된다

아이들에 따라 엄마 아빠 옆에 꼭 붙어 있기 규칙을 잘 지킬 수 있는 시간의 길이는 저마다 다르다. 따라서 아이가 꾹 참고 규칙을 지킬 수 있는 시간이 어느 정도인지 미리 파악해두자.

• 사례로 들여다보기 •

외출했을 때
여기저기 함부로 돌아다니지 않아요

에밀리는 다섯 살 난 아들 매슈를 데리고 마음 편히 쇼핑센터나 마트에 다닐 수가 없었다. 아들은 유모차에 앉아 있기를 싫어하는 데다 엄마가 등을 돌렸다 하면 금세 어딘가로 쪼르르 사라져버렸기 때문이다. 지난번에 백화점에 갔을 때는 사라진 아들을 속옷 진열대 밑에서 찾아냈다.

"제자리에 못 있니! 어디 좀 가지 말란 말이야!"

하지만 야단을 쳐도 소용이 없었다. 속옷 매장을 나와서 백화점 안을 걸어가고 있을 때 매슈는 창가 쪽으로 달려가며 신이 나서 외쳤다.

"와, 기차다!"

창가가 너무 멀리 떨어져 있던 탓에 에밀리는 순간 아이가 어디로 달려갔는지 찾지를 못했고 가슴이 철렁 내려앉았다.

에밀리는 쇼핑을 나갔다가 아들이 자꾸 사라지는 일이 없게 하려면 외출 규칙을 세워야겠다는 생각이 들었다. 다음 날 아침, 에밀리는 마트에 가기 전에 아들에게 새로 정한 규칙을 알려주었다.

"매슈, 장을 보러 갈 때는 엄마가 팔만 뻗으면 잡을 수 있을 만큼만 떨어져 있어야 해. 더 멀리 떨어지지만 않으면 네 마음대로 물건들을 구경해도 좋아. 대신 물건들을 구경할 때는 손으로 만지지 말고 눈으로만 봐야 해."

하지만 마트에 들어간 지 얼마 지나지도 않아 매슈는 엄마의 눈앞에서 또 사라졌다.

"규칙을 지켜야지."

에밀리는 한 통로에서 아들을 겨우 찾아 가까이 끌고 오며 말했다.

"엄마가 팔만 뻗으면 닿을 만큼만 떨어져 있어야 해. 다 너의 안전을 위해 이러는 거야."

매슈는 엄마 말을 듣는 둥 마는 둥 하고는 자기가 좋아하는 과자가 있는 쪽으로 쌩 달려갔다. 에밀리는 속이 부글부글 끓었지만 침착한 표정을 지키면서 너무 서두르지 말자고, 새로운 규칙이 모두 그렇듯 완벽하게 지켜지기까지 연습이 필요한 법이라고 자기 자신을 다독였다.

"엄마 옆에 꼭 붙어 있어야 해. 네 안전을 위해서 그러는 거야."

에밀리는 아이에게 또다시 이렇게 말해준 다음 아들을 농산물 코너 옆의 조용한 구석으로 데려가서 조용히 서 있게 했고 자신은 등을 돌린 채로 아이 가까이에서 지키고 서 있었다. 말하자면 공공장소 버전의 진정의 시간이었다.

매슈는 반항심에 가득 차서 엄마를 노려보며 소리쳤다.

"안 해! 가서 놀래요. 엄마 미워!"

에밀리는 아들의 반항을 무시했다. 야단을 쳐도 소용이 없으면 쇼핑을 그만하고 집에 가서 쇼핑 규칙을 연습시켜야겠다는 생각도 했다. 3분이 지났을 때 에밀리는 매슈에게 미소를 지어 보이면서 규칙을 복습시킨 후 쇼핑을 마저 했다. 에밀리는 매슈가 팔을 뻗으면 닿는 거리에서 더 멀어지지 않을 때마다 잘한다고 칭찬해주었다.

"엄마 가까이에 있어줘서 고마워, 우리 아들. 이렇게 같이 장을 보니까 정말 좋다."

    이제 엄마와 아들은 아침으로 어떤 시리얼을 살지 두런두런 이야기했다. 그다음 몇 주 동안 에밀리는 아들에게 일관성 있게 규칙을 상기시켜주었다. 쇼핑을 그만하고 집으로 돌아와 연습을 하는 경우는 거의 없었다. 엄마와 아들 모두 부쩍 가까워진 모자 관계를 즐기느라 신이 나 있었기 때문이다.

똑바로 말하지 않고 계속 칭얼거려요

문제의 특징

어른들이 가끔 별 이유 없이 기분이 우울한 것처럼 아이들 역시 겉으로는 그럴 만한 이유가 없어 보이는데도 칭얼거리고 짜증을 부릴 때가 있다.

대개는 졸리거나, 배가 고프거나, 부모의 관심을 끌고 싶거나, 자기 멋대로 하고 싶어서 그러는 것인데, 조금 힘들겠지만 이럴 때는 그냥 무시하고 있으면 칭얼거림이 잦아든다. 그러면 아이 역시 짜증 부리며 징징대는 것보다 얌전하게 부탁하는 편이 부모의 관심을 끄는 데 더 효과적인 방법이라는 것을 금방 깨닫는다.

문제 예방법

하나. 아이가 듣기 좋게 말하면 관심을 보여준다

아이가 뭘 해달라면서 칭얼거리지 않을 때는 관심을 보여준다. 정중하고 듣기 좋게 말하면 부탁을 더 들어주고 싶어진다고 아이에게 말해주자. 그러면 아이도 칭얼거리지 않고 말할 때 당신이 더 좋아한다는 것을 알게 된다.

둘. 아이의 욕구를 충족시켜준다

아이를 제시간에 먹이고, 씻기고, 옷 갈아입히고, 재우고, 뽀뽀해주고, 안아준다. 그래야 아이가 기저귀나 팬티가 젖어서, 배가 고프거나 졸려서, 아니면 너무 짜증이 난 나머지 말도 하기 귀찮아져서 칭얼거릴 일이 없다.

문제 해결법: 바람직한 행동

하나. 칭얼거린다는 것이 뭔지 설명해준다

'칭얼거린다'는 것이 무슨 뜻인지 아이에게 정확히 알려준다. 그런 다음 할 말이 있으면 칭얼거리지 않고 또박또박 말해야 어른이 들어주기가 좋다고 가르쳐준다.

"듣기 좋게 말하면 사과 주스를 줄게. '사과 주스 주세요' 이렇게 똑바로 말해봐."

아이가 아직 말을 못하면 동작을 이용해 의사를 표현하는 방법을 가르쳐주고 듣기 좋게 부탁하는 방법을 최소한 다섯 번 연습시킨다. 아이가 좋게 이야기했을 때는 아이의 요구를 들어줌으로써 듣기 좋게 말해야 부탁을 잘 들어준다는 점도 확실하게 보여준다.

둘. 칭얼거리는 자리를 따로 만들어준다

할 말이 있으면 듣기 좋게 또박또박 말하라고 가르쳐주었는데도 아이가 계속 칭얼대면 아이에게도 기분이 안 좋거나 짜증이 날 때가 있다는 것을 인정해준다. 그럴 때는 아이에게 '칭얼거리는 자리'에 가면 기분이 풀릴 때까지 칭얼거려도 된다고 말해준다. 그리고 기분 좋게 말할 수 있을 때 그 자리에서 나와도 된다고 알려준다.

"네가 짜증이 나 있어서 엄마도 마음이 아파. 칭얼거리는 자리에 갔다가 기분이 풀리면 다시 엄마한테 오렴."

셋. 아이가 칭얼거릴 때는 무시한다

아이의 칭얼거리는 소리는 신경을 거슬리게 하기 때문에 아이가 조용히 말할 때보다 더 관심 있게 들어주기 십상이다. 그러지 말고 아이를 칭얼거리는 자리로 데려가 기분을 풀라고 한 후 당신은 헤드폰을 끼거나 아이의 칭얼거리는 소리가 신경이 쓰이지 않을 만한 다른 일을 한다.

넷. 칭얼거릴 때와 칭얼거리지 않을 때의 반응 차이를 보여준다

아이가 칭얼거릴 때와 칭얼거리지 않을 때 당신의 반응이 얼마나 다른지를 확실히 보여주기 위해 아이가 칭얼거림을 멈추면 곧바로 이렇게 말해준다.

"이제 기분이 좋아졌구나! 그럼 우리 장난감을 가져오자!"
"얼굴이 정말 밝아졌네!"
"이제 칭얼거리지 않아서 고마워"

문제 해결법: 바람직하지 않은 태도

하나. 아이가 칭얼거려도 져주면 안 된다

아이가 칭얼거린다고 해서 화를 내거나 원하는 대로 해주는 등 관심을 가져주면 안 된다. 이것은 아이가 제멋대로 하고 싶을 때 또 칭얼거리라고 가르치는 격이다.

둘. 부모가 칭얼거리지 않는다

어른의 불평은 아이에게 칭얼거리는 소리처럼 들린다. 당신이 불평을 하면 아이는 자기도 그래도 된다고 생각할지 모른다. 기분이 안 좋다고 해서 화가 난 것을 아이에게 풀어서는 안 된다. 그럴 때는 그냥 아이에게 기분이 좋지 않다고만 말하고 불평하지 말자.

셋. 아이에게 화를 내면 안 된다

아이가 컨디션이 좋지 않다고 해서 아이에게 화를 내면 안 된다. 아이는 당신이 분노를 표출하는 것을 관심으로 오해할 뿐 아니라 자신에게 당신을 화나게 만들 힘이 있다고 느끼게 된다. 그러면 아이는 대장 행세를 하고 싶을 때마다 칭얼거릴 것이다.

넷. 칭얼거렸다고 벌을 주면 안 된다

"엄마가 어디 한번 더 칭얼거리게 만들어줘?"

칭얼거리는 아이에게 이렇게 빈정거리면 아이와 당신 사이에 갈등만 키우게 된다. 이런 말을 들은 아이는 칭얼거리는 건 못된 짓이라는 의미로 받아들이며 기분이 좀 언짢은 것 때문에 죄책감을 느낄 것이다. 당신이 짜증 날 때 그러는 것처럼 칭얼거림은 아이가 그 순간의 짜증을 분출하는 유일한 배출구일 수도 있다.

다섯. 칭얼대는 것도 언젠가는 그친다는 점을 명심하자

아이가 지금은 기분이 나쁘다 해도 얼마쯤 지나면 다시 기분이 좋아질지 모른다. '이것도 곧 지나가겠지'라고 자기 자신을 다독이며 아이의 잘한 행동을 칭찬해주고 아이의 기분을 띄워주려 애쓰자.

• 사례로 들여다보기 •

시도 때도 없이 칭얼거리던 아이가
또박또박 이야기하게 되었어요

네 살이 된 엘리아나는 아침에 눈을 뜨는 순간부터 밤에 눈을 감을 때까지 칭얼거리기만 했다.

"엄마, 밥, 잉잉!"

"엄마 엄마, 안아줘!"

엄마 카밀라는 딸의 징징대는 소리를 못 들은 체 무시하려 애썼지만 딸을 조용히 시키느라 번번이 져주고 말았다. 하지만 쉴 새 없이 칭얼대는 소리에 점점 신경이 거슬려서 어느 날은 결국 소리를 지르고 말았다.

"엘리아나, 그만 좀 칭얼대. 이젠 지겹다 지겨워!"

하지만 소리를 지르면 딸은 더 칭얼거렸기 때문에 다른 방법이 필요했다. 카밀라는 진정의 시간을 변형해서 이용해보기로 했다. 다음 날 아침, 딸이 또 칭얼대기 시작하자 이렇게 말했다.

"여기는 칭얼거리는 의자야. 네가 칭얼거리면 엄마가 속상해. 칭얼거리려면 여기에서 하렴. 다 칭얼거렸으면 일어나서 엄마한테 와. 같이 인형놀이 하자."

카밀라는 미리 골라두었던 의자에 딸을 앉혀주고 그 자리를 피했다. 가까이에 있으면 딸에게 관심을 주게 될까 봐 그런 것이었다. 얼마쯤 후 아이의 칭얼거리는 소리가 그치자 카밀라가 돌아와서 딸을 칭찬해주었다.

"우리 딸이 칭얼대지 않으니까 정말 좋다. 이제 우리 같이 놀자."

그런데 이런 식으로 하다가는 딸이 이 의자에 하루에 열 번은 족히 앉을 것 같아서 카밀라는 방식을 바꾸기로 했다. 이번엔 딸에게 칭얼거리는 의자에 앉지 않을 수 있는 방법을 가르쳐주었다.

"목이 마를 때는 엄마한테 듣기 좋게 또박또박 부탁하면 마실 것을 줄게. '엄마, 마실 것 좀 주세요' 이렇게 말하면 돼."

엘리아나는 원하는 게 있을 때마다 칭얼대지 않고 엄마가 가르쳐준 대로 했다. 엘리아나의 칭얼거림이 완전히 사라지지는 않았지만(아직도 기분이 안 좋은 날은 칭얼거렸다) 카밀라는 딸과 있는 것이 아주 행복해졌다.

부록 I.
아동의 발달 지표

아이들은 일정한 패턴에 따라 성장하고 발달한다. 아동은 나이별로 다음과 같은 특징을 보이며 성장하는데 모든 아이는 저마다 발달 시기가 다르므로 당신의 아이가 평균보다 앞서거나 뒤처질 수도 있다. 아이의 발달이 지속적으로 늦어지거나, 혹 여기에 수록된 것 외 다른 발달 사항에 관심이 있다면 전문가와 상담하기를 권한다.

대체로 여자아이는 남자아이보다 발달이 빠른 편이므로 아이의 발달 정도를 검토할 때는 이 점을 고려하기 바란다. 또한, 아이에 따라 특정 나이대에서 보편적으로 보이는 특징을 몇 년 뒤에 다시 보이는 경우도 있다. 따라서 세 살 때 아이의 행동을 변화시키기 위해 펼쳤던 노력을 여섯 살 때 다시 반복해야 할 수도 있다. 하지만 너무 기운 빠져 할 필요는 없다. 아이가 세 살 때 문제를 잘 해결해냈다면 여섯 살 때는 더 쉽게 해결할 수 있을 테니까.

~생후 3개월

- 배를 대고 엎드려 있으면 고개를 들거나 좌우로 움직인다.
- 짧게라도 장난감을 꽉 붙잡고 있을 수 있다.
- 차츰 당신의 목소리에 반응한다.
- 수유 중에 손과 발을 주의 깊게 관찰하고 당신의 얼굴을 응시한다.
- 약 20~30센티미터 거리의 사물을 인지한다(신생아 무렵).
- 사물을 눈으로 쫓기 시작한다(생후 2개월 무렵).
- 당신이 말을 걸거나 놀아주면 본인의 의도에 따라 웃고, 침으로 물방울을 불고, 목젖 구르는 소리를 낸다(생후 2개월 무렵).

생후 3개월~만 1세

- 사람의 얼굴을 호기심 있게 바라보고 움직이는 사물을 눈으로 쫓는다.
- 친숙한 사물과 사람들을 알아본다. 당신의 목소리에 반응해 방긋 웃는다.
- 사회적 미소(출생 직후 아이는 정서적 의미 없이 반사적으로 눈, 코, 입 따위를 쫑긋거리다가 점차 눈을 맞추며 기쁨의 의미로 미소를 짓게 되는데 이를 '사회적 미소'라 한다-옮긴이)를 짓기 시작한다.
- 소리가 나는 쪽으로 고개를 돌린다.

만 1세~만 2세

- 주변을 탐구하고 사물에 흥미를 보인다.
- 하루에 한 번 긴 낮잠을 잔다.
- 짧은 시간 동안이지만 혼자 놀 줄 안다.
- 자기 몸을 탐구한다.
- 부모 말에 반대로 행동하려 들기도 한다(오라고 하면 딴 데로 가기 등).
- 말을 잘 듣지 않고 "싫어", "안 해"라는 말을 입에 달고 산다.
- 말로 동기를 자극해주기가 쉽지 않다.
- 참을성이 상당히 부족하다. 기다릴 줄을 모르고 지금 당장 해달라고 조른다.
- 남들과 함께 나눌 줄을 모르고 부모 외 사람들을 사물처럼 대한다.
- 말하는 능력에 비해 알아듣는 능력이 더 발달한다.
- 걷고 뛸 수 있으며 종종 기어오르기도 하지만 균형 잡기가 상당히 불안정하다.
- 성질이 급하고 감정적으로 아주 미숙하다.

만 2세

- 더 성숙하고 차분해지며 자신의 능력을 넘어서는 일에 의지를 보인다.
- 달리고, 기어오르고, 밀고 당길 줄 알며 아주 활동적이다. 운동에 더 자신이 붙는다.
- 숟가락 등을 사용해 혼자 힘으로 밥을 먹을 수 있다.

- 정서적으로 더 느긋해진다. 어른을 덜 조르고 필요하면 잠깐 기다릴 줄도 안다.
- 사람들에 대한 관심이 커지고 종종 사람들의 마음에 들고 싶어 한다.
- 어느 정도 스스로 옷을 벗을 줄 안다.
- 자신의 생식기를 탐구한다.
- 수면 시간이 줄고 잠에서 깰 때 쉽게 일어난다.
- 일과를 즐길 줄 안다
- 밤새 엄마와 떨어져 있으면 불안해한다.
- 고집이 세고, 결단력이 없으며, 변덕스럽다.
- 어른들을 흉내 낸다.
- 다른 아이들과 함께 무언가를 나누려 하지 않는다.
- 종종 다른 사람들에게 애정 넘치고 따뜻하게 반응해준다.
- 물놀이를 좋아한다.
- 잠자기를 싫어해 시간을 질질 끈다.

만 3세

- 달리고, 뛰어오르고, 기어오를 줄 안다.
- 혼자 힘으로 밥을 먹고, 컵을 이용해 음료수를 흘리지 않고 마신다.
- 물건을 흘리지 않고 잘 가지고 다닌다.
- 혼자 옷을 입고 벗을 수 있다.

- 낮잠 시간에 잠을 안 자고 조용히 놀기도 한다.
- 어른들에게 바로 대답하고, 승낙을 바란다.
- 거절의 표현에 예민하다.
- 협력을 할 줄 알고 간단한 심부름하기를 좋아한다.
- "나도!"라는 말을 많이 하면서 어떤 활동에 자기도 끼워주기를 바란다.
- 물건과 사람들에게 호기심이 많다.
- 상상력이 풍부하며 어둠이나 동물을 무서워하기도 한다.
- 상상의 친구를 두기도 한다.
- 밤에 자다가 잠자리에서 나오기도 한다.
- 말이 많아지고 짧은 문장을 구사한다.
- 자기 순서를 잘 기다리지 못하고 참을성이 별로 없다.
- 장난감을 정리하는 등 어느 정도 책임을 맡을 줄 안다.
- 혼자서 잘 놀지만 여럿이 놀 때는 소란을 피우기도 한다.
- 여자아이는 아빠에게, 남자아이는 엄마에게 애착을 갖는다.
- 질투심이 많다. 특히 갓난아이에 대한 질투가 심하다.
- 죄책감을 겉으로 드러낸다.
- 칭얼거리거나, 울거나, 애정을 확인시켜달라며 정서 불안을 표출한다.
- 엄지손가락을 빨고 손톱을 물어뜯으면서 불안을 표출한다.

만 4세

- 지속적으로 체중이 늘고 키가 자란다.
- 지속적으로 근육 협응력이 발달한다.
- 식습관과 수면 습관, 배변 습관을 익힌다.
- 아주 활동적이다.
- 어떤 일을 시작하기는 하지만 반드시 끝맺지는 않는다.
- 거만하거나 허풍을 떤다.
- 다른 친구들과 어울려 놀지만 자기주장이 강하다.
- 작은 다툼을 벌인다.
- 또박또박 발음하고 말을 잘한다.
- 이야기를 지어내고 과장을 한다.
- 음절을 생략해서 아무 뜻 없는 단어를 만들어낸다.
- 깔깔거리며 웃는다.
- 빈둥거린다.
- 손 등을 씻으라고 하면 혼자서 씻을 수 있다.
- "어떻게?"와 "왜?"를 입에 달고 다닌다.
- 또래 친구들에 대한 의존을 드러낸다.

만 5세

- 기분 좋은 안정기로서 아이가 천사 같아지기도 한다.
- 대체로 변덕을 부리지 않으며 정서적으로도 안정되어 있다.
- 내면적으로 안정감을 느낀다. 차분하고 호의적이며 대체로 다

른 사람에게 까다롭게 굴지 않는다.
- 미지의 세계에 선뜻 발을 들이려 하지 않는다.
- 뭔가를 시도하면 대개 잘 해내지만 자기가 할 수 있는 일만 시도한다.
- 엄마 옆에 붙어 있기를 좋아한다. 엄마와 함께하는 활동과 엄마를 위해 하는 일을 좋아하고, 엄마 말을 잘 듣는다.
- 착한 아이가 되려고 애쓰며 대체로 맡은 일을 잘 해낸다.
- 이런 착한 행동은 만 5세 반에서 만 6세 무렵에 끝나고, 이 시기는 부모들에게 그리운 시절로 남게 된다.

만 6세

- 아이를 다루기가 아주 까다로워진다.
- 만 2세 때와 비슷해져서 감정이 들쑥날쑥한다(정겨웠다가 또 금방 까칠해진다).
- 엄마는 더는 중요한 존재가 아니다. 이제는 자신이 우주의 중심이 되고, 순간순간 뭔가가 잘 안 되면 뭐든 엄마 탓을 한다.
- 만 2세 때처럼 다른 사람에게 요구하는 게 많고 고집이 세다.
- 다른 사람에게 아주 부정적인 반응을 보이고, 무언가를 시키면 시켰다는 이유만으로 반항한다.
- 에너지가 넘친다.
- 두 가지 중 하나를 선택하라고 하면 둘 다 가지고 싶어 한다.
- 누가 꾸짖거나 야단을 치면 받아들이지 못한다. 언제나 자신이

옳고, 이겨야 하고, 칭찬받아야 한다고 생각한다.
- 만 2세 때처럼 다른 사람들과 융통성 없는 관계를 갖는다. 그래서 자기가 지면 다른 사람이 속임수를 쓴 거라고 울면서 씩씩댄다.
- 컨디션이 좋을 때는 열정적이며 새로운 것을 기꺼이 받아들이려 한다.

만 7세

- 세상을 기피한다. 자기가 좋아하는 일을 하며 혼자 있기를 즐긴다.
- 만 6세 때에 비해 훨씬 차분해지고 함께 지내기에도 편안해진다.
- 즐거움보다는 불만을 더 많이 표출하는 경향이 있다.
- 우울한 편이며, 시무룩하고 침울한 모습을 보이기도 한다.
- 어떤 일이든 완전히 푹 빠져서 보고 듣기를 좋아한다.
- 접촉하는 모든 것을 만지고 느끼기를 원한다.
- 머리를 더 많이 쓰면서 논다.
- 종종 자기 자신을 지나치게 압박한다.
- 컨디션의 기복이 심해서 어떤 날은 잘 배우고 어떤 날은 배워도 다 까먹는다.
- 가끔 사람들이 자기에게 적대적이라고, 자기를 싫어하고 욕한다고 느낀다.
- 자주 뿌루퉁한 얼굴을 하면서 삶에 대한 불만을 표출한다.

만 8세

- 흔히 대범하고 행동이 민첩한 시기로, 아이가 세상 밖으로 나간다.
- 모든 일에 자신만만하다.
- 새로운 경험을 즐기고 시도해보며, 새로운 친구를 사귄다.
- 종종 자신의 능력을 과대평가하며, 그래서 때로는 실패와 좌절을 맛보기도 한다. 이 시기에는 아이가 계획을 더 잘 짜도록 부모가 도와줄 필요가 있다.
- 자꾸 실패하면 "난 왜 항상 이 모양이지?", "나는 어떻게 제대로 하는 게 없을까?"라며 울고 자책한다.
- 오늘 실패해도 내일이 되면 새로운 일을 시작한다.
- 사람들과의 상호작용에 흥미를 느끼면서 사람들에게 관심을 가지게 되고, 사람들이 무슨 생각을 하는지 궁금해한다.
- 사람들에게 할 말도 늘고 기대하는 것도 늘어난다.
- 엄마와 긴밀하고 서로 이해해주는 관계를 갖기를 원한다.
- 무모하고 과감하지만 생각보다 예민하다.
- 앞으로 어떤 사람이 될지를 은근히 내보인다.

부록 II.
아이의 안전을 위해
점검해야 할 것들

통계 자료에 따르면 아동의 사망 원인 1위는 사고다. 대다수의 사고는 아이들의 호기심으로 인해 일어난다. 아이가 기고, 걷고, 기어오르고, 돌아다닐 줄 알게 되면 다칠 가능성이 점점 늘어난다. 다음의 점검 목록은 부모와 양육팀 전원이 가정이나 유치원 등에서 일어날 사고를 방지하기 위해 꼭 취해야 할 안전 조치들이다.

- 칼 등 위험한 물건은 아이들이 접근하기 어려운 곳에 잠가서 보관한다.
- 위험한 물건이 보관된 수납장과 서랍에는 반드시 어린이 보호용 잠금 장치를 달아놓는다.
- 집 안을 기어 다녀보면서 아이의 관심을 끌 만한 위험 요인들이

없는지 확인해보고 발견되는 즉시 치운다.
- 빈 콘센트는 안전 커버로 막아놓는다.
- 사용하지 않는 멀티탭은 치운다.
- 전선이 꽂힌 전기 콘센트 앞에 큰 가구를 놓거나 안전 커버를 설치해서 아이가 전선을 뽑지 못하게 예방한다.
- 작은 탁자나 기타 가구류가 흔들거리거나 모서리가 날카로우면 아이가 좀 클 때까지 다른 곳으로 치워놓거나 모서리에 충돌 방지 보호대를 부착한다.
- 아이가 기어오르다 엎어질 만한 큰 가구가 있다면 가까운 벽에 안전하게 고정한다.
- 세제, 면도날, 성냥, 약 등 위험한 가정용품은 아이들의 손이 닿지 않는 곳에 넣어 잠가놓는다.
- 벽난로 앞에 적절한 안전망을 쳐놓는다.
- 아이에게 맞는 카시트를 자동차에 항상 부착해놓는다.
- 장난감들을 자주 점검하며 모서리가 날카롭지는 않은지, 깨진 곳은 없는지 살펴본다.
- 아이가 삼키거나 목에 걸릴 만한 작은 물체들이 바닥에 떨어져 있지 않은지 확인한다.
- 지켜봐주는 사람이 없는 상황에서 아이가 계단에서 놀지 않도록 계단에 차단막을 설치한다.
- 기저귀 가는 테이블, 욕조, 소파, 침대, 유아용 의자, 바닥, 차 안 등에 아기를 혼자 놔두지 않는다.

- 탁자 위의 작고 깨지기 쉬운 물건들은 아이의 손이 닿지 않게 치워둔다.
- 욕실 문은 항상 닫아놓는다. 아이가 문손잡이를 돌릴 줄 안다면 문손잡이에 아동 보호용 안전 커버를 장착한다.
- 변기 커버에 안전장치를 달아놓는다.
- 비닐봉투와 작은 물건들(핀, 나사, 단추, 딱딱한 사탕, 돈)은 항상 아이의 손이 닿지 않는 곳에 치워놓도록 주의한다.
- 장난감, 가구, 벽은 납 성분이 없는 페인트로 마감칠한다. 장난감은 라벨을 보고 비독성 제품인지 확인한다.
- "뜨겁다"라는 말은 가급적 일찍 가르친다. 뜨거운 오븐, 다리미, 난로, 바비큐 그릴, 담배, 라이터, 찻잔 등에 아이가 가까이 오지 못하게 한다.
- 요리 중에는 냄비 손잡이를 항상 안쪽으로 돌려놓고 가스레인지 점화 손잡이는 사용하지 않을 때 빼놓는다.
- 오븐과 냉장고 문에 잠금 장치가 없다면 안전 잠금 장치를 부착한다.
- 유아용 침대나 놀이 틀에 장난감이나 고무젖꼭지를 묶어놓지 않는다. 아기가 그 줄에 목이 죄일 위험이 있기 때문이다.

부록 Ⅲ.
내 아이가 과잉행동장애일까?

아이가 과잉행동장애라고 의심된다면 다음의 지침이 도움이 될 것이다. 아이를 세심히 살펴보고 아이가 세상을 어떻게 항해해 나가는지를 알아야 적절한 진단과 효과적인 치료 계획을 세울 수 있다. 이를 위해 정신 건강 전문가들(심리학자, 소아과 의사)이 살펴보는 정보들은 다음과 같다.

A. 다음 사항들을 포함한 가족력
1. 아이의 발달 내력, 학업 내력, 치료 내력.
2. 가족의 정신과 치료 내력.
3. 이전까지 아이가 받았던 모든 검사.
4. 부모와 교사 등이 작성한 행동 점검표.

5. 가정, 동네, 학교에서 아이의 사교성.
6. 아이의 행동에 대한 가족의 판단과 반응.
7. 아이의 수면 패턴.
8. 아이의 식습관과 알레르기 여부.
9. 아이의 행동과 관련된 다음과 같은 요소들의 분석.
    a. 엄마 아빠, 형제, 또래, 교사 등과 아이의 상호 작용 양상.
    b. 집, 학교, 모임, 동네 등에서의 아이의 반응 양상.
    c. 독서, 글쓰기, 숙제, 비디오 게임, 옷 갈아입기 등에의 아이의 반응 양상.
    d. 이른 아침, 방과 후, 식사 중, 지루할 때, 잠자리 시간 등에 아이가 보이는 행동 양상.

B. 아이와의 면담을 통해 수집한 다음의 정보
1. 문제에 대한 아이 자신의 판단과 생각.
2. 아이의 전반적 정서 상태.

C. 다음과 같은 아이의 학교 내 행동 분석
1. 교사가 작성한 행동 점검표.
2. 아이의 행동에 대한 교사의 판단과 반응.
3. 과제 등 교실에서의 활동을 통해 관찰된 아이의 상태.

D. 정식 검사를 통한 다음의 평가

1. 전반적 인지 능력.
2. 목표 달성 능력.
3. 주의력.
4. 언어 처리 능력.
5. 감각 운동 능력.

부록 IV.
유년기의 학대 경험이
아이에게 미치는 영향[13]

　이 연구는 유년기의 학대 경험이 미래 아이의 정신 및 행복도에 어떤 영향을 끼치는지 그 연관성을 파헤치기 위해 시행된 것으로서 지금껏 시행된 관련 조사 가운데 가장 방대한 규모에 속한다. 이 연구는 샌디에이고의 카이저퍼머넌츠 건강평가클리닉Kaiser Permanents's Health Appraisal Clinic과 미국질병예방센터Centers for Disease Control and Prevention 간의 협력으로 진행되고 있다.

　종합 건강 진단을 받은 HMOHealth Maintenance Organization(미국의 회원제 종합 건강 관리 기관-옮긴이)의 회원 1만 7,000명 이상이 아동기에 겪은 폭력, 방임 등의 학대 경험에 대한 상세한 정보를 제공해주었고, 1995년

---

[13] 빈센티 펠리티(Vincent Felitti)와 로버트 앤더(Robert Anda)의 '불우한 아동기 경험 연구'.
http://www.cdc.gov/violenceprevention/acestudy/

부터 1997년까지 수집된 이 자료 중 중산층과 중상류층을 표본 집단으로 삼았다. 현재까지 50건 이상의 과학 논문이 발표되었고 100차례가 넘는 회의와 워크숍 프레젠테이션이 실시되었는데, 이 연구 결과들이 전반적으로 암시하는 것은 유년기의 학대 경험이 삶의 질 저하를 초래함은 물론 죽음을 이끄는 주원인들을 자극하는 요소가 된다는 것이다. 또, 이 연구에서는 대체로 중상류층이 대체로 더 불우한 아동기를 경험한 것으로 드러나 연구자들에게 놀라움을 안겨주었다. 로버트 앤더는《아이는 어떻게 성공하는가》라는 책에 나오는 글을 인용해 "불우한 아동기 경험과 성인기의 부정적 영향 사이의 상관관계가 놀라울 만큼 높았다"라고 밝히기도 했다.

옮긴이 | 정미나
출판사 편집부에서 오랫동안 근무했으며, 이 경험을 토대로 현재 번역 에이전시 하니브릿지에서 전문 번역가로 활동하고 있다. 옮긴 책으로는 《아이의 미래를 바꾸는 학교혁명》, 《레토릭: 세상을 움직인 설득의 비밀》, 《인생학교: 섹스》, 《인생학교: 정신》, 《인생학교: 시간》, 《모험 아빠 보호 엄마의 육아동맹》, 《엄마 미션스쿨》, 《기다리는 부모가 큰 아이를 만든다》, 《인생의 8할은 십대에 결정된다》 등 다수가 있다.

소리치지 않고 때리지 않고 아이를 변화시키는 훈육법

초판 1쇄 발행일 2016년 5월 23일
초판 18쇄 발행일 2022년 7월 25일

지은이 제리 와이코프 · 바버라 유넬
옮긴이 정미나

발행인 윤호권
사업총괄 정유한

발행처 ㈜시공사 **주소** 서울시 성동구 상원1길 22, 6-8층(우편번호 04779)
대표전화 02-3486-6877 **팩스(주문)** 02-585-1755
홈페이지 www.sigongsa.com / www.sigongjunior.com

글 ⓒ 제리 와이코프 · 바버라 유넬, 2016

이 책의 출판권은 ㈜시공사에 있습니다. 저작권법에 의해
한국 내에서 보호받는 저작물이므로 무단 전재와 무단 복제를 금합니다.

ISBN 978-89-527-7623-5 13590

*시공사는 시공간을 넘는 무한한 콘텐츠 세상을 만듭니다.
*시공사는 더 나은 내일을 함께 만들 여러분의 소중한 의견을 기다립니다.
*잘못 만들어진 책은 구입하신 곳에서 바꾸어 드립니다.